古代歷史文化研究輯刊

十九編

王明蓀 主編

第 15 冊

宮闈內外：宋代內臣研究（下）

何冠環 著

國家圖書館出版品預行編目資料

宮闈內外：宋代內臣研究（下）／何冠環 著 — 初版 — 新北
市：花木蘭文化事業有限公司，2018〔民 107〕
目 2+186 面；19×26 公分
（古代歷史文化研究輯刊 十九編；第 15 冊）
ISBN 978-986-485-411-0（精裝）
1. 傳記 2. 宋史
618   107002311

ISBN-978-986-485-411-0

古代歷史文化研究輯刊
十九編　第十五冊　　　　　ISBN：978-986-485-411-0

宮闈內外：宋代內臣研究（下）

作　　者　何冠環
主　　編　王明蓀
總 編 輯　杜潔祥
副總編輯　楊嘉樂
編　　輯　許郁翎、王筑　美術編輯　陳逸婷
出　　版　花木蘭文化事業有限公司
發 行 人　高小娟
聯絡地址　235 新北市中和區中安街七二號十三樓
　　　　　電話：02-2923-1455／傳真：02-2923-1452
網　　址　http://www.huamulan.tw 信箱 hml810518@gmail.com
印　　刷　普羅文化出版廣告事業
初　　版　2018 年 3 月
全書字數　419319 字
定　　價　十九編 39 冊（精裝）台幣 100,000 元　　　　版權所有・請勿翻印

宮闈內外：宋代內臣研究（下）

何冠環　著

目

次

第七篇 小文臣與大宦官：范仲淹與仁宗朝權閹閻文應之交鋒

一、導言

北宋名臣范仲淹（989～1052）一生正色立朝，不像一些文武臣僚，爲了固權邀寵而交結內臣。他對那些得帝后寵信而權勢逼人的內臣毫不畏懼，屢與交鋒。正因如此，他在慶曆年間回朝主持改革時，憎厭他的權閹，就挾舊怨而跟與他有嫌隙的朝臣合謀，由仁宗（1010～1063，1022～1063 在位）寵信的內臣藍元震（？～1077）出手，攻擊范仲淹等私結朋黨。范仲淹見仁宗半信半疑，事無可爲，決定自請出守河東。〔註1〕

范仲淹早在仁宗親政初期任言官之時，即與權閹交鋒。當時他官職低微，職不過是天章閣待制，官只是禮部員外郎，勉強入於侍從之列，卻敢於挑戰與宰相呂夷簡（979～1044）朋比、內臣地位最高的入內內侍省都都知閻文應（？～1039）。閻文應不只在郭皇后（1012～1035）於明道二年（1033）十二月被廢事上推波助瀾，後來更在景祐二年（1035）十一月嫌疑謀害郭皇后。范仲淹首先聯同台諫言官，反對仁宗廢后，後來更不惜冒死爲郭后雪冤，對閻文應窮追猛打，結果雖然不能將他繩諸於法，但仍迫使仁宗將閻逐出朝廷，貶死於外。

本文初稿曾在中國范仲淹研究會、北京大學歷史文化研究所主辦之第四屆中國范仲淹國際學術論壇（北京：北京大學，2012 年 12 月 21～23 日）席上宣讀。

〔註1〕 筆者數年前曾撰文考論藍元震的家世及其事蹟，以及他攻擊范仲淹的動機與背景。見何冠環：〈北宋內臣藍元震事跡考〉，載張希清（主編）：《鄧廣銘教授百年誕辰紀念論文集》（北京：中華書局，2008 年 11 月），頁 502～512。該文現收入本書第五篇，頁 151～167。

　　范仲淹與閻文應的交鋒，可以說是北宋中前期一場甚具意義的小文臣對大宦官之爭。仁宗偏袒閻文應，首相呂夷簡又予以包庇，范仲淹本來勝算不高。然而他憑著一股正氣，拚了性命不顧，鍥而不捨進行抗爭，在眾多言官的支持下，也相信得到元老宰相王曾（978～1038）的暗中支持，才將這個權勢薰天的權閹及其養子御藥閻士良（？～1075 後）逐出朝廷。這是范仲淹政海一生中打的一場大惡仗，為朝臣重挫內臣的氣焰，值得大書特書。〔註 2〕

　　關於范仲淹與呂夷簡的生平事蹟、功業和從政的操守，以及二人在仁宗廢后事上的交鋒和積怨，王德毅四十年前的專論已詳細論述。王文也指出呂夷簡一方面對仁宗聲稱不交結內臣，實際上卻與閻文應朋比，打擊異己，間接助長閻文應幹出傷天害理的事。〔註 3〕

　　本文除了考述范仲淹在景祐年間痛擊閻文應事件的始末外，另一重點為考論閻文應這一個較不為人留意的權閹的家世背景與生平事蹟，從而探討內臣在仁宗朝敢於作惡弄權的原委和環境，特別是閻文應的內臣「貴二代」或「閹二代」背景。另外，郭皇后被廢及後來含冤而死的個中曲折，筆者亦稍抒己見，猜測背後的隱衷。筆者近年從事宋代內臣個案研究，不過以前所寫的多是較正面、有事功而人品端正的內臣。〔註 4〕本文所論的卻是負面、為宋廷文臣所不齒的權閹閻文應，正好與前篇比較。

二、大璫與小臣：章獻劉太后攝政時期的閻文應與范仲淹

　　閻文應及其養父閻承翰（947～1014）在《宋史・宦者傳》各自有傳，《東

〔註 2〕 最近期由諸葛憶兵所撰的《范仲淹傳》論及此事時，認為仁宗對閻文應仍有相當的眷顧，故閻文應的官位沒有貶降，但「無論如何，閻文應是被驅趕出朝廷，范仲淹這次冒死進諫，對肅清朝政發揮了相當好的作用。」見諸葛憶兵：《范仲淹傳》（北京：中華書局，2012 年 8 月），頁 58。

〔註 3〕 參見王德毅：〈呂夷簡與范仲淹〉，原載《史學彙刊》第四期（1972 年 4 月）；收入王德毅：《宋史研究論集》第二輯（臺北：新文豐出版股份有限公司，2008 年 6 月再版），頁 137～210，關於呂范之爭及閻文應的惡行論述，見頁 142～147，151～152，182～202。

〔註 4〕 筆者過去先後考論過北宋內臣藍繼宗（960～1036）、秦翰（952～1015）以及兩宋之交的內臣董仲永（1104～1165）、鄭景純（1091～1137）、楊良孺（1111～1164）的事蹟。諸人均形象正面，頗有事功。見本書第三篇〈宋初內臣名將秦翰事蹟考〉，頁 55～97；第四篇〈北宋內臣藍繼宗事蹟考〉，頁 99～150；第九篇〈曹勛《松隱集》的三篇內臣墓誌銘〉，頁 297～339。

都事略‧宦者傳》則有閻文應傳。閻承翰原籍眞定（今河北石家莊市正定縣），閻文應里籍則是開封（今河南開封市），他大概是閻承翰在開封收養的閹子。〔註5〕閻承翰早在後周世宗（921～959，954～959 在位）時已入宮爲內侍，經歷太祖（927～976，960～976 在位）、太宗（939～997，976～997 在位）、眞宗（968～1022，997～1022 在位）三朝，他侍上「以謹愿稱」，惟個性剛強，治事過於檢察，「乏和懿之譽」。他在太宗、眞宗兩朝，於西北兩邊，誠如眞宗對宰相所說：「雖無武勇，然涖事勤恪」。總的來說，閻承翰作爲宋初的高級內臣，功大於過，一生並沒有重大過惡。他最後官至入內都知、南作坊使，得年六十八。〔註6〕

　　閻文應的早年事蹟，《東都事略》和《宋史》本傳所記不詳，只載他「給事掖庭」。他大概以父蔭入仕。據《長編》、《宋會要輯稿》、《宋史》等的記載，疑他原名文慶，在仁宗初年因避章獻劉太后（970～1033，1022～1033 攝政）父劉延慶諱而改名文應。他早年的事蹟，是在咸平六年（1003）八月甲戌（十七），奉命與知靜戎軍（後改安肅軍，今河北保定市徐水縣）王能（？～1019）和知順安軍（今河北保定市高陽縣東舊城）馬濟共同督辦營田河道事宜，以控扼黑盧口、三臺、小李路，並可以通漕邊地。《長編》、《宋會要輯稿》、《宋史》稱他爲「內侍」而不記其職位，相信他當是只是低級內臣。九月戊戌（十一），莫州部署石普（961～1035）上奏，稱靜戎軍和順安軍營田河道畢功，眞宗詔獎石普等。閻文應大概也在這時獲得獎賞晉陞。〔註7〕

〔註5〕王稱（？～1200 後）：《東都事略》，收入趙鐵寒（1908～1976）主編：《宋史資料萃編第一輯》（臺北：文海出版社，1967 年 1 月），卷一百二十〈宦者傳‧閻文應〉，葉四上至五上；脫脫（1314～1355）：《宋史》（北京：中華書局點校本，1977 年 11 月），卷四百六十六〈宦者傳一‧閻承翰〉，頁 13610～13612；卷四百六十八〈宦者傳三‧閻文應〉，頁 13655。

〔註6〕《宋史》，卷四百六十六〈宦者傳一‧閻承翰〉，頁 13610～13612。閻承翰事蹟參見本書第六篇。

〔註7〕李燾（1115～1184）：《續資治通鑑長編》（北京：中華書局點校本，1979 年至 1995 年；以下簡稱《長編》），卷五十五，咸平六年八月甲戌條，頁 1210；九月戊戌條，頁 1212～1213；十月甲子條，頁 1214；卷九十九，乾興元年十月己酉條，頁 2299；卷一百，天聖元年五月庚午條，頁 2322；徐松（1781～1848）（輯），劉琳、刁忠民、舒大剛、尹波等（校點）：《宋會要輯稿》（上海：上海古籍出版社，2014 年 6 月），第十五冊，〈兵二十七‧備邊一〉，頁 9185；《宋史》，卷三百二十四〈石普傳〉，頁 10473。考《長編》咸平六年八月甲戌條、《宋會要輯稿》及《宋史‧石普傳》所記之「內侍閻文慶」，筆者疑即爲閻文應本名。仁宗即位後，於乾興元年（1022）十月及在天聖元年（1023）五月，兩度下詔臣下避劉太后父諱。

　　景德四年（1007）四月辛巳（十五）章穆郭皇后（976～1007）因愛子周悼獻王玄祐（995～1003）在一年前之喪而悲痛成疾，終於在是日病逝。真宗命閻文慶父閻承翰為園陵按行使，入內副都知藍繼宗（960～1036）為副使，勘查可作郭皇后陵之地。經過二人的查察，閻承翰上奏在永安縣陵臺側有地三兩處，惟司天監言皆地位不廣，卻已無可選擇。真宗命令郭皇后陵祔於真宗生母元德李太后（944～977）陵安葬。辛卯（廿五），真宗將郭皇后殯於萬安宮之西階，命藍繼宗及內臣內殿崇班張繼能（957～1021）、三陵都監康仁遇及時官高品的閻文慶同監修園陵，又令步軍都虞候鄭誠（？～1011）為都鈐轄，文思副使孫正辭（？～1013 後）副之。六月乙卯（廿一）郭皇后葬於永熙陵西北。在辦理郭皇后的喪禮中，閻文應得到隨其父效命的機會。〔註8〕

　　八月乙未（初二），閻文應又馬不停蹄，奉命至桂州（今廣西桂林市），宴犒南征宜州（今廣西宜州市）叛軍陳進（？～1007）的東上閤門使曹利用（971～1029）及其麾下之使臣和軍校，鼓勵他們奮勇作戰。閻的養父閻承翰這時正以西京作坊使廉州刺史、內侍左班副都知的職位，出任新置的管勾往來國信司，負責管理與遼交聘事宜。〔註9〕

　　四年後，即大中祥符四年（1011）正月乙酉（十一），真宗命閻文應與樞密直學士周起（971～1028）、閤門祗候郭盛（？～1011 後）編次貢奉資料。《長編》在這一條首次記載他的官職為入內殿頭。〔註10〕

　　閻文應一直為真宗信任。大中祥符八年（1015）四月壬申（廿三），真宗幼弟榮王元儼（985～1044）宮發生大火，火勢漫延至整個大內，幾至不可收拾，焚毀屋舍二千餘間，死者千五百人。癸酉（廿四），大火救熄。甲戌（廿五），真宗下詔令各人勘查大火遺跡，又特命閻文應及內臣岑守素（？～1045）查勘起火原因。閻文應等查出，榮王府的掌茶酒宮人韓小姐及親事官孟貴私

〔註8〕　《長編》，卷六十五，景德四年四月己卯條，頁 1452～1453；六月乙卯條，頁 1464；《宋會要輯稿》，第三冊，〈禮三十一・后喪一・章穆皇后〉，頁 1446～1447；〈禮三十七・后陵・章穆皇后陵〉，頁 1588。按《宋會要輯稿》記同監修園陵的內臣高品為閻文度，惟檢索《宋史》、《長編》，找不到有任何關於內臣「閻文度」的記載，而在《宋會要輯稿》中，也只有這兩條提到閻文度其人。筆者懷疑這個閻文度，其實是閻文慶的訛寫。

〔註9〕　《長編》，卷六十六，景德四年八月乙未至庚子條，頁 1478。關於曹利用平定宜州之叛的始末，可參閱何冠環：〈曹利用之死〉，載何冠環：《北宋武將研究》（香港：中華書局，2003 年 6 月），頁 216～227。

〔註10〕　《長編》，卷七十五，大中祥符四年正月乙酉條，頁 1707。

通，又偷盜寶器，被榮王乳母發覺，二人為了毀滅證據而縱火，不意釀成巨災。二人及知情不報的琵琶伎人王木賽被處以極刑，榮王降為端王。閻文應大概因查案有功而晉陞為內殿崇班。〔註11〕

天禧三年（1019）六月乙未（初十），黃河先決於滑州（今河南安陽市滑縣）城西北天臺山旁，稍後復潰於城西南。岸摧七百步，水侵溢州城，州民多漂沒。大水歷澶州（今河南濮陽市）、濮州（今山東荷澤市鄄城縣）、鄆州（今山東荷澤市鄄城縣）、濟州（今山東荷澤市巨野縣南）而注入梁山泊，又匯合了清水、古汴水，向東入於淮河，軍士溺死者千餘人，州郡被患者三十二。真宗派遣內臣撫卹溺者，賜其家縑錢；又派近臣祭決河，命御史嚴劾負責官吏之罪。此外，又派遣馬步軍都軍頭、興州刺史崔鑾領宣武卒四百人巡護河隄，命光祿卿薛顏（？～1032）、西上閤門使張昭遠（983～1034）乘傳與京東、河北轉運使計度會議，並遣使具舟以濟行者。癸卯（十八），命虢州團練使郝榮為滑州修河部署，供奉官閤門祗候薛貽廓為都監。七月丙寅（十一），薛顏上奏稱滑州大雨不止，河水增漲，大水從北岸已逼近州城。請徙甲仗錢帛於通利軍（今河南鶴壁市浚縣東北），軍民聽從其願遷徙他州。朝廷准許薛顏便宜行事。同月戊辰（十三），步軍都虞候英州防禦使馮守信（？～1021）自言本為滑州人，頗習隄防之事，真宗即命他為修河都部署兼知滑州，而以內臣崇儀使入內押班鄧守恩（974～1021）為修河鈐轄，內殿崇班楊懷吉（？～1034 後）為都監。閻文應在這次修河的大差事上也獲得任用。因修河都監薛貽廓上言修河物料不足，請朝廷派差官提點支納，並差派木、石匠各百人應援。大概是鄧守恩的推薦，朝廷派閻文應以內殿崇班之職，與屯田員外郎崔立（969～1043）押送物質及匠人前往滑州。據韓琦（1008～1075）為其妻父撰的〈崔立行狀〉所載，閻文應在治河時「方為小官」，所為舉措頗有違法，當時與他共事的屯田員外郎崔立極力規正。閻總算從善如流，才不至犯錯。〔註12〕

〔註11〕 陶宗儀（1329～1410）（編）：《說郛》，文淵閣《四庫全書》本，卷四十四下〈榮王宮火〉，葉二十一上至二十三上；《長編》，卷八十四，大中祥符八年四月壬申至五月壬午條，頁 1927～1928。《長編》沒有記載真宗委派閻文應二人查勘起火原因，只記載在五月辛巳（初一），由侍御史知雜事王隨（973～1039）奏報查案結果。本來有司建議處罪多至數百人，賴宰相王旦（957～1017）極力勸止，罪犯才獲免死罪。

〔註12〕 《長編》，卷九十三，天禧三年六月乙未條，頁 2150；辛丑至癸卯條，頁 2152～2153；卷九十四，天禧三年七月丙寅條，頁 2160；《宋會要輯稿》，第十六冊，〈方域十四‧治河上〉，頁 9559（按：校注本的《宋會要輯稿》據《長編》，將

仁宗繼位後，閻文應一再陞遷，據《長編》所記，直至天聖五年（1027）七月丙辰（十八），他已累遷爲諸司副使的禮賓副使。丁巳（十九），黃河再決於滑州，朝廷命閻爲修河都監，擔任修河都部署、馬軍副都指揮使彭睿（？～1028）的副手。十月丙申（三十），修河工作告竣。十一月己亥（初三），朝廷賞治河之功，自彭睿以下參與督役的官員都獲得遷官。〔註13〕閻文應大概自諸司副使的禮賓副使，優遷爲諸司正使的西京左藏庫使。閻文應治河任務完成後，被委爲滄州（今河北滄州市）鈐轄，初次獲委北邊的重要兵職。就在閻文應出守滄州時，首相王曾授意御史中丞晏殊（991～1055）推薦本爲他的門客的范仲淹出任館職。天聖六年（1028）十二月甲子（初四），范仲淹自大理評事授秘閣校理，在朝中初露頭角。翌年（天聖七年，1029）閏二月丙申（初七），閻文應兼雄州（今河北保定市雄縣）、霸州（今河北廊坊市霸州市）沿界河同巡檢、河北屯田司事，朝廷許他每年在秋冬入朝奏事。閻沒有受到是年正月樞密使曹利用及其一黨被章獻劉太后清洗的影響，因他本來就是劉太后寵信的內臣。〔註14〕

閻的遷官原文的「京」字刪掉。筆者卻以閻實遷官爲稍低的西京左藏庫使，而非較高階的左藏庫使，考證參看註14）：韓琦（撰），李之亮、徐正英（箋注）：《安陽集編年箋注》（成都：巴蜀書社，2000年10月），卷五十〈故尚書工部侍郎致仕贈工部尚書崔公行狀〉，頁1578～1587，箋注見頁1583〈塞決河〉條及頁1586〈東郡之督薪芻〉及〈閻文應〉條。考《宋會要輯稿》所記閻文應在天禧三年以內殿崇班使滑州時仍名「閻文慶」。李之亮將閻文應與崔立共事，錯繫於天聖五年當崔立「代還，會東郡塞決河，命公提舉受納梢草」，而失察《宋會要輯稿》所記二人其實在天禧三年七月共事。天聖五年閻文應已遷至禮賓副使，不算是小官。據韓琦所記，閻文應後來得志，官拜入內都知，「權傾中外」，想起崔立當日規諫教誨之恩，設法相見，但素與其婿韓琦及范仲淹交好的崔立很自重，嚴加拒絕。

〔註13〕《長編》，卷一百五，天聖五年七月丙辰至庚申條，八月戊辰條，頁2443～2444；十月辛未至丙申條，十一月丁酉朔至壬戌條，頁2451～2456；卷一百六，天聖六年正月丁酉朔條，頁2461；《宋會要輯稿》，第三冊，〈禮四十一・管軍節度使〉，頁1665。考奉命修河的內臣還有內侍押班岑保正（？～1027後），他出任修河鈐轄。而與閻同任修河都監的還有供備庫副使、滑州鈐轄張君平（？～1027）。宋廷發丁夫三萬八千、兵卒二萬一千、緡錢五十萬，塞滑州的決河。此後一再賜修河役卒緡錢，又派知制誥徐奭（987～1030）往滑州祭河。修河成功，修河都部署彭睿加武昌軍節度使，負責後勤的權三司使右諫議大夫范雍（979～1046）加龍圖閣直學士，知滑州右諫議大夫寇瑊（？～1031）加樞密直學士。原修河都監張君平在賞功前卒於任上，朝廷就恩恤他三子。彭睿也在翌年（天聖六年）正月丁酉朔（初一）卒。

〔註14〕天聖五年十一月，閻文應以治河功成所遷之官，群書不載。檢《長編》天聖七年閏二月丙申條，他任滄州鈐轄時所帶之官爲左藏庫使。左藏庫使是北宋

　　十一月癸亥（初九）冬至，仁宗率百官上章獻劉太后壽於會慶殿，然後於天安殿受朝。當時任秘閣校理小官的范仲淹上奏，認爲仁宗不應與百官向劉太后朝拜，認爲「天子有事親之道，無爲臣之禮；有南面之位，無北面之儀」。仁宗內心雖然欣賞范的忠忱，礙於劉太后淫威，就疏入不報。晏殊知此事後，召范責問一番；但范不少屈，晏殊自知理虧，反而向他媿謝。范仲淹在翌年（天聖八年，1030）又奏疏請劉太后還政仁宗，仁宗自然不報。最後范請求補外職，仁宗允其請，授以河中府（今山西運城市永濟市西）通判。〔註15〕

　　十二月壬子（廿八），范仲淹離京不久，朝廷以都大巡護河澶州、滑州隄高繼密（？～1029 後）的奏請，命剛好入朝奏事的閻文應，與龍圖閣待制韓億（972～1044）、內殿崇班閤門祇候康德輿（？～1055 後），同往河北，與本路轉運使相度黃河北岸自澶州覔固埽下接大隄東北，就高阜築遙隄以備禦的可能。〔註16〕范、閻二人似乎在這時緣慳一面。范仲淹是否認識閻文應，暫難確定；惟筆者相信，范仲淹連番上疏之事，當在宮中廣爲流傳，而爲閻文應所知曉。

　　閻文應出使河北後，大概被召還京師。他深得劉太后的寵信，官運亨通，兩年間已擢至內侍省右班副都知，擔任內臣的兩省主管官。

　　　　前期諸司正使西班第二等第六階。閻文應即使治河有功，也不應從諸司副使第五等第四階的禮賓副使（僅高於諸司副使最低階的供備庫副使），才一年多便遷至左藏庫使。而且他在天聖十年十一月以修復大內之功所遷之洛苑使，是西班第四等第二階，遠低於左藏庫使。檢《宋會要輯稿》，閻文應官銜爲「京左藏庫使」，《長編》則仍作「左藏庫使」。據《宋史》所載，閻文應曾官西京左藏庫使。筆者認爲，《長編》所記閻文應的官職有誤，閻在天聖七年十二月出使河北所帶之官，當是西班第四等第五階的西京左藏庫使。見《長編》，卷一百六，天聖六年十二月甲子條，頁 2485；卷一百七，天聖七年正月癸卯至閏二月丙申條，頁 2491～2499；卷一百十一，天聖十年八月壬戌至甲子條，頁 2587；《宋會要輯稿》，第十六冊，〈方域十四·治河上〉，頁 9559。

〔註15〕 范仲淹（撰），李勇先、王蓉貴（校點）：《范仲淹全集》（成都：四川大學出版社，2002 年 9 月），中冊，《范文正公集續補》，卷一〈奏疏·諫仁宗率百官上皇太后壽奏·天聖七年十一月〉、〈乞太后還政奏·天聖八年〉，頁 752～753；《長編》，卷一百八，天聖七年十一月癸亥條，頁 2526～2527。檢《范文正公集續補》所收引自《續湘山野錄》的范仲淹天聖七年上奏，文字與《長編》所載略有出入。

〔註16〕 《宋會要輯稿》，第十六冊，〈方域十四·治河上〉，頁 9559；《長編》，卷一百八，天聖七年十二月壬子條，頁 2529；《宋史》，卷四百六十六〈宦者傳一·閻承翰〉，頁 13612。

天聖十年（1032）八月壬戌（廿三），皇宮發生大火，波及崇德、長春等八殿。兩天後（廿五）帝后御朝，命宰相呂夷簡為修葺大內使，樞密副使楊崇勳（976～1045）副之，另委殿前副都指揮使夏守贇（977～1042）為都大管勾修葺。閻文應以內侍省右班副都知，與入內押班江德明（？～1037）管勾修葺。〔註17〕十一月甲戌（初六），仁宗以大內修復，於天安殿恭謝天地，並謁太廟，然後大赦天下，改元明道。百官以改元恩典皆進官一等，修復大內的有功臣僚更加官進爵。同月戊子（二十），閻文應自西京左藏庫使、內侍省右班副都知遷三階為洛苑使，加領開州刺史。〔註18〕

三、正邪不兩立：仁宗親政後范仲淹痛擊閻文應

明道二年（1033）三月庚寅（廿五），攝政十二年的劉太后病重，延至甲午（廿九）駕崩。翌日（乙未，三十），仁宗命首相呂夷簡為山陵使，翰林學士盛度（970～1040）為禮儀使，翰林學士章得象（978～1048）為儀仗使，權御史中丞蔡齊（986～1037）為鹵簿使，權知開封府程琳（988～1056）為橋道頓遞使，經辦喪事。閻文應與入內內侍押班盧守懃（？～1040 後）奉委為山陵按行使，內臣東染院使、幹當皇城司岑守素（？～1045）奉委為山陵修奉都監，馬軍副都指揮使高繼勳（959～1036）為山陵一行都部署。〔註19〕

仁宗潛忍十二年，終於取回權力，親政後馬上起用心腹臣僚。四月庚子（初五），命前宰相及他的宮僚工部尚書李迪（976～1043）為資政殿大學士判都省。仁宗本來不知自己身世，但劉太后故世後，很快便從左右口中知道劉太后並非生母。他即於壬寅（初七）追尊生母李宸妃為皇太后。癸卯（初

〔註17〕 《長編》，卷一百十一，天聖十年八月壬戌至甲子條，頁 2587；《宋會要輯稿》，第五冊，〈瑞異二・火災〉，頁 2641。按是年十一月甲戌（初六）改元明道。

〔註18〕 《長編》，卷一百十一，明道元年十一月甲戌至戊子條，頁 2591～2592。與閻文應同管勾的如京使、文州刺史入內副都知江德明，也以功遷三階為文思使、並陞領普州團練使。《長編》記閻文應的官職有誤，他當為西京左藏庫使、右班副都知，而非「左藏庫使、右班都知」。閻文應在天聖七年早任西京左藏庫使，並未擢為右班都知。

〔註19〕 《長編》，卷一百十二，明道二年三月庚寅至乙未條，頁 2609～2610；《宋史》，卷十〈仁宗紀二〉，頁 195；《宋會要輯稿》，第三冊，〈禮三十七・章獻明肅皇后陵〉，頁 1589；曾棗莊、劉琳（編）：《全宋文》（上海：上海辭書出版社，2006 年 8 月），第 128 冊，卷二七七六，李回：〈言委官按行章獻明肅太后山陵奏・紹興元年四月十九日〉，頁 261。按《宋會要輯稿》載劉太后卒於明道二年三月廿七日，誤。

八），詔葬李太后於眞宗永定陵。仁宗甚至懷疑李太后死於非命，喪不成禮。幸而經親舅禮賓副使李用和（989～1050）檢視李太后梓宮後，知道指控非實，才沒有追究劉太后及其家族。〔註20〕

一朝天子一朝臣，當年反對劉太后專政而被貶出外的，都得到召還。四月庚戌（十五）仁宗赦還流於嶺南的平民林獻可，並特授三班奉職。同月癸丑（十八），將知應天府（即宋州，今河南商丘市）龍圖閣學士刑部侍郎宋綬（991～1040），與通判陳州（今河南周口市淮陽縣）、太常博士、秘閣校理范仲淹二人召還京師。〔註21〕仁宗同時將劉太后的朝中及宮中心腹親信逐出朝廷：癸丑（十八），將劉太后的姻家親信錢惟演（977～1034）自景靈宮使、泰寧軍節度使同平章事徙判河南府（即洛陽，今河南洛陽市）。丙辰（二十一），接受參知政事薛奎（967～1034）的奏劾，將劉太后寵信的內臣入內副都知江德明、三陵副使羅崇勳（？～1033後）、洛苑使楊餘懿（？～1033後）、楊承德（？～1033後）、供備庫副使張懷信（？～1033後）、楊安節（？～1033後）、武繼隆（？～1033後）、任守忠（990～1068）逐出朝廷。七月辛巳（十八），楊安節及張懷德姦事揭發，再被除名，配隸廣南。獲委經辦劉太后喪事包括閻文應、盧守懃及岑守素的三名內臣，則仍受仁宗重用，沒被貶黜。〔註22〕

同月己未（廿四），仁宗撤換二府宰執大臣，被視爲劉太后心腹的，自首相呂夷簡以下，樞密使張耆（974～1048）、參知政事陳堯佐（963～1044）、晏殊，樞密副使夏竦（985～1051）、范雍（979～1046）、趙稹（963～1038）均遭罷免並授州郡外職。群書所記，仁宗本來沒有打算將呂夷簡罷黜，前一日還與呂夷簡擬定除目。仁宗當晚回宮將他的「快意事」告訴郭皇后，郭后卻提醒他其實呂夷簡就是劉太后最寵信的人。於是仁宗臨時將呂夷簡列入除目，罷相出外。翌日，呂夷簡押班，宣讀制書，始知自己也被罷免。後來，與他親厚的閻文應告訴他郭皇后進言的秘密。呂夷簡懷恨在心，於是種下後來郭皇后被廢的根由。閻文應勾結宰相，泄漏「禁中語」，理應受到譴責。〔註23〕

〔註20〕《長編》，卷一百十二，明道二年四月庚子至甲辰條，頁2610。
〔註21〕同上注，癸丑條，頁2611。
〔註22〕同上注，癸丑至丙辰條，頁2611～2612，七月辛巳條，頁2622。
〔註23〕見司馬光（1019～1086）（撰），鄧廣銘（1907～1998）、張希清（點校）：《涑水記聞》（北京：中華書局，1989年9月），卷五，第135條，「呂夷簡罷相」，頁84；趙與時（1175～1231）（撰），齊治平（點校）：《賓退錄》（上海：上海古籍出版社，1983年8月），卷四，頁48～49；《長編》，卷一百十二，明道二年四月己未條，頁2612～2613；《宋史》，卷四百六十八〈宦者傳三‧閻文應〉，頁13655。

究竟閻文應如何聽到仁宗與郭皇后的對話？是帝后在後宮談話時他隨侍在側？還是仁宗私下告訴他？抑或是他從仁宗近侍的內臣如任御藥的兒子閻士良口中得知？我們無從稽考。不過，可以肯定的是，閻是仁宗的心腹內臣。〔註24〕

　　罷免呂夷簡後，仁宗擢用他的宮僚張士遜（964～1049）為首相，李迪為次相，翰林侍讀學士王隨（973～1039）為參政，樞密直學士權三司使李諮（982～1036）為樞密副使，步軍副都指揮使王德用（980～1058）為簽署樞密院事。另委權御史中丞蔡齊為權三司使事，天章閣待制范諷（？～1041後）為權御史中丞。范仲淹也被擢為右司諫，成為言官。范仲淹初就任，便上疏反對剛獲冊封的楊太后（984～1036）有「參決軍國事」之權。另言者為迎合仁宗，批評劉太后垂簾之事時，他又持平地指出應該「宜掩其小故以全大德」。仁宗接受他的忠言，五月癸酉（初九）下詔，不許臣下再議論劉太后。〔註25〕

　　仁宗特別看重范仲淹，屢委以重任。六月癸卯（初十），命范與權御史中丞范諷、天章閣待制王礪（978～1041）會同審刑院和大理寺詳定天下當配隸罪人刑名。〔註26〕七月甲申（廿一），又因范的奏請，命他安撫受災嚴重的江淮。范仲淹所至之處，開倉廩，賑饑乏，毀淫祠。他又奏免廬州（今安徽合肥市）及舒州（今安徽安慶市潛山縣）的折役茶，以及江東的丁口鹽錢。他進呈饑民所食的烏味草，請仁宗給六宮貴戚看，以戒他們奢侈之心。范上疏陳奏六事，評論朝政得失。仁宗「嘉納之」。此外，他又上奏司封員外郎知崇州（即通州，今江蘇南通市）吳遵路（988～1043）救災之法值得諸州效法。

〔註24〕　本文初稿宣讀時，陝西師範大學的李裕民教授提出另一可能：罷免呂夷簡其實是仁宗本意，所謂郭皇后揭破呂夷簡依附劉太后之事，其實子虛烏有，是閻文應杜撰以圖掩飾仁宗罷免呂夷簡的真相。李氏的看法可備一說。這裡需要說明，從太宗晚年設立的御藥院，在此處任事的勾當御藥院、御藥的內臣，都是帝王特別寵信的人，閻文應將兒子閻士良放在御藥院，顯然是以他為耳目。關於御藥院的多樣職能，以及宋室帝主使用它的目的，程民生教授有精闢的論述。參見程民生：〈宋代御藥院探秘〉，《文史哲》（濟南），2014 年 6月，頁80～96。

〔註25〕　歐陽修（1007～1072）（撰），李逸安（點校）：《歐陽修全集》（北京：中華書局，2001 年 3月），第二冊，卷二十一〈碑銘三首・資政殿學士戶部侍郎文正范公神道碑〉，頁 333；《長編》，卷一百十二，明道二年四月己未條，頁 2613～2615；五月癸酉條，頁 2616～2617；《宋史》，卷十〈仁宗紀二〉，頁 195。

〔註26〕　《長編》，卷一百十二，明道二年六月癸卯條，頁 2619。

由於他的推薦，吳先擢爲開封府推官，稍後又擢鹽鐵判官。吳後來成爲范的至交，官至龍圖閣直學士。〔註27〕

范仲淹聖眷方隆時，在宮中的閻文應也寵眷不衰。早在是年六月己未（初七），他奉命與權知開封府程琳度地營建新廟，以安放供奉章獻劉太后和章懿李太后的神主。〔註28〕九月乙酉（廿三），內侍押班昌州刺史盧守懃以護葬仁宗生母章懿太后陵有過，被解除押班之職出爲永興軍（即長安，今陝西西安市）鈐轄。〔註29〕十月乙巳（十三），入內副都知、并代路鈐轄江德明再被解除副都知之職，徙降爲潞州（今山西長治市）鈐轄。而另一內侍押班朱允中（？～1036後）也落押班，徙爲天雄軍（即大名府，今河北邯鄲市大名縣）。〔註30〕三人先後解除都知、押班職，閻文應在宮中的地位益發鞏固。更重要的是，與閻文應朋比的呂夷簡在是月戊午（廿六）回朝，重新擔任首相，接替不孚仁宗意的張士遜。同時，仁宗召他的宮僚王曙（963～1034）從河南府回朝出任樞密使，接替被罷的楊崇勳。呂夷簡得以回朝重登相位，閻文應很有可能曾在仁宗面前爲他說項。〔註31〕

十二月初，宋宮又發生廢后的大風波。閻文應是挑撥仁宗廢郭皇后的禍首，而范仲淹先是入對力陳不可，再在仁宗下詔廢后後，與在十一月癸亥（初一）代替程琳出任權御史中丞的孔道輔（986～1039）爲首，與其他台諫官八

〔註27〕 同上注，七月癸未至甲申條，頁2623～2626；卷一百十三，明道二年十月辛亥條，頁2639；卷一百十六，景祐二年四月戊辰條，頁2728。吳遵路後陞兵部郎中、權知開封府，最後遷龍圖閣直學士知永興軍兼經略安撫使，卒於慶曆三年（1043）九月，卒年五十六，《隆平集》有傳。范仲淹與他交好，有祭文云：「與兄相知，積有年矣，行可師法，言皆名理，日重一日，人望公起。憂國憂民，早衰而死。」另外，范又上奏朝廷，請陝西轉運使多差公人兵士，護送吳遵路之子及其他家眷至京師。參見《范仲淹全集》，上冊，《范文正公文集》，卷十一〈祭文・祭吳龍圖文〉，頁270；中冊，《范文正公政府奏議》，卷下〈奏乞差人部送吳遵路家屬〉，頁647～648；曾鞏（撰），王瑞來（校證）：《隆平集校證》（北京：中華書局，2012年7月），下冊，卷十四〈侍從・吳淑傳附吳遵路傳〉，頁420～421。

〔註28〕 《長編》，卷一百十二，明道二年六月戊午至己未條，頁2620。

〔註29〕 《長編》，卷一百十三，明道二年九月乙酉條，頁2636。

〔註30〕 《長編》，卷一百十三，明道二年十月乙巳條，頁2639。

〔註31〕 這次二府人事變動中，次相李迪留任，端明殿學士宋綬拜參政，權三司使蔡齊擢樞密副使，武臣王德用陞一級爲樞密副使留任。另外，權知開封府程琳擢爲御史中丞，原權御史中丞范諷則權三司使。十一月癸亥（初一），原參政薛奎以疾罷政。見《長編》，卷一百十三，明道二年十月戊午至己未條，頁2640～2641；十一月癸亥朔條，頁2642。

人往垂拱殿門，伏奏皇后不可廢。這本來是宮中的小事。據司馬光（1019～1086）引述好友王陶（1020～1080）之說，郭皇后是劉太后所立，恃寵生驕。劉太后死後，仁宗不受管束，寵幸尚美人（？～1050）和楊美人（？～1050後），郭皇后妒恨二女，偏偏尚美人又不知輕重，竟在仁宗前對她出言不遜。郭皇后忍無可忍，出手要打尚美人，仁宗因救護尚氏，結果被郭后誤傷頭頸。仁宗盛怒之下，聲言要廢掉他素來不喜的郭后。此時在場的閻文應不但沒有調解帝后的紛爭，反而慫恿仁宗召見宰執大臣，出示傷痕，作為廢后的理據。權三司使范諷問仁宗的傷痕因何而來，仁宗直言因郭后所致。據《宋朝事實》所記，呂夷簡因前次罷相之事深恨郭后，稱廢后之事「古亦有之」，並引述「光武，漢之明主，郭后止以怨懟廢，況傷乘輿乎？」。這時依附他的范諷又提出，郭后立後九年無子，當廢。惟仁宗也知廢后的理據不足，猶豫不定。范仲淹聽聞此事，請對力陳不可，並說「宜早息此議，不可使聞於外也」。又上奏說：「后者所以掌陰教而母萬國，不宜以過失輕廢之。且人孰無過？陛下當諭后失，置之別館，擇嬪妃老者勸導之，俟其悔而復宮。」可惜仁宗不納忠言，竟於十二月乙卯（廿三），下詔稱郭皇后以無子，自願入道。因封為淨妃，賜號玉京沖妙仙師，賜名清悟，別居長寧宮。呂夷簡一早料到范仲淹等會上奏反對，下令閤門不得接受台諫奏疏。他沒想到這樣橫霸的做法激起公憤，在范仲淹、孔道輔的率領下，知諫院孫祖德（？～1044 後）、侍御史蔣堂（980～1054）、郭勸（？～1039 後）、楊偕（980～1049）、馬絳（974～1048）、殿中侍御史段少連（994～1039）、左正言宋郊（即宋庠，996～1066）、右正言劉渙（998～1078）合共十人一齊往殿門抗爭。仁宗無奈，令呂夷簡召眾人到中書諭旨，但范仲淹等不服，與呂夷簡抗辯，雙方針鋒相對。呂夷簡使詐，騙眾人離開中書後，在翌日下旨，將范仲淹及孔道輔二人貶出朝廷：范仲淹貶知睦州（今浙江建德市），孔道輔貶知泰州（今江蘇泰州市），其餘眾人各罰銅二十斤。言官並不屈服於呂夷簡的淫威，段少連及將作監丞富弼（1004～1083）再上疏抗爭，可惜仁宗老羞成怒，不聽忠言。〔註 32〕仁宗及呂夷簡

〔註32〕 王陶字樂道，與王堯臣（1003～1058）同是天聖五年進士，是司馬光好友，《宋史》卷三百二十九有傳。據《涑水記聞》所載，王陶的父親曾與劉太后心腹張耆同任真宗藩邸的襄王宮指使，熟知劉太后事，包括劉太后立郭皇后一事始末。至於仁宗廢郭后的詔書見載於《宋大詔令集》，不知出自哪位翰林學士手筆，居然飾說郭皇后自願入道：「皇后郭氏，省所奏為無子願入道者，事具悉。」接著表揚郭「皇后生忠義之門，稟柔和之德，凤表石符之慶，早升蘭殿之尊，四教具宣，

不得人心的做法，並沒有消除爭端，禍患反而加劇。

　　翌年仁宗改元景祐。四月丁酉（初八），直接導致郭皇后被廢的尚美人，居然遣內侍稱教旨免工人市租。幸而殿中侍御史龐籍（988～1063）不畏權勢，奏上仁宗，表示祖宗以來，未有美人這一等宮嬪可以稱教旨下府的。仁宗也知不能在這不法事上包庇尚美人，就下詔切責尚氏，並杖責傳話的內侍。仁宗又下詔有司自今宮中傳命，不得不察而受。然而尚美人寵眷未衰，三天後，仁宗又授尚美人父尚繼斌爲右侍禁，從父繼恩、繼能爲右班殿直。〔註33〕

六宮是式。而乃秉心專靜，抗志希微，慕丹臺絳闕之游，猒金呃瑤堦之貴。陳請累至，敦諭再三，言必踐而是期，意益堅而難奪」。見不著撰人（編），司義祖（點校），《宋大詔令集》（北京：中華書局，1962 年 10 月），卷二十〈皇后下・廢黜・皇后郭氏封淨妃玉京沖妙仙師詔・明道二年十二月乙卯〉，頁 95；《涑水記聞》，卷五，第 137 條，「廢郭后」，頁 84～86；卷六，第 163 條，「宮美與劉后」，頁109；卷八，第 232 條，「郭后之廢」，頁 157；李攸（？～1134 後）：《宋朝事實》，《國學基本叢書》本（上海：商務印書館，1935 年 4 月），卷一，頁 16；《長編》，卷一百十三，明道二年十一月癸亥朔條，頁 2642；十二月甲寅至丙辰條，頁 2648～2654；卷一百十五，景祐元年七月乙未條，頁 2689；《東都事略》，卷七十〈王堯臣傳〉，葉一下；《宋史》，卷二百四十二〈后妃傳上・仁宗郭皇后〉，頁 8619；卷二百九十九〈孫祖德傳〉，頁 9928；卷三百十一〈呂夷簡傳〉，頁 10208～10209；卷四百六十八〈宦者傳三・閻文應〉，頁 13655～13656。協助呂夷簡謀廢郭皇后的范諷是投機小人，以爲依附呂夷簡就可晉身二府。呂夷簡深知范諷反覆無常，不肯舉薦。范諷因建議朝廷擇能臣，代替不稱職的大臣。呂夷簡深惡之，范只權三司使半年就被罷。范諷屢出惡言，又攻擊參政王隨。呂夷簡在景祐元年七月就將他黜知兗州（今山東濟寧市兗州區）。歐陽修爲王堯臣撰寫墓誌銘時，即認定「方后廢時，宦者閻文應有力」。見《歐陽修全集》，第二冊，卷三十三〈墓誌五首・尚書戶部侍郎參知政事贈右僕射文安王公墓誌銘〉，頁 482～483。關於郭皇后被廢的原因及背景，近期的研究可參閱楊果、劉廣豐：〈宋仁宗郭皇后被廢案探議〉，《史學集刊》2008 年第 1 期（2008 年 1 月），頁 56～60。與范仲淹一同抗爭的段少連，官至工部郎中、龍圖閣直學士，卒於寶元二年（1039）八月癸亥（初四）知廣州（今廣東廣州市）任上，得年四十六。范仲淹與他交好，在皇祐二年（1050）春下葬時，范仲淹特爲撰寫墓表。其中提到段少連當年與他及孔道輔等「伏閣論事，見端人之風焉」。只是不明說那是爲郭后被廢而抗爭的事。另外，范仲淹與郭勸也交好，曾致書賀他知諫院，感謝「遞中得兄金玉之問，情致雅遠，如見古人」，又稱許郭勸「恭惟邊諫司，奉袞職，忘雷霆之恐以報主，蹈湯火之急以救時，端人之言，固有中矣。」見《范仲淹全集》，上冊，《范文正公文集》，卷十五〈墓誌・龍圖閣直學士工部郎中段君墓表〉，頁 375～377；中冊，《范文正公尺牘》，卷下〈諫院郭舍人〉，頁 685；《范文正公集續補》，卷一〈諫廢郭后奏・明道二年十二月〉，頁 758；《附錄一・傳記》，富弼：〈范文正公仲淹墓誌銘〉，頁 819。

〔註33〕　《長編》，卷一百十四，景祐元年四月丁酉至庚子條，頁 2673。

　　五月，監察御史孫沔（996～1066）眼見朝廷降制要選立新后，並稱取冬至日奉冊皇后，遂上表反對，以章獻劉太后的喪禮未過大祥而立新后，結果會「哀樂相參，切恐不可」。孫沔反對仁宗馬上再立新后，動機相信是同情郭后之被廢。〔註34〕

　　八月甲子（初七），呂夷簡等上表請立皇后。呂的目的很明顯，是為了阻止郭皇后復位。據宋人的說法，仁宗為人任性而念舊，廢郭后不久即有悔意，隨時有可能復立郭后。〔註35〕仁宗對呂夷簡等的請求尚未有回覆前，已因寵幸尚、楊二美人，縱慾無度，招致大病。仁宗少年好色，郭后被廢後，每晚都令尚美人和楊美人侍寢，不加節制，參政宋綬直言規諫，仁宗也不理會，結果樂極生悲。戊辰（十一），「上不豫」，累日不能進食。時任南京留守推官的石介（1005～1045），致書剛從天平軍節度（即鄆州，今山東荷澤市鄆城縣）回朝復任樞相的王曾，說仁宗「既廢郭皇后，寵幸尚美人，宮庭傳言，道路流布。或說聖人好近女室，漸有失德。自七月、八月來，所聞又甚，或言倡優日戲上前，婦人朋淫宮內，飲酒無時節，鐘鼓連晝夜。近有人說聖體因是嘗有不豫。」辛未（十四），仁宗病情加劇，於是以星變為由，下詔大赦，並避正殿，又減常膳，出內藏庫錢優賞在京將士。復詔輔臣在延和殿奏事，而諸司事權暫教輔臣處分。仁宗病情加重，「中外憂懼，皆歸罪二美人」。翌日（壬申，十五），事聞於章惠楊太后，即勸仁宗不要再近二女，但他仍不肯割捨。這時已陞任入內都知的閻文應，一直侍候皇帝。仁宗落到這個景況，他責無旁貸，於是也從旁規勸仁宗聽從楊太后之說，不要再行幸二美人。仁宗經受不了閻的不斷進言，答應遣出二美人。閻文應馬上命人用氈車將二美人載走，二人泣涕，不停求告而不願行。閻文應大怒，毫不理會二人曾深受仁宗寵幸，掌摑二人之面頰，罵曰：「宮婢尚何言！」即驅使二人登車，趕出宮門。朝廷當日再下詔：「頃以中闈，有虧善道，降處次妃之位，仍從別館之居。尚爾嚴宸，末叶彝制。郭氏宜令於外宅居止，更不入內。美人尚氏令於洞真

〔註34〕趙汝愚（1140～1196）（編），北京大學中國中古史研究中心（校點整理）：《宋朝諸臣奏議》（上海：上海古籍出版社，1999年12月），下冊，〈禮樂門〉，孫沔：〈上仁宗乞納后之禮稍緩其期・景祐元年五月上〉，頁1003～1004。據該奏的小注所記，郭皇后因呂夷簡罷相事而招呂懷恨，於是呂與閻文應合謀，譖后而教仁宗廢之。不久仁宗後悔，有復后之意。呂夷簡在八月上表議立新后，九月力主立曹后，這都是為了阻止郭后復位。

〔註35〕《長編》，卷一百十五，景祐元年八月甲子條，頁2693。另參見注26。

宮披戴，永不入內。美人楊氏於別宅安置。」仁宗這時病重，不太可能下詔，
以其名義下詔的當是楊太后，她大概聽從呂夷簡和閻文應的主意，不只逐走
尚、楊二人，還一併將郭皇后逐出宮外。詔書明言將會另立皇后：「顧闕位以
難虛，必惟賢而是擇，當求德閥，以稱坤儀。屬於勳舊之家，兼咨甲冠之族，
將行聘納」。八月甲戌（十七），因尚美人失寵，其父尚繼斌、從父尚繼恩、
尚繼能均除名。兩天後，三人均被編管外州。九月戊申（廿二），又詔入內
內侍省以所估值之尚氏家財二十餘萬貫，賜三司充軍費。尚家富貴化成一場
春夢。〔註36〕十月癸亥（初七），當年力主廢后的范諷，被新知廣東轉運使
龐籍劾奏交通尚繼斌及其他不法事。仁宗總算寬大，只命范諷歸還所借官府
銀器，沒有追究他交結尚美人之父。〔註37〕

　　閻文應在宮中的權勢，在逐走二美人一事上可見一斑。仁宗沉溺酒色，
幾乎喪命，閻身為仁宗最貼身的入內都知，難辭其咎。猶幸宮中尚有楊太后
作主，而且仁宗得到真宗幼妹，他的嫡親姑母魏國大長公主（即荊國獻穆大
長公主，988～1051）所推薦的翰林醫學許希以針鍼診治，逐漸康復。九月丁
酉（十一），仁宗御正殿並復常膳。〔註38〕朝廷風波不斷之時，范仲淹在不到
一年內，歷知睦州、蘇州（今江蘇蘇州市）、明州（今浙江寧波市）。庚子（十
四），仁宗命他復知蘇州。范在蘇州任內，治理水患，特別是將五河疏浚導入
太湖。〔註39〕

〔註36〕　將郭皇后等三人逐出宮外的詔書亦載於《宋大詔令集》，這道詔書不知是誰人
　　　　手筆，對於郭皇后的批評比以前將她貶為淨妃的一道要嚴厲得多。見《宋大
　　　　詔令集》，卷二十〈皇后下・廢黜・淨妃等外宅詔・景祐元年八月壬申〉，頁
　　　　95；《涑水記聞》，卷三，第109條，「尚楊二美人得寵」，頁59～60；《長編》，
　　　　卷一百十五，景祐元年八月戊辰至丙子條，頁2694～2697；九月戊申條，頁
　　　　2702；《宋朝諸臣奏議》，下冊，〈禮樂門〉，余靖：〈上仁宗乞納后之禮稍緩其
　　　　期・景祐元年九月上〉，頁1003。余靖（1000～1064）在景祐元年九月所上之
　　　　奏，錄有八月壬申（十五）仁宗的詔敕。據司馬光所記，當時擔任尚藥奉御
　　　　的是皇城使宋安道。傳聞何來，司馬光沒有注明。
〔註37〕　《長編》，卷一百十五，景祐元年十月癸亥條，頁2703。
〔註38〕　《長編》，卷一百十五，景祐元年九月戊子至丁酉條，頁2698～2699。
〔註39〕　《長編》，卷一百十五，景祐元年九月丁酉至庚子條，頁2699。關於范仲淹
　　　　在蘇州治理水患的功績，於2011年故世的陳學霖教授（1938～2011）有一
　　　　篇精闢的文章考論。參閱陳學霖：〈范仲淹與治地方的貢獻——從蘇州治水
　　　　說起〉，原載張希清、范國強（主編）：《范仲淹研究文集》（五）（北京：北
　　　　京大學出版社，2009年），頁1～22。現收入陳學霖：《宋明史論叢》（香港：
　　　　香港中文大學出版社，2012年），頁53～75。據陳氏的研究，原本宋制官員

　　仁宗康復，宰執大臣即請他再立后。廷臣中秘書丞余靖（1000～1064）仍以章獻劉太后之喪為理由，上奏請延緩立后的日期。〔註40〕仁宗原本屬意出身壽州（今安徽六安市壽縣）的茶商陳氏之女。宰相呂夷簡、樞相王曾、參政宋綬、副樞蔡齊以及侍御史知雜楊偕及同知諫院郭勸，以陳氏女出身寒微，俱表反對。仁宗仍想堅持己見，閻文應之子勾當御藥閻士良隨侍在側，力陳仁宗若納奴僕之女為皇后，將愧見公卿大夫。仁宗最後聽從臣下意見，九月甲辰（十八）下詔立勳臣曹彬（931～999）的孫女曹氏（1016～1079）為皇后。翌日，命次相李迪為冊禮使，參政王隨副之，參政宋綬撰寫冊文并書冊寶。〔註41〕閻文應在此事的取態上，與呂夷簡可說是裡應外合，閻士良不過是秉承其父意旨行事。在廢郭后和立曹后兩事上，閻文應的影響力教人側目。

不能出任本籍的地方官，范仲淹是蘇州人，而仁宗兩度用他知蘇州，是賞識他的才華。范仲淹調知蘇州之初，曾致書呂夷簡，稱他「屢改劇藩之寄，莫非名部之行。宗族相榮，搢紳改觀。此蓋相公仁鈞大播，量澤兼包。示霈霈之公朝，存坦坦之言路」。范仲淹治水告一段落後，又上書呂夷簡，詳細報告治水經過，並感謝呂的支持。這時范、呂二人尚未交惡。見《范仲淹全集》，上冊，《范文正公文集》，卷十一〈書·上呂相公并呈中丞諮目·知蘇州時〉，頁264～266；中冊，《范文正公別集》，卷四〈移蘇州謝兩府啟〉，頁518。本文一位評審人認為，范仲淹上書給呂夷簡不過是官樣文章，其實二人已交惡。不過，筆者認為以范仲淹的為人，特別是他的量度恢弘，這時不見得就以呂夷簡為敵。

〔註40〕《宋朝諸臣奏議》，下冊，〈禮樂門〉，余靖：〈上仁宗乞納后之禮稍緩其期·景祐元年九月上〉，頁1003。

〔註41〕《涑水記聞》，卷三，第89條，「梅詢罟足惜馬」，頁48；卷十，第284條，「仁宗欲納陳子誠女為后」，頁183～184；《長編》，卷一百十五，景祐元年九月辛丑至乙巳條，頁2700～2701。司馬光所以知道閻士良勸仁宗不納陳氏女為后，原來是孫器之聞諸閻士良，而孫是司馬光好友，《司馬光集》中即有多處載司馬光贈他的詩。因此獲悉此事。此外，《涑水記聞》卷三有一則關於侍讀梅詢（965～1040）的佚事，司馬光也記來自孫器之的口述。見司馬光（撰），李之亮（箋注）：《司馬溫公集編年箋注》（成都：巴蜀書社，2009年2月），第一冊，卷二〈古詩一·河上督役懷器之寄呈公明叔度時器之鞫獄滄州〉，頁57～58，另注1；卷六〈律詩一·和孫器之清風樓〉，頁366～367；卷七〈律詩二·孫器之奉使淮浙至江為書見寄以詩謝之五首〉，頁494～496；〈喜孫器之來自共城〉，頁504～505。至於孫器之是何人？筆者認為當是官至光祿少卿、曾撰《集馬相書》的孫珪（？～1080後），而不是注司馬光集的人據別字索引而胡亂推論的孫璉。關於孫器之即孫珪的考證，可參見本書第八篇〈北宋閻氏內臣世家第三、四代人物閻士良與閻安〉，頁271，註104。

　　十月癸酉（十七），仁宗將廢后郭氏名號從淨妃玉京沖妙仙師清悟，改為金庭教主沖靜元師。美人楊氏聽入道，賜名宗妙。二人並居於安和院，院名賜名瑤華宮。〔註42〕這位移居瑤華宮的金庭教主，身處冷宮，獨欠安和。十一月己丑（初三），曹氏冊封為皇后，家人及三代均獲封贈。〔註43〕

　　十二月己卯（廿三），一向以謙謹自持的首席內臣宣慶使、忠州防禦使、入內都知的藍繼宗，以老疾自請罷都知。仁宗允其請，特授景福殿使、加邕州觀察使。〔註44〕藍繼宗引退，閣文應遂成為內侍兩省執掌實權的最高級內臣，在宮中權勢日盛。

　　不少投機文臣爭相交結依附閣文應，如度支判官、工部郎中許申得到閣文應的支持，獲宋廷同意他的以藥化鐵與銅雜鑄銅錢的方案。然而方案並未收效，「性詭譎」的許申，在景祐二年正月就自請出為江南東路轉運使，三月就任，即請用其法於江州（今湖北九江市）鑄錢。景祐元年五月再任三司使的程琳採納其議，於是朝廷詔許申在江州鑄錢百萬。據說人皆知其非，但他有程琳以至閣文應等為後盾，計謀得售。天章閣待制孫祖德上奏反對，仁宗不聽，反而在二月癸未（廿八）將孫出知兗州。〔註45〕

　　景祐二年二月戊辰（十三），次相李迪因受姻家范諷牽累，加上爭權而為呂夷簡暗中排擠，罷相降知密州（今山東濰坊市諸城市）。樞相王曾復任次相。三月己丑（初五），可能是出於王曾的推薦，范仲淹自蘇州召還，並自左司諫擢拜天章閣待制、禮部員外郎，位列侍從。史稱范仲淹召還後，「益論時政闕失，而大臣權倖多忌惡之」。這裡的「大臣」，多半指呂夷簡，而權倖很有可能包括閣文應在內。〔註46〕

<hr>

〔註42〕　《長編》，卷一百十五，景祐元年十月癸酉條，頁2704～2705。
〔註43〕　《長編》，卷一百十五，景祐元年十一月己丑至十二月己未條，頁2706～2707。
〔註44〕　《長編》，卷一百十五，景祐元年十二月己卯條，頁2709；《宋會要輯稿》，第四冊，〈儀制十三‧內侍追贈‧贈節度使〉，頁2569。藍繼宗以景福殿使、英州觀察使卒於景祐三年正月，贈安德軍節度使。
〔註45〕　《長編》，卷一百十六，景祐二年正月壬寅條，頁2718～2719；《宋史》，卷二百九十九〈孫祖德傳〉，頁9928。景祐元年十月初一，許申以工部郎中權度支判官；三年（1036）十一月甲申（初十），自江東轉運使徙湖南轉運使。
〔註46〕　范仲淹在蘇州獲知得到擢陞為禮部員外郎及天章閣待制後，即拜表謝恩。謝表稱「改中臺之華序，進內閣之清班，盡出高明，殊登祕近」。他自陳「臣獨愧非才，首當清問。危言必犯，孤立自持。斧鉞居前，雷霆在上，敢避樞機之禍，終乖藥石之良」。表明會克盡言職，以報君恩。見《范仲淹全集》，上冊，卷十六〈表‧蘇州謝就除禮部員外郎充天章閣待制表〉，頁388～389；《歐

　　四月戊辰（十五），朝廷命首相呂夷簡、次相王曾任都大管勾鑄造大樂編鐘，參政宋綬、蔡齊和盛度同都大管勾。自景祐元年十月壬午（廿六）以來，已負責校正音律的集賢校理李照，則與內臣入內東頭供奉官、勾當御藥院鄧保信（？～1055後）專監鑄造，閻文應出任提舉官。李照曉得呂夷簡以下的宰執大臣不過是掛虛銜，閻文應才是實官，即一意迎合。五月庚寅（初七），李照上《九乳編鐘圖》，交出第一份成績單，得到仁宗的認可，編鐘就依李照的意見鑄造。六月辛酉（初九），左司諫姚仲孫（？～1037後）上奏，提出不同意見，但仁宗已同意李照的做法，沒有將姚的章奏下有司討論。〔註47〕

　　仁宗對閻文應的寵信有加，六月丁丑（廿五），將他自入內都知擢為都知之首的入內都都知。閻為何忽然陞官？據《圖畫見聞志》所載，閻文應在景祐中，向仁宗呈上他購自民間一幅描畫真宗及劉太后真容的功德畫像。該畫為畫師高文進所繪，閻文應一見即認出在畫中執香爐的正是真宗御像，而捧花盆的就是劉太后真容。該畫本來供養在劉太后閣中別置的小佛堂內，劉太后每日凌晨都焚香恭拜。閻文應得畫後馬上進呈仁宗，仁宗「對之瞻慕慨容，移刻方罷」。仁宗命將此畫藏於御府，並賞給閻文應白金二百。不知閻文應這次獻寶，與他陞官有否直接關係？〔註48〕

　　李照的工作不斷為朝臣非議。七月庚子（十九），侍御史曹修睦上奏李照所改歷代樂頗為迂誕，而所費又甚廣，請付有司按劾。仁宗以李照所作鐘磬音韻與眾音相諧，只詔罷其增造，不加以處分。這時知杭州（今浙江杭州市）鄭向又推薦鎮南節度推官阮逸（？～1054後），稱他頗通音律，並上其所著的

　　　陽修全集》，卷二十一〈碑銘三首・資政殿學士戶部侍郎文正范公神道碑銘〉，頁333；《長編》，卷一百十六，景祐二年二月丁卯至戊辰條，頁2721～2723；三月己丑條，頁2724。

〔註47〕《長編》，卷一百十五，景祐元年十月壬午條，頁2705；卷一百十六，景祐二年二月丙辰朔條，頁2720；四月戊辰條，頁2727～2728；五月庚寅至辛卯條，頁2730～2731；六月辛酉至乙丑條，頁2736～2737；《宋會要輯稿》，第一冊，〈樂二・律呂二〉，頁355；《宋史》，卷一百二十六〈樂志一〉，頁2937，2948，2956。早在景祐二年正月，仁宗已命李照和內臣鄧保信監督群工，將潞州取到的羊頭山秬黍改作金石，又命度支判官集賢校理聶冠卿（988～1042）監督，而閻文應以入內都知的身份董其事。

〔註48〕郭若虛（？～1074後）（撰），鄧白（注）：《圖畫見聞志》（成都：四川美術出版社，1986年11月），卷六〈近事・慈氏像〉，頁336～337；《長編》，卷一百十六，景祐二年六月丁丑條，頁2739。

《樂論》十二篇和《律管》十三篇。仁宗詔令阮赴闕。〔註49〕李照得到閻文應的支持，寵眷未衰。八月己巳（十八），仁宗御崇政殿，召輔臣觀新樂後，命李照同修樂書。〔註50〕丙子（廿五），仁宗命閻文應所領的入內內侍省會同太常禮院裁定袞冕制度，命先繪圖以聞。翌日（丁丑，廿六），仁宗內出《景祐樂髓新經》六篇賜群臣，顯然滿意閻文應及李照等的工作。九月辛巳（初一），李照請改太常所用之柷的配畫，從時花改為青龍、朱雀等五物。他又與鄧保信新作銅方響五架，仁宗詔教坊準聲以授諸樂器。然而這些新作，後來卻證實不合樂工所用。丁酉（十七），因造新樂成，並因閻文應推言其功，李照自祠部員外郎遷刑部員外郎並賜三品服；入內供奉官、勾當御藥院鄧保信加禮賓副使。其實李照自造的新樂笙、竽、琴、瑟、篳篥等十二種樂具，均不可用。李照只靠迎合閻文應得到陞官，議者嗤其為人。景祐四年（1037），諫官余靖上奏，批評「李照學無師法，自傳損益，又挾閻文應以為內助，故得紛然恣其偏見，而律度疏長，鐘聲震掉，不守古制，不可垂法。」〔註51〕

這裡附帶一提，在八月己卯（廿八），仁宗將因反對廢后而被貶兗州的孔道輔擢為龍圖閣直學士，並公開讚揚，說眾人獻詩雖多，不及孔道輔一言。廷臣於是覺得當日孔道輔被斥退，並不是仁宗本意。仁宗先後召回及擢陞范、孔二人，間接表示他後悔當日廢后之舉。〔註52〕

九月己酉（廿九），仁宗詔以舊玉清昭應宮所在，修建潞王等宮院，並賜名睦親宅。由三司使程琳總其事，閻文應、內侍省內侍副都知張永和（？～1038後）及外戚子弟引進副使王克基（？～1045後）典領工作。〔註53〕

十一月戊子（初八），廢為金庭教主的郭皇后猝然長逝，死因不明。據司馬光引述王陶和丁諷（？～1075後）的說法，郭后被廢為金庭教主，閻文應

〔註49〕 《長編》，卷一百十七，景祐二年七月庚子條，頁2746。

〔註50〕 《長編》，卷一百十七，景祐二年八月己巳條，頁2753。

〔註51〕 《長編》，卷一百十七，景祐二年八月丙子至九月丁酉條，頁2754～2757；《宋朝諸臣奏議》，下冊，卷九十六〈禮樂門〉，余靖：〈上仁宗議李照所定樂〉，頁1037。

〔註52〕 《長編》，卷一百十七，景祐二年八月己卯條，頁2754。

〔註53〕 王克基是太祖功臣王審琦（925～974）曾孫、太祖長駙馬王承衍（947～998）孫，王世隆子，王克明（？～1033後）兄。參見《宋史》，卷二百五十〈王審琦傳附王承衍〉，頁8817～8818；《宋會要輯稿》，第一冊，〈帝系四‧宗室雜錄一〉，頁100～101；《長編》，卷一百十七，景祐二年九月戊申至己酉條，頁2757～2758。

奉旨授予敕書道服。郭皇后不虞有此，大為憤怒，口出怨言。閻文應不理郭后的反應，立時將她逐出宮門，以車送往瑤華宮。不久，仁宗後悔因一時之忿及聽信閻文應等的讒言，做出廢后的決定。大概一場大病，讓他覺得今是昨非，於是多次遣使往瑤華宮慰問郭后。據載他一日遊後園，看到郭后的肩輿，悽然動起舊情，親撰樂府辭〈慶金枝曲〉，派小黃門賜郭后，並傳話予郭后說：「當復召汝。」郭后以樂府辭相和答，語甚悽愴，仁宗大為感動。據《東都事略》和《宋史》郭皇后傳所記，郭皇后向仁宗提出，若再召見，須百官立班受冊方去。其堅執不從令仁宗難以馬上將她重召入宮。閻文應從小黃門處知道仁宗舊情未斷，雖然已改立曹皇后，仍有可能重召郭后返宮，那時一宮兩后就不知如何處置。據載閻文應和呂夷簡都忌憚郭皇后復位，會對他們報復。不知是否閻文應個人的歹念，竟趁著郭皇后小病，奉仁宗命賜酒及藥，與太醫前往診視時，使醫官「實毒」，「遂酖之」。郭后中毒疾發時，閻將她遷往嘉慶院。據說郭皇后雖疾甚，尚未氣絕，閻文應竟以她不救，給棺斂埋。本來只是身染小病的郭皇后，數日間竟然不治。郭皇后離奇的死亡，引來宮廷內外議論紛紛，懷疑是閻文應下的毒手，也許閻文應掩飾得法，也許無人敢提出檢查郭后的屍首，結果真相無法查明。當郭后暴崩時，仁宗正為南郊大典而在齋宮行禮，不及聞噩耗；後來得報，深深傷悼之餘，下令以皇后之禮殯葬亡妻於佛寺。為了補償所欠郭后的恩情，仁宗特別擢陞后兄西京左藏庫使、昌州刺史郭中和為昌州團練使，內殿崇班、閤門祗候郭中庸為禮賓副使、度支判官。郭后之死，據載仁宗沒有想到是閻文應所為。天聖五年狀元、右正言、直集賢院王堯臣（1003～1058）首先上奏，指郭皇后暴卒前數日，已聞悉宮中備辦棺木，實在教人懷疑。他請交此事予御史臺，查究為郭皇后診治的醫者，以釋天下之疑。然仁宗卻不報。對於郭皇后之死，群書皆言為閻文應所害，《宋史・閻文應傳》更明確地說郭「后暴崩，實文應之為也」。〔註54〕

<hr>

〔註54〕《隆平集校證》，卷八〈參知政事・王堯臣傳〉，頁 266～267；《涑水記聞》，卷五，第 138 條，「郭后薨」，頁 86～87；卷八，第 232 條，「郭后之廢」，頁 157～158；第 243 條，「允初癡騃」，頁 163；卷九，第 251 條，「皇子堅辭新命」，頁 167；《司馬溫公集編年箋注》，第二冊，卷十一〈律詩六・送丁正臣知蔡州〉，頁 243～244；〈送丁正臣通判復州〉，頁 271～272；卷十二〈送景仁至丁正臣園寄主人〉，頁 353；《歐陽修全集》第二冊，卷三十三〈墓誌五首・尚書戶部侍郎參知政事贈右僕射文安王公墓誌銘〉，頁 482～483；《長編》，卷一百十七，景祐二年十一月戊子條，頁 2762；卷一百二十五，寶元二年十一

　　閻文應涉嫌謀害郭皇后，仁宗不知何故，仍予包庇，不肯徹查。連負責醫治郭皇后的醫官也沒有受到處分。這是此一冤案最不可解之處。呂夷簡與閻文應等合謀廢郭后，但要說他授意閻文應下毒手，似乎不太可能。呂夷簡後來不斷受到范仲淹等彈劾，卻從沒有被人指控參與謀害郭皇后。似乎閻文應是此案的惟一嫌犯，閹膽大包天，行此惡事，在宋初的內臣中可算是史無前例。

　　閻文應一向專恣，常矯仁宗的旨意付外，執政懼他的權勢，特別是仁宗對他寵信無比，一向都不敢違逆。然而這次他幹出如此傷天害理的事，言官激於義憤，交相上章痛劾。不過，沒有確實證據足以指控閻文應謀害郭皇后，右司諫姚仲孫和高若訥（997～1055）只有劾他在仁宗宿齋太廟時，曾高聲叱責醫官，聲聞行在。二人也指出，郭后之死，中外都懷疑是閻文應下毒，為釋群疑，平息眾憤，請仁宗將閻文應、士良父子逐出朝廷。仁宗礙於眾議，在十二月辛亥（初一）下旨，解除閻文應入內都都知之職，出為秦州（今甘

月丁酉條，頁 2939～2940；卷一百八十四，嘉祐元年十二月丙辰條，頁 4461；卷二百五十九，熙寧八年正月庚子條，頁 6310～6315；《東都事略》，卷十三〈世家一‧仁宗廢后郭氏〉，葉六下至七上；卷七十〈王堯臣傳〉，葉一下至二上；卷一百二十〈宦者傳‧閻文應〉，葉四下；《宋會要輯稿》，第三冊，〈禮二十八‧五生帝感生帝〉，頁 1301；第八冊，〈職官六十五‧黜降官二〉，頁 4817，4820；第十冊，〈選舉三十一‧召試除職〉，頁 5857～5858；《宋史》，卷二百四十二〈后妃傳‧仁宗郭皇后〉，頁 8619～8620；卷二百九十二〈丁度傳〉，頁 9764～9765；〈王堯臣傳〉，頁 9772；卷四百六十八〈宦者傳三‧閻文應〉，頁 13656；范鎮（1008～1089）（撰），汝沛（點校）：《東齋記事》（北京：中華書局，1980 年 9 月；與《春明退朝錄》合本），卷二，頁 16。丁正臣即丁諷，仁宗朝參政丁度之子，與司馬光交好。《司馬光集》收有贈他的詩三首。丁度負責郭后葬禮，丁諷告訴司馬光有關郭皇后之死的傳聞，很有可能來自其父。丁諷《宋史》無傳，只在其父傳後有數字介紹，事蹟散見於《長編》和《宋會要輯稿》、《司馬光集》。根據史料，他在寶元二年十一月丁酉（初十），以小過在奉禮郎官上被罰銅四斤。慶曆八年（1048）九月己卯（廿一），以父罷參政所得恩典，得以自光祿寺丞試賦詩於學士院，而獲擢館閣校勘。嘉祐元年（1056）十一月，擢至太子中允、集賢校理。據〈送丁正臣知蔡州〉一詩，他在治平元年（1064）知蔡州（今河南駐馬店市汝南縣）。熙寧三年（1070）八月乙酉（廿八），他與侍御史知雜判刑部劉述（？～1070 後）坐沒有依刑典判獄，自金部郎中集賢校理權判刑部責降通判復州（今湖北天門市）。〈送丁正臣通判復州〉便是司馬光為他貶復州時所作。熙寧八年（1075）正月丙午（十三），丁諷受攻擊新法的鄭俠（1041～1119）連累，自司封郎中集賢校理判檢院落職貶監無為軍（今安徽巢湖市）酒稅。《涑水記聞》卷八及卷九另有兩條記他引述英宗（1032～1067，1063～1067 在位）為皇子時的佚事。據與丁諷有交情的范鎮所記，丁亦通音律，好收集牙笛。

肅天水市）鈐轄，兩日後（癸丑，初三）改鄆州鈐轄。惟將他的本官自昭宣使、恩州團練使加一級為嘉州防禦使，作為補償。閻士良也罷勾當御藥院，以擢一級為內殿崇班作補償。閻文應卻以有疾在身，不肯離開京師。姚仲孫見此，即再論奏，請將閻逐出朝，但仁宗對閻仍不加以貶逐。范仲淹這時忍無可忍，決心拚死劾奏閻文應之罪。他請入對前不食，並將家事盡付長子范純祐（1024～1063），聲言「我今上疏言斥君側宵人，必得罪以死」，「吾不勝，必死之」，誓與閻文應不俱生。第二天，范仲淹入對，盡將閻文應的罪惡奏知仁宗，「上始知」閻之大罪。在范仲淹拚死劾奏下，仁宗無法再包庇閻文應，終於將他逐出京師，畢其一生不再召還。〔註 55〕雖然范仲淹無法將這個罪惡滔天的權閻處以極刑，為郭皇后申冤，但將這個滿朝廷臣都懼怕的大璫打倒，實是他平生一大快意之事。這次范仲淹能一舉成功，除了言官齊心協力外，相信也得到次相元老王曾背後的襄助。〔註 56〕

〔註 55〕 據富弼所撰的范仲淹墓誌銘，閻文應因為范仲淹劾奏，仁宗「遽命竄文應嶺南，尋死於道」。然據李燾所考，閻文應並未貶嶺南，亦非死於道。關於范仲淹入奏的經過，嘉祐四年（1059）三月登進士第、原籍安州安陸（今湖北孝感市安陸市）的王得臣（1036～1116）的《麈史》有一則詳細的記載，王得臣稱得自「毅夫」所述。按毅夫當是同樣籍屬安州安陸、皇祐五年（1053）狀元、神宗朝官至翰林學士權知開封府的的鄭獬（1022～1072）。這則記述沒有點閻文應的名，也沒有明言閻謀害郭皇后的事，但一看內容就知說的是他。記云：「范文正好論事，仁宗朝有內侍怙勢作威，傾動中外。文正時尹京，乃抗疏列其罪欲上，凡數夕，環步於庭，以籌其事。家有藏書預言兵者悉焚之，戒其子純祐等曰：『我今上疏言斥君側宵人，必得罪以死。我既死，汝輩勿復仕宦，但於墳側教授為業。』既奏，神文嘉納，為罷黜內侍。聖賢相遇，千載一時矣。毅夫云。」參見《范仲淹全集》，中冊，〈附錄一‧傳記〉，富弼（撰）：〈范文正公仲淹墓誌銘〉，頁 819；《歐陽修全集》，第二冊，卷二十一〈碑銘三首‧資政殿學士戶部侍郎文正范公神道碑〉，頁 333；《長編》，卷一百十七，景祐二年十二月辛亥條，頁 2764～2765；卷一百十八，景祐三年五月丙戌條，頁 2783；《宋史》，卷二百八十九〈高若訥傳〉，頁 9685；卷三百〈姚仲孫傳〉，頁 9971；卷四百六十八〈宦者傳三‧閻文應〉，頁 13656；王得臣（撰），俞宗憲（點校）：《麈史》（上海：上海古籍出版社，1986 年 10 月），卷上，頁 17。

〔註 56〕 本文一位評審人認為范仲淹拚死劾奏閻文應，主要不為閻文應下毒之事，也不專為郭皇后申冤。筆者不明白的是，據群書所記，范仲淹之所以義憤填膺，正為了郭皇后死得不明不白。范仲淹挺身而出，就是因為閻文應罪大惡極。倘若閻文應犯了其他過失，他大可以像王堯臣和高若訥那樣，以閻文應失禮事彈劾，而不用以死相爭。筆者認為當年范帶頭反對仁宗廢郭后，事後當會知道閻文應教唆仁宗廢后，這時宮內外傳聞閻加害郭后，以范文正公的個性，自然會產生與閻不共戴天的強烈怒氣，拚死與閻抗爭。

景祐三年（1036）正月壬辰（十三），仁宗追冊廢后郭氏為皇后，命知制誥丁度（990～1053）、內侍押班藍元用（？～1055）同護葬事。丁酉（十八），葬郭后於奉先資福院側，鹵簿及儀物均用太祖孝章皇后（952～995）故事，作為對郭皇后被廢而慘死的補償。另外，仁宗也接受王堯臣及同知禮院王拱辰（1012～1085）的意見，以郭皇后既復位，她在殯期間，仁宗就不應在上元觀燈。仁宗並下令在郭后下葬日停止張燈一夕，以表哀思。〔註57〕

景祐二年十二月癸亥（十三），范仲淹自吏部員外郎權知開封府後，因直言論政，又不受呂夷簡籠絡，開罪了呂夷簡。呂在仁宗前劾他「越職言事，薦引朋黨，離間君臣」。范不服，也上章論奏。仁宗這時仍需倚仗呂夷簡，於是在景祐三年五月丙戌（初九），將范罷知饒州（今江西上饒市鄱陽縣）。秘書丞、集賢校理余靖為范被貶抱不平，上言說：「仲淹前所言事，在陛下母子夫婦之間，猶以其合典禮，故加優獎。今坐刺譏大臣，重加譴責。儻其言未協聖慮，在陛下聽與不聽爾，安可以為罪乎？」據余靖所言，仁宗讚賞范仲淹為郭后申冤。至於呂夷簡，因范仲淹的嚴劾，讓他失去了閻文應這一宮中最大的奧援，他厭惡范仲淹以至要將他再度逐出朝廷，是可以理解的。〔註58〕

閻文應因犯眾怒，始終沒有還朝的機會。他在景祐四年四月乙丑（廿三），自鄆州徙潞州鈐轄；寶元二年（1039）九月癸卯（十五），卒於相州（今河南安陽市）鈐轄任上，得年若干不詳。仁宗念舊，追贈他邠州觀察使。范仲淹與他，一正一邪，二人在景祐三年以後倒再沒有交鋒。〔註59〕

總結閻文應一生的經歷，他雖是內臣世家的「貴二代」，卻有多方面的治事才幹，包括治河、守邊、修繕宮殿太廟、護理喪葬、編修樂典。從其職份而論，他似較近於「文宦」。然從另一角度看，他行事霸道專橫，名字雖有「文」字，卻沒有一點文臣欣賞的氣質，而且與多數文臣為敵。稱他為「文宦」實有點勉強。若將他歸類為「武宦」，他雖與乃父一樣，數度出

〔註57〕 《長編》，卷一百十八，景祐三年正月壬辰至丁酉條，頁2774；《宋史》，卷十〈仁宗紀二〉，頁201；《隆平集校證》，卷八〈參知政事・王堯臣傳〉，頁267。

〔註58〕 《長編》，卷一百十七，景祐二年十二月癸亥條，頁2766；卷一百十八，景祐三年五月丙戌至辛卯條，頁2783～2785。

〔註59〕 《東都事略》，卷一百二十〈宦者傳・閻文應〉，葉五上；《宋會要輯稿》，第四冊，〈儀制十三・內侍追贈・贈觀察使〉，頁2570；《長編》，卷一百十七，景祐二年十二月辛亥朔條，頁2765。

任地方兵職，也曾往桂州代宋廷犒賞征宜州的將士，卻從未立下任何汗馬功勞，說他是「武宦」，似更為勉強。稱他為「權閹」，似乎還是最合適。他後來以帝后的寵信，步步高陞，位至入內都都知，成為首席內臣，卻沒有學到乃父那樣安份謙謹，反而刻意交結朝臣以固寵，行事又乖張狂妄，最後幹出弒后的大惡。雖然得到仁宗包庇，沒有被處以極刑，但一輩子卻背負弒后的罪名，遺臭後世。一個值得思考的問題是，宋代頗多出身內臣世家的權閹，他們與父輩比較，行事較不安份，性情類多狂妄。他們是否也像普通富貴人家的子弟，因父兄的溺愛而驕縱？因內臣家庭的資料匱乏，我們暫無法推知。

四、餘論

　　從太宗朝開始，有不少不守本份，恃仗帝后寵信，勾結朝臣的高級內臣，專權任事。幸而宋廷主流文臣，尤其是言官，都能齊心協力，群起抗爭，迫使帝后讓步，對這些權閹的不法行為加以懲治，壓制他們的氣焰。太宗朝權閹宣政使王繼恩（？～999），勾結參政李昌齡（937～1008）、知制誥胡旦（955？～1034？），秉承明德李皇后（960～1004）的意旨，企圖廢立真宗。幸而被太宗譽為「大事不胡塗」的首相呂端（935～1000），在關鍵時刻制服王繼恩一黨，才化解一場重大政治危機。〔註60〕真宗對於任用內臣比較清醒，不讓他們專權任事。就是勾結佞臣王欽若（962～1025）、丁謂（966～1037）等而被宋人稱為「五鬼」的權閹景福殿使劉承珪（950～1013），也受到宰相王旦（957～1017）的有力抑制。〔註61〕真宗晚年寵信的權閹、委以

〔註60〕關於呂端的相業及生平事蹟、治國思想，特別是他制服王繼恩的手段，可參閱張其凡：〈呂端與宋初的黃老思想〉，原載鄧廣銘（1907～1998）、酈家駒（主編）：《宋史研究論文集》（1982年宋史年會會刊），鄭州：河南人民出版社，1984年7月，頁385～411；收入張其凡：《宋代人物論稿》（上海：上海人民出版社，2009年7月），頁267～287。

〔註61〕關於劉承珪的事蹟，可參閱《宋史》，卷四百六十六〈宦者傳一・劉承規〉，頁13608～13610。近期的相關研究可參見李鴻淵：〈宋初宦官劉承規傳論〉，《西安電子科技大學學報》（社會科學版），第19卷第4期（2009年7月），頁100～104。至於王旦的生平事蹟與相業，包括不允授劉承珪節度使，以抑制內臣之權勢，可參閱王瑞來：《宰相故事：士大夫政治下的權力場》（北京：中華書局，2010年1月），第二章〈尋常作為，塑造皇權：「平世之良相」王旦〉，頁41～75。

輔佐立爲太子的仁宗春坊事的入內副都知周懷政（979～1020），以爲可以專權任事，卻在權力鬥爭中敗在依附劉太后一黨的丁謂、錢惟演、曹利用手下，命喪黃泉。〔註62〕

　　劉太后是北宋內臣開始勢力膨脹與以及作惡的罪魁禍首。她專權任事，像歷代臨朝稱制的女主一樣，都以她身旁寵信的內臣作爲耳目，輔以親信的外戚，並收買願意輸誠的朝臣。劉太后攝政十二年，以一大批行爲不端的內臣爲耳目打手，包括罪惡滔滔、勾結宰相丁謂的雷允恭（？～1022），以及陷死樞密使曹利用的羅崇勳和楊懷敏（？～1050）。幸而宰相王曾和樞密使曹利用對這股惡勢力毫不妥協，時加抑制，才不致讓后黨勢力坐大。當然，王、曹二人也付出了代價，給劉太后罷免以至貶死。〔註63〕

　　仁宗親政後，在很多地方一改劉太后舊政；不過，他寵信內臣和外戚，以反制文臣集團的做法，卻和劉太后同出一轍。閻文應父子就是他親政前期最寵信的內臣。〔註64〕幸而朝中主流文臣，特別是有風骨有時望的言官，繼承他們前輩的優良傳統，敢於與帝后寵信、位高權重的權閹抗爭。王曾器重的范仲淹便是其中表表者，他才被召還朝出任地位不高的言官，就敢於與首席內臣閻文應抗爭。整個仁宗朝雖然權閹輩出，但朝臣相與抗爭的力量也很大，迫使仁宗不得不妥協，不敢過份包庇奴才。權閹與朝臣的長期交鋒，可說是仁宗朝政治的特色；而范文正公與權閹閻文應的鬥爭，也就是仁宗朝朝臣抗擊內臣成功的一個典範。〔註65〕

〔註62〕　周懷政事蹟參見《宋史》，卷四百六十六〈宦者傳一・周懷政〉，頁 13614～13617。筆者論曹利用事蹟一篇舊文，也有部份章節考論周懷政敗死的始末。參見何冠環：〈曹利用之死〉，頁 238～246。

〔註63〕　王曾藉著打倒丁謂的機會，也讓劉太后處死雷允恭。曹利用任樞使時，對這幫內臣也毫不客氣，加以嚴治。二人因爲打擊內臣勢力，給劉太后先後罷免，曹利用且被內臣害死。見何冠環：〈曹利用之死〉，頁 250～273。

〔註64〕　本文的一位評審者曾質疑，閻文應既得寵於劉太后，何以仁宗親政後仍獲重用？筆者認爲，閻文應的厲害處，正在於他能左右逢源，就像與他朋比爲奸的呂夷簡一樣，既得到劉太后的歡心，又得到仁宗的寵信。

〔註65〕　本文一位評審人建議筆者關注「宋代強大的士大夫政治遏制了宦官勢力的增長。范仲淹與閻文應的抗爭，當是絕好的一例」。其實本文在餘論一節已多番強調這點。整個宋代，至少在北宋，是否真的強大的士大夫政治遏制了宦官勢力的增長，尚待嚴謹的考證發明，特別是充份的個案研究，不能夠以宏觀的角度簡單視之。好像宦官勢力高漲的徽宗朝，就看不出士大夫的力量有多大。

范仲淹在郭皇后被廢及後來離奇死亡之事上，與呂夷簡及閻文應激烈抗爭，因事涉仁宗責任的敏感問題，我們從有限、諱莫如深的宋人記錄所見到的，只可能是這一場宮廷悲劇的冰山一角：我們看見的，只是范仲淹與呂夷簡的長期鬥爭，以及他與閻文應短暫的交鋒；看不見的，是這場悲劇背後一些不為人察覺的隱情。宋人的記載一直開脫仁宗的責任，說他一直不知郭后的死因。然而，教人不解的是，為何仁宗一直不肯依從王堯臣等的合理建議，徹查郭后暴卒的原因。我們找不到仁宗後來懲治負責醫治郭后的醫官的記載（除非有關記載事後全被毀掉）。即使范仲淹拚死入對及上奏，仁宗仍只是罷免閻文應入內都都知的職位，降為鄆州鈐轄，逐出京師。閻在相州病死時，卻又追封他官位。仁宗為何如此包庇這個涉嫌殺害髮妻的奴才？是否有不可告人的隱衷？

郭皇后之死，其實是仁宗間接造成的，他在感情上拖泥帶水，與郭皇后的關係是「道是無情卻有情」。起初和郭后一樣，發小兒脾氣，不聽群臣的忠言，堅持以小故廢后。跟著又後悔，然後又給郭皇后寫情詩，並派小黃門慰問，許諾重召她回宮，那就給郭皇后得以復位的空指望，而向仁宗提出要在群臣面前重新冊為皇后才肯回宮。偏偏仁宗思慮不周，先前已錯聽呂夷簡及閻文應的讒言廢后，後來又不省悟呂夷簡力促他冊立新后的私心，匆匆冊立新后。冊立曹后後，論理他又怎能復立郭后，造成一宮兩后的局面？然而，仁宗的任性妄為以至於「天威難測」，從他晚年專寵張貴妃（1024～1054），待遇禮數甚至超過曹皇后，而視曹皇后為無物，可思過半。他後來大概不想重蹈廢郭皇后的覆轍，而曹皇后又沒有失德，才沒有再作出廢后之舉。不過，張貴妃死時，他又不理體制，一意孤行地將她追冊為溫成皇后。〔註66〕從仁宗晚年這一舉措去測度，他有可能會在景祐二年底，因一時衝動而復立郭氏為皇后。事實上，事過境遷，特別是在景祐三年十一月楊太后死後，仁宗又

〔註66〕 關於仁宗與張貴妃的不尋常愛情，以及張家權勢得以擴展的最近期的研究，可參閱張明華：〈北宋宮廷的《長恨歌》──宋仁宗與張貴妃宮廷愛情研究〉，《咸寧學院學報》第32卷第1期（2012年1月），頁22～26。本文一位評審人質疑，仁宗既有意復召郭皇后，應該在冊立曹皇后前，而不應造成可能出現的一宮二后局面。筆者認為正是仁宗處事優柔寡斷，行事任性而感情上拖泥帶水的悲劇個性，造成郭皇后被廢而橫死的悲劇。評審人以為「這種情形就宋代的歷史邏輯而言也行不通」，不察仁宗本人就是這樣一個喜歡不按成制辦事的君主。

復召尚美人和楊美人回宮，最後還恢復她們的封號。若郭皇后肯忍耐，大概真的可以像尚、楊二美人一樣在有利的時機得到復召和復位，而不致發生那樣的悲劇。〔註67〕

　　閻文應下手謀害郭皇后，在宋人筆下鐵案難翻。他的兒子閻士良後來對人陳述他阻止陳氏女為皇后的「功勞」時，也沒有（可能不敢）為乃父翻案，洗脫害死郭后的惡名。閻文應真的是喪盡天良兼膽大包天，為了怕郭后復位報怨而下此毒手？還是另有人背後指使他幹此惡事？與他同謀廢后的呂夷簡似乎最有嫌疑。然而正如前文所論，呂夷簡老謀深算，也看重身後之名及子孫利益，〔註68〕謀害皇后的事一旦東窗事發，是要滅族的。西漢霍光（？～前68）妻毒害宣帝許皇后（前89～71）的下場他怎會不知？曹皇后已立，呂夷簡只要與群臣合力阻止郭后復位即可，沒有理由做出謀害郭后的蠢事。事實上，他的政敵包括范仲淹等後來用各種理由攻擊他，卻始終沒有翻出郭后被害的舊賬加諸他的頭上。故此，筆者相信呂沒有指使閻文應謀害郭皇后。當然，范仲淹打倒呂在宮中的同盟閻文應，呂肯定懷恨在心；但范仲淹痛擊閻文應，指控他謀害郭皇后，又間接教呂夷簡得以開脫害死郭后的指控，也許在這一點呂應該感激范的。

　　仁宗當然更不會指使閻文應下此毒手。我們找不到指控仁宗殺害髮妻的動機。筆者以為，惟一可以解釋閻文應殺人動機的，是閻文應自作聰明，以為他把那糾纏不休，把仁宗弄得進退兩難的郭后清除掉，正如他之前把尚、楊二美人那樣以雷霆手段趕走，就是忠心報主的表現。然而真的是他自作主張？還是受人指使？劉太后過世後，宮中最有說話份量、仁宗不能不聽的長輩，只有當日下令閻文應逐走尚、楊二美人的章惠楊太后。也只有楊太后事

〔註67〕　《長編》，卷一百十九，景祐三年十一月戊寅至戊戌條，頁2811～2812；卷一百六十八，皇祐二年七月丁亥條，頁4048；卷一百六十九，皇祐二年十月乙亥條，頁4063。章惠楊太后卒於景祐三年十一月戊寅（初四）。尚美人大概在以後復召入宮。仁宗在十七年後的皇祐二年（1050）七月丁亥（初二）贈她為充儀，她當在皇祐二年七月前已逝世。至於楊美人也在皇祐二年十月復位為婕妤，大概較早前也得到復召。

〔註68〕　關於呂夷簡從政的智術，以及河南呂氏因他居相位而興盛，以及他諸子後人繼續在宋廷掌權的情況，同門摯友王章偉博士最新出版的大作有精闢的論述，值得研究宋代家族史，特別是河南呂氏的同道參考。參見王章偉：《近代社會的形成——宋代的士族與民間信仰》（新北：花木蘭文化出版社，2017年3月），上冊，《士族篇》，《宋代新門閥——河南呂氏家族研究》，第二章〈河南呂氏家族之發展〉，頁21～81；第三章〈科舉、宦途與家勢〉，頁83～118。

涉其中，才教仁宗與識得利害的宰執大臣投鼠忌器，不敢徹查郭后被害之事。
我們很難想像，楊太后會狠下心來指使閻文應「剷除」教仁宗進退失據的「禍
水」。當眞如此，我們只能慨嘆宋宮的無情。〔註69〕

　　研究唐代宦官歷史的學者，都會熟知唐宦官的內部權爭。閻文應垮台，
有沒有宋宮內臣內鬥的因素在內？閻文應父子權勢薰天時，地位尙在他之上
的，只有病廢在家的景福殿使藍繼宗。藍繼宗景祐三年正月逝世前，會否透
過他時任內侍押班的兒子，後奉命護葬郭后事的藍元用，糾集反對閻文應的
內臣力量，並給范仲淹等通風報信，協助范等打倒閻文應？筆者在考論藍繼
宗生平的舊文中，即曾懷疑藍繼宗在楊太后下令逐走尙、楊二人之事上起過
幕後策動的作用。當時位在閻文應之下的高級內臣，包括入內副都知張永和
（寶元元年八月陞都知）、入內副都知皇甫繼明（？～1047）、內侍副都知王
守忠（？～1054）、入內押班王惟忠（？～1041）、岑守素、劉從愿（？～1048）、
內侍押班史崇信（？～1038 後）、內侍押班藍元用（後擢入內副都知）、內侍
押班任文慶等，〔註70〕他們與閻的關係和立場如何，文獻無徵，不易確定，

〔註69〕章惠楊太后在眞宗朝以婉儀而進淑妃，侍奉劉皇后甚謹，史稱她「通敏有智
　　　　思，周旋奉順后無所忤，后親愛之，故妃雖貴幸，終不以爲己間」。劉皇后因
　　　　此命她撫育仁宗。故仁宗稱劉太后爲大孃孃，稱楊太后爲小孃孃。仁宗幼時，
　　　　起居飲食都由楊太后照料，「擁佑扶持，恩意勤備」，史稱她「性慈仁，謙謹
　　　　寡過」。依此描述，她不像狠心殺媳的惡姑。仁宗除尊她爲保慶太后外，在她
　　　　故世後，諡號曰莊惠，祝冊文並稱「孝子嗣皇帝」，又對她的族人加官晉爵。
　　　　她與仁宗雖非親生母子，但情同骨肉。她果眞爲了仁宗的管治而斷然做出違
　　　　反人性的事，那當是非常可悲的。見《長編》，卷八十二，大中祥符七年三月
　　　　丁未條，頁 1868～1869；六月壬申條，頁 1881；《宋史》，卷二百四十二〈后
　　　　妃傳上·眞宗楊淑妃〉，頁 8617～8618。
〔註70〕《長編》，卷一百九，天聖八年六月癸未朔條，頁 2540；卷一百十五，景祐元
　　　　年十月癸亥條，頁 2703；卷一百十八，景祐三年正月壬辰條，頁 2774；二月
　　　　甲寅條，頁 2776；五月辛卯條，頁 2785；卷一百十九，景祐三年八月辛未條，
　　　　頁 2800；十月癸亥條，頁 2809；卷一百二十二，寶元元年八月丁亥條，頁 2878；
　　　　卷一百二十六，康定元年二月己丑條，頁 2972；卷一百二十八，康定元年八
　　　　月癸未朔條，頁 3031；《宋史》，卷四百六十七〈宦者傳二·楊守珍〉，頁 13631
　　　　～13632；《宋會要輯稿》，第九冊，〈選舉十七·武舉一〉，頁 5587。按王惟忠
　　　　在景祐元年十月癸亥（初七）以入內押班往相度河決，到康定元年（1040）
　　　　八月癸未朔（初一），已遷入內都知右騏驥使象州防禦使。王守忠則在景祐三
　　　　年五月辛卯（十四）以內侍副都知儀鸞使領雅州刺史，命爲澶州修河都鈐轄。
　　　　十月癸亥（十九）陞任皇城使。他在康定元年（1040）二月己丑（初四）則
　　　　已自入內副都知領梓州觀察使爲陝西都鈐轄。另在天聖末年宋廷的高級內臣
　　　　尚有內侍省右班都知內園使楊守珍（？～1030 後），但他在天聖八年（1030）

但當是閻文應垮台一項不宜忽略的因素。

章惠楊太后以外，在仁宗廢后、立曹后以至郭后暴卒的事上，有兩個仁宗的至親也實在不應忽略：第一個是推薦醫師救了仁宗一命的荊國大長公主，一個是仁宗最尊禮的八叔荊王元儼（985～1044）。二人都是在親貴中可以平衡楊太后影響力，以至保護仁宗的重要人物，他們也是仁宗最信賴的至親。然而，二人在景祐初年的宮廷風波中如何取態，我們所知的卻很有限。

最後值得探討的是范、呂之爭以外的朝臣權爭。筆者以為，范仲淹等人敢於挑戰呂夷簡和閻文應，他們背後其實有反對或與呂夷簡政見不合的另一文官集團的支持。呼出欲出的就是本來名位、聲望高於呂夷簡的元老重臣、回朝後屈居呂之下的次相李迪、王曾及他們的支持者。呂夷簡在朝中其實不能一手遮天，特別是王曾及其門生故吏，常在關鍵時刻影響了仁宗的決定和朝政的方向。是故，筆者認為從明道末年至景祐年間的宋廷權爭，不能簡單視為呂夷簡與范仲淹之爭，或宰相與台諫之爭。事實上，王曾和呂夷簡集團的權爭，在景祐四年（1037）四月便白熱化，二人互相攻訐，仁宗無奈，在是月甲子（廿二），將二人雙雙罷免。〔註71〕

最後，從閻文應的個案，我們可以思考宋代內臣家族的問題。研究唐代內臣的學者，早就注意內臣家族的問題。〔註72〕宋代內臣因史料匱乏，過去學者難以在這問題上著手。筆者過去所撰寫的幾篇內臣研究文章，從藍繼宗父子到董仲永等三人，都揭示宋代內臣存在的「世家」。依筆者管見，宮中的內臣地位從來不平等，高級內臣的養子比普通黃門養子在出仕及陞遷有很大的優勢，即出身內臣世家的小黃門更容易晉陞高位。閻文應就是一個範例，他是內臣閻氏世家的第二代，養父閻承翰官至入內都知，他憑著內臣「貴二代」的恩蔭與優勢，得以親近帝后，成為帝后寵信的近侍，最後憑著迎合帝后、勾結廷臣的手段，加上本身一點治事幹才，得以擢至內臣之首的入內都都知，這是尋常小黃門不易得到的機遇。閻文應的官位比養父閻承翰更高，

六月後的事蹟不詳，很有可能在天聖末年或明道初年已卒，關於藍繼宗在楊太后逐走尚、楊兩美人事上的態度的討論，可參見本書第四篇〈北宋內臣藍繼宗事蹟考〉，頁 139。

〔註71〕《長編》，卷一百二十，景祐四年四月甲子條，頁 2826～2827。

〔註72〕較近期的相關研究有杜文玉：〈論墓誌在古代家族史研究中的價值——以唐代宦官家族為中心〉，載趙振華（主編）：《洛陽出土墓誌研究文集》（北京：朝華出版社，2002 年 3 月），頁 169～179。

權勢更大，惟不幸的是，他的罪愆也極大。至於他的養子「閻三代」閻士良，也很早便被選為御藥，成為仁宗身旁寵信的內臣，雖然一度因父被重貶而出外，最後也被召回，步步高陞，位至廉州團練使。他的權位及惡行雖然稍遜乃父，但並非善類，不斷招致廷臣言官的糾彈。〔註73〕

　　至於閻氏內臣世家第四代的情況，閻士良有子閻安（？～1100 後），在徽宗朝（1082～1135，1100～1125 在位）官至入內內侍省都知，延續了閻氏在宋宮政治的影響力，其父子之事蹟將在本書第八章〈北宋閻氏內臣世家第三、四代人物閻士良與閻安〉詳述。

修訂後記：

　　本文原刊《中國文化研究所學報》，第五十八期（2014 年 1 月），頁 65～88。現增補一些史料，主要觀點不變。

〔註73〕　好像御史包拯（996～1062）早在慶曆四年（1044）八月，已奏劾時任蔡州駐泊都監的閻士良強買馬牛及乞取錢物等不法事七十五狀，而趙抃（1008～1084）也在至和二年（1055）七月己未（初三），以御史彈奏閻士良「為性狡黠，自來與中外大臣交相結託，久在河北張皇事勢，天下具知，及歷任曾有贓罪至徒」；反對授他帶御器械。又御史呂景初（？～1061 後）在嘉祐三年（1058）七月，揭發知雄州馬懷德厚賄閻士良，讓他在入奏事時為他美言。時任同知通進銀臺司兼門下封駁事的何剡（1004～1072），也在嘉祐四年（1059）十二月劾奏閻士良「好作威福，昨又與邊臣公行賄賂」，「恣作威福，騷擾邊臣，不可不慮也」，反對他出任鄜延路都鈐轄。見《長編》，卷一百八十，至和二年七月丙戌條，頁 4362～4363；卷一百八十七，嘉祐三年七月己丑條，頁 4517；卷一百九十，嘉祐四年十二月癸未條，頁 4602；包拯（撰），楊國宜（整理）：《包拯集編年校補》（合肥：黃山書社，1989 年 12 月），卷一〈請勘閻士良〉，頁 25。

第八篇　北宋閻氏內臣世家第三、四代人物閻士良與閻安

一、導言

　　本文是筆者研究北宋閻氏內臣世家的第三部份。閻氏第一代的閻承翰（947～1014）、第二代的閻文應在眞宗（968～1022，997～1022 在位）及仁宗（1010～1063，1022～1063 在位）朝均分別官至北宋內臣的最高職位入內內侍省都知和都都知，尤其閻文應更是權傾朝野。﹝註1﹞第三代的閻士良（？～1079 後）以擔任仁宗近侍的御藥而深獲仁宗寵信，﹝註2﹞惟當其父罄竹難書之惡行，不容於以范仲淹（989～1052）為首的文臣集團而被罷都知職逐出朝廷時，閻士良也被一併被逐離宮禁。仁宗後來重新委他以多處地方兵職，他到神宗（1048～1085，1067～1085 在位）時官至皇城使領團練使，但言官文臣始終不放過他，一再劾奏他的過失。為此，他雖有幹才，尤其是治河屯田之才；但始終無法回朝擔任父祖曾擔任的兩省內臣都知或押班等主官之高職。他的兒子閻安（？～1105 後）卻獲重用，在哲宗（1077～1100，1085～

───────────────

﹝註1﹞ 關於閻承翰及閻文應的事蹟，參見本書第六篇〈宋初高級內臣閻承翰事蹟考〉，頁 169～206；第七篇〈小文臣與大宦官：范仲淹與仁宗朝權閹閻文應之交鋒〉頁 207～236。

﹝註2﹞ 關於御藥院在宋代內臣機構中的重要角色，以及給事御藥院的內臣如知御藥院等人，因親近皇帝而獲得寵信的情況，最近期的研究可參見程民生：〈宋代御藥院探秘〉，《文史哲》，2014 年第 6 期（總 346 期），頁 80～96。另蘇州大學的丁義珏博士近期亦在程氏一文的成果上進一步研究御藥院，並在 2016 年 8 月在廣州舉行的宋史年會上報告初步研究成果。

1100 在位）及徽宗（1082～1135，1100～1125 在位）朝，先後獲委為內侍省押班及入內內侍省押班之主官職務。北宋內臣四代都出任高職，閻氏可說是一個特例。據現存史料，宋代內臣家世可考超過四代以上的，計有兩宋之交的內臣董仲永（1104～1165）、鄭景純（1091～1137）、楊良孺（1111～1164）及李中立（1087～1164），但他們並沒有像閻氏那樣四代均位高權重。〔註3〕故北宋閻氏內臣確可稱為內臣世家，值得研究宋代內臣的學者注意。

因閻士良前半生事蹟已在〈小文臣與大宦官：范仲淹與仁宗朝權閹閻文應之交鋒〉一文論及，故本文集中討論他在其父貶死後之事蹟。又《宋史》及《東都事略》均未為閻士良及閻安父子立傳，僅在閻文應傳後道及閻士良向仁宗進言反對陳氏女為后一事，而未有記他以後的事蹟。〔註4〕本文即據《續資治通鑑長編》（以下簡稱《長編》）、《宋會要輯稿》及宋人文集筆記等相關史料，考述閻氏父子之事蹟。又本文所述之內臣父子，均為養父子關係。

二、閻士良在仁宗朝後期之事蹟

閻士良在景祐二年（1035）十二月辛亥（初一）隨著閻文應被罷入內都都知，他也被罷御藥離開京師，以入內供奉官獲晉陞一級為大使臣的內殿崇班作為補償。閻文應在寶元二年（1039）九月癸卯（十五）卒於相州（今河南安陽市），閻士良大概奉其柩歸葬京師（今河南開封市）。〔註5〕

仁宗雖然對閻士良眷寵未衰，但礙於文臣和言官的反對，始終未召閻回宮供職，慶曆三年（1043）八月丁未（十三），閻父的大對頭范仲淹召入參政，他更不可能回朝。〔註6〕慶曆四年（1044）六月壬子（廿二）范仲淹以在朝中

〔註3〕董、鄭、楊、李四人均有墓誌銘傳世，他們的家世及生平事蹟可參見本書第九篇〈曹勛《松隱集》所收的三篇宋代內臣墓誌銘〉，頁297～339；第十篇〈兩宋之際內臣李中立事蹟考〉，頁341～371。

〔註4〕王稱（？～1200 後）：《東都事略》，收入趙鐵寒（1908～1976）主編：《宋史資料萃編第一輯》（臺北：文海出版社，1967 年 1 月），卷一百二十〈宦者傳・閻文應〉，葉四上至五上；脫脫（1314～1355）：《宋史》（北京：中華書局點校本，1977 年 11 月），卷四百六十八〈宦者傳三・閻文應〉，頁13656。

〔註5〕本書第七章，〈小文臣與大宦官：范仲淹與仁宗朝權閹閻文應之交鋒〉，頁227～229；夏竦（985～1051）：《文莊集》，文淵閣《四庫全書》本，卷二十六〈碑銘・傳法院碑銘〉，葉四下。據夏竦撰於景祐二年（1035）六月的〈傳法院碑銘〉所記，閻士良當時以御藥院入內供奉官擔任監譯佛經的工作。他在同年十二月與父閻文應被逐出朝，獲加的官即是入內供奉官高一階的內殿崇班。

〔註6〕《宋史》，卷十一〈仁宗紀三〉，頁216。

推行新政不順，自請出宣撫陝西河東獲准。〔註7〕不過，閻士良並未因范的離開朝廷而獲召回，反而因與文臣相爭而被責。閻在被罷御藥時官內殿崇班，到慶曆四年前他已越過大使臣而獲晉陞諸司副使最低一階的供備庫副使並擔任蔡州（今河南駐馬店市汝南縣）駐泊都監的兵職，他恃著仁宗之寵信而「頗挾勢驕倨」，歷任的蔡州守臣都爭相巴結而「頗優禮之」。但閻不料到在慶曆三年新知蔡州的司勳員外郎、前宰相陳堯佐（963～1044）子陳述古（？～1090）偏偏不賣他的賬。閻因心懷恚恨，要找機會教訓陳。這年（三年）冬天，蔡州所降的雨一接觸樹木便結成冰。陳就評論此一異常天象說：「是所謂木稼，亦木介也。木有稼，達官怕。木介，革兵之象，其占在國家。」閻聽到陳這一番話，就乘機斷章取義地奏報仁宗，說陳指斥朝廷。陳可不是省油的燈，當知道閻向他暗施毒箭時，就向仁宗上奏，揭發閻的不法事共八十七狀。朝臣都不值閻所為，一面倒支持陳，閻結果被定罪，貶置許州（今河南許昌市）。閻當然不伏，他再上奏劾陳私役兵士恣橫不公之事。這時任監察御史的包拯（996～1062）上奏稱蔡州官員人吏及僧尼均舉報閻強買贏馬牛羊，以及索取錢物共七十五條罪狀，請求勘問閻士良。仁宗在言官的壓力下，無法包庇閻，於是命監察御史劉湜（？～1055後）及許州通判太常博士張士安再往蔡州審鞫他。四年八月己酉（二十），宋廷作出判決：閻坐受所監臨贓罪成，奪二官自供備庫副使降為大使臣的內殿崇班，而陳述古也以指控閻的罪名不實被罰銅七斤罷知蔡州。〔註8〕

　　閻士良與陳述古相爭，雙雙都受責，但陳只被罰銅及罷職，閻卻被奪二官，從諸司副使降為大使臣，成為輸家。他不省悟其父的惡行在宋廷文臣心中一直未去，卻恃仁宗的恩寵而不識謙退，想報復陳述古，卻反過頭來給文臣和言官打倒，實在愚不可及。附帶一談，是年九月戊辰（初十），與閻文慶當年朋比的前任相臣呂夷簡（979～1044）卒於鄭州（今河南鄭州市），而在不足一月後，在十月辛卯（初三），另一元老重臣陳堯佐也病逝。論交情閻士

〔註7〕李燾（1115～1184）：《續資治通鑑長編》（北京：中華書局點校本，1979年至1995年；以下簡稱《長編》），卷一百五十，慶曆四年六月壬子條，頁3636～363；《宋史》，卷十一〈仁宗紀三〉，頁218。

〔註8〕《長編》，卷一百五十一，慶曆四年八月戊申條，頁3687；包拯（撰），楊國宜（整理）：《包拯集編年校補》（合肥：黃山書社，1989年12月），卷一〈請勘閻士良〉，頁25；徐松（1781～1848）（輯），劉琳、刁忠民、舒大剛、尹波等（校點）：《宋會要輯稿》（上海：上海古籍出版社，2014年6月），第八冊，〈職官六十四·黜降官一〉，頁4792。

良大概會往離許州不遠的鄭州拜祭呂夷簡的，至於陳門他就大概不會去自討沒趣。〔註9〕

閻士良從慶曆四年八月後到皇祐元年（1049）十二月前的仕歷不詳，宋廷在慶曆五年（1045）二月戊子（初一）納樞密副使韓琦（1008～1075）之議，分遣內臣宮苑使周惟德等八人往諸路選汰贏兵。三年後，在慶曆八年（1048）二月壬申（初四）再派內臣如京使陳延達等六人往諸路簡選兵編入上軍。在這兩次選兵差使，閻士良均榜上無名。同樣，從慶曆七年（1047）十二月辛丑（初一），到慶曆八年閏正月辛丑（初二）宋廷所派平定貝州（今河北邢台市清河縣）王則（？～1048）之亂的內臣將校中，也沒有閻士良的份兒。〔註10〕似乎閻士良並未獲宋廷委以重任。

然到皇祐元年十二月庚申朔（初一），閻士良卻以崇儀副使獲委權高陽關（今河北保定市高陽縣東舊城）鈐轄兼管勾河北屯田事這一重要兵職，接替先前自高陽關鈐轄入召拜內侍省副都知的昭宣使眉州防禦使楊懷敏（？～1049）。這時的宰相和樞密使分別是文彥博（1006～1097）和龐籍（988～1063），沒有二人的同意，就是仁宗如何屬意閻士良，閻也不能獲得這一項重要的兵職，雖然閻以官低而只是權領，並未真除。〔註11〕考閻士良在慶曆四年八月被貶為內殿崇班，到皇祐元年十二月回陞為諸司副使第十六階的崇儀副使，共陞了八級。他是如何陞遷的？史所不載他有何功績。大概又是仁宗皇恩浩蕩。高陽關舊稱關南，是宋防禦遼國的邊防重鎮，而鈐轄是一路的高級兵職，只在都部署、部署及都鈐轄之下。閻能膺此要職，宋廷大概看上他管理屯田方面的才能，而不是他的統軍能力。閻的祖父閻承翰及父閻文應是治河及屯田的專家，〔註12〕閻士良顯然學會了乃祖及乃父這番本事，故被宋

〔註 9〕 《長編》，卷一百五十二，慶曆四年九月戊辰條，頁3698～3699；十月辛卯條，頁3707。

〔註10〕 《長編》，卷一百五十四，慶曆五年二月戊子朔條，頁3744；卷一百六十一，慶曆七年十一月戊戌條至丁巳條，頁3890～3893；卷一百六十二，慶曆八年正月甲戌至閏正月辛丑條，頁3902～3906；卷一百六十三，慶曆八年二月壬申條，頁3918。

〔註11〕 《長編》，卷一百六十六，皇祐元年五月壬辰朔條，頁3999；卷一百六十七，皇祐元年十一月戊午至十二月壬戌條，頁4022～4023。楊懷敏在皇祐元年五月壬辰朔（初一）自昭宣使眉州防禦使高陽關路鈐轄兼管勾河北沿邊安撫使。

〔註12〕 關於閻承翰及閻文應在真宗及仁宗於河北河南治河並屯田的事功，可參本書第六篇〈宋初高級內臣閻承翰事蹟考〉，頁175～181，185～189，200；第七篇〈小文臣與大宦官：范仲淹與仁宗朝權閹閻文應之交鋒〉，頁211～212。

廷委以重任。他在神宗熙寧六年（1073）十二月、熙寧八年（1075）二月及熙寧九年（1076）五月三番上奏論治河屯田之策，充份證明他是這方面的幹才。〔註13〕

　　閻士良在皇祐元年正月前至是年底的頂頭上司知瀛州（今河北滄州市河間市）是禮部侍郎翰林侍讀學士兼龍圖閣學士王拱辰（1012～1085）。〔註14〕繼王拱辰出任知瀛州很有可能是後來拜參知政事及樞密副使官至宣徽南院使武安軍節度使的程戡（997～1066），據《長編》及《宋史・程戡傳》的記載，他曾折節交結閻士良，甚至令妻子出見。按程戡曾在皇祐二年二月前至皇祐四年七月前知瀛州，二書所記他交結閻士良當是在這時。〔註15〕

〔註13〕　《長編》，卷二百六十，熙寧八年二月辛卯條，頁 6350；《宋會要輯稿》，第十冊，〈食貨四・屯田雜錄〉，頁 6033；第十五冊，〈兵二十八・備邊二〉，頁 9215，9217。

〔註14〕　《長編》，卷一百六十六，皇祐元年正月甲辰條，頁 3981～3982；五月壬辰朔條，頁 3999；卷一百六十七，皇祐元年十一月壬寅條，頁 4022；卷一百六十八，皇祐二年二月乙丑條，頁 4033。王拱辰於皇祐二年二月乙丑（初八）已徙任河東路安撫使，他大概在皇祐元年底或二年初離開瀛州，接替在皇祐元年十一月壬寅（十三）逝世的宣徽北院使判并州的奉國節度使鄭戩（992～1049）。

〔註15〕　《宋史》，卷十二〈仁宗紀四〉，頁 230；卷二百九十二〈程戡傳〉，頁 9755～9757；《長編》，卷一百六十四，慶曆八年四月壬申條，頁 3943；卷一百六十六，皇祐元年正月甲辰條，頁 3981～3982；卷一百六十七，皇祐元年十月壬午條，頁 4019；卷一百七十二，皇祐四年三月丁未條，頁 4138；卷二百七，治平三年正月乙亥條，頁 5022；張方平（1007～1091）（撰），鄭涵（點校）：《張方平集》（鄭州：中州古籍出版社，2000 年 10 月），《樂全集》，卷三十六〈贈太尉諡曰康穆程公神道碑銘并序〉頁 604。據程戡神道碑、《長編》及《宋史》本傳所記，程戡在慶曆八年正月貝州王則之亂後因曾推薦降賊的知貝州張得一而被貶職，四月壬申（初四）先自知益州（今四川成都市）貶知鳳翔府（今陝西寶雞市鳳翔縣），然後在皇祐元年正月甲辰（十一）前再徙知河中府（今山西運城市永濟市西），大概在十月再徙永興軍（今陝西西安市），接替不願去永興軍的給事中劉沆（995～1060）。到皇祐二年二月前遷左司郎中，領瀛州高陽關路馬步軍都部署安撫使，接替調往河東的王拱辰。他甫到任，就遷左諫議大夫。皇祐二年九月宋廷祀明堂覃慶，遷給事中。稍後遼使過高陽關，卻稱疾以紗巾見。程戡堅持遼使要見面就一定要遵禮，若稱疾就不如不見。遼使見程堅持，就具冠服如儀相見。仁宗聞之大為嘉許，不久召還命知審官院。他在皇祐四年十二月丁丑（初六），再以端明殿學士出知益州。結合包拯在四年七月戊申（初五）繼知瀛州之事，程戡當在皇祐四年七月前已從瀛州召回知審官院。程戡成為閻士良的上司，當在皇祐二年二月前到皇祐四年七月前。

皇祐二年（1050）十月癸亥（初九），仁宗擢陞首席內臣景福殿使、武信軍節度觀察留後、入內內侍省都知王守忠（？～1054）為延福宮使、入內內侍省都都知。〔註16〕這是當年閻文應所獲的最高職位。於閻士良而言，晉為兩省主官最低的押班尚是遙遙無期，更不用說都都知這高位了。

值得一提的是，故相呂夷簡次子呂公弼（998～1073）在是年二月授河北轉運使，他在任上，「通御河，漕粟實塞下。又置鐵冶，佐經用，減近邊屯兵，使就食京東，以省支移。諸州增壯城兵，專給版築，以寬民役，又蠲冗賦及民負責不能償者數百萬計，而官用亦饒。」因他這番政績，仁宗以他為能，皇祐三年（1051）四月辛丑（廿一），將他自河北轉運使、工部郎中直史館擢為天章閣待制、河北都轉運使。呂的職權上也包括監督閻的工作。〔註17〕閻士良在程戡及呂公弼兩人轄下，他在高陽關及河北屯田治水的工作，似乎沒有甚麼阻滯。閻在這幾年間還再擢陞五階為六宅副使。而其父的大敵范仲淹也在皇祐四年（1052）五月丁卯（廿三）卒於徐州（今江蘇徐州市）；〔註18〕不過，在是年三月丁未（初二）繼呂公弼為河北都轉運使，並在七月戊申（初五）再接程戡陞為高陽關路安撫使知瀛州、對閻素無好感的包拯，因閻再超擢為諸司正使的崇儀使，就上奏反對成為他僚屬的閻不次陞官，並對閻自從在蔡州任上得罪以來的表現，以及他在河北治河屯田的工作所帶來之負面效果清算一番：

> 臣等伏見六宅副使閻士良除授崇儀使，周測緣繇，中外疑惑。蓋自明堂覃恩之後，臣僚非著灼然功效，未嘗有超越遷轉者。按士良先任蔡州都監日，以不法坐罪黜降，不逾數年，復陞職任。今又不次驟正使名，物議喧然，以為不可。且河朔塘水當無事之時，亦可助邊防之固，但存舊制，公私為便。頃歲楊懷敏興修不已，大為民患，累有臣僚論列，遂令依舊。自士良繼領是職，訪聞復以創置屯田為名，疏決水勢，飄浸鄉邨，沿塞居民，尤被其苦。況逐州軍自屬長吏等荒構，豈假更設斯局！兼士良到闕奏事，僅及兩月，遷延不去，必是以此為功，邀求進秩，既得之後，何所不至！寖開僥倖之路，

〔註16〕《長編》，卷一百六十九，皇祐二年十月癸亥條，頁4063。

〔註17〕《長編》，卷一百七十，皇祐三年四月辛丑條，頁4089；卷一百七十一，皇祐三年九月己未條，頁4109。考呂公弼在皇祐三年九月己未（十一），曾奉詔赴京師議論修河之事。

〔註18〕《長編》，卷一百七十二，皇祐四年五月丁卯條，頁4146。

或構戎虜之際，則爲害不細。伏望聖慈特許追奪前命，以戒將來，

及移士良與別路差遣。庶免向去別啟釁端。〔註19〕

包拯的上言似乎改變不了閻士良的陞官，仁宗堅持要給他寵愛的內臣恩典，許多時候宋廷文臣言官也反對不來。好像在皇祐五年九月壬辰（廿六），仁宗便史無前例地將他東宮隨龍之人、入內內侍省都都知王守忠晉爲入內內侍省、內侍省都都知，一人兼領二省。諫官韓絳（1012～1088）反對不報，殿中侍御史俞希孟（？～1054後）最後只能爭得仁宗同意下不爲例。〔註20〕故仁宗堅持要超擢閻士良，包拯也就無法阻止。

事實上包拯本人也在皇祐五年中以喪子而自請離開瀛州，改知內地的揚州（今江蘇揚州市），大概在至和元年（1054）十一月前再徙原籍的盧州（今安徽合肥市），對阻止閻士良陞官之事已無能爲力。〔註21〕在至和元年六月前繼任知瀛州兼高陽關路安撫使的，據趙抃（1008～1084）、《宋史·陳升之傳》

〔註19〕　《長編》，卷一百七十二，皇祐四年三月丁未條，頁4133～4138；四月壬午條，頁4141；《包拯集編年校補》，卷一〈論閻士良轉官〉，頁26～27；《宋史》，卷十二〈仁宗紀〉，頁229～230，頁235。考包拯在皇祐四年三月丁未（初二），以兵部員外郎、天章閣待制知諫院擢爲龍圖閣直學士爲河北都轉運使。他在七月戊申（初五）徙知瀛州兼高陽關路安撫使，成爲閻士良的直屬上司。包拯此奏上於何年月未有說明，本書的校補者楊國宜先生懷疑在至和二年（1055）七月。筆者認爲此奏最有可能上於皇祐四年七月戊申（初五）至五年中（按：包拯在皇祐五年以喪子請閒郡而調知揚州。包拯在此奏力請將閻士良徙往別路，又痛陳閻士良在河北治河屯田之害，他若非成爲閻的頂頭上司，就不會不在其位而論其政。又奏中提及明堂覃恩，考仁宗在皇祐二年九月辛亥（廿七）舉行明堂大典禮成，大赦天下，百官進秩一等。並下詔：「自今內降指揮，百司執奏毋輒行。敢因緣干請者，諫官、御史察舉之。」包拯所說明堂覃恩當指此事。按仁宗在皇祐五年（1053）十一月己巳（初四）祀天地於圜丘並大赦天下和加恩百官。若閻士良遷官在此時，包拯就當會提到圜丘大典。故筆者認爲包拯此奏當上於皇祐四年七月至五年初。又原本接包拯河北都轉運使一職的是右諫議大夫天章閣待制李柬之（？～1073），但詔命未下就爲御史所劾。宋廷在四月壬午（初七），就改命吏部郎中龍圖閣直學士知徐州孫沔（996～1066）代爲河北都轉運使，而將李柬之徙知澶州（今河南濮陽市）。一番周折，包拯留任河北都指運使到七月才徙知瀛州兼高陽關路安撫使。

〔註20〕　《長編》，卷一百七十五，皇祐五年九月壬辰條，頁4234。

〔註21〕　《宋史》，卷三百十六〈包拯傳〉，頁10316～10317；《長編》，卷一百七十七，至和元年十一月丙寅條，頁4290；卷一百八十一，至和二年十二月庚寅條，頁4385。包拯在皇祐五年哪一月離開瀛州赴揚州不詳，估計是五年初。按至和元年十一月丙寅（初七）工部郎中天章閣待制淮南江浙荊湖制置發運使許元徙知揚州，大概是接包拯揚州之任。包拯在至和二年十二月庚寅（初七）坐保任之失自知盧州被責降知池州（今安徽池州市貴池區）時，已知盧州多時。

及《宋會要輯稿》所記，是天章閣待制、河北都轉運使陳旭（即陳升之，1011
～1079）。據稱陳與閻士良妓妾多次飲宴，交相結託，得以遷龍圖閣直學士知
成德軍（即鎮州、眞定府，今河北石家莊市正定縣）。而閻士良大概就得到陳
的表功，得到晉陞。〔註22〕閻士良大概在皇祐五年十一月丁丑（十二），因宋
廷祭天地於圜丘之大典而加恩百官，還在崇儀使之上加領康州刺史。知制誥
王珪（1019～1085）奉命撰寫制書，將他的守邊治河的勞績稱美一番，尤其
突出他對仁宗的忠心，言事無隱：

> 勅某：古之刺史蓋方伯之寄，而其任且重也；然今遙領之命，參用
> 武幹，非功輯而資茂者，未易授焉。以爾端銳介悋，事朕有年。朕
> 之軒闈近侍之臣甚眾，若爾之論事，慷慨而不顧者則幾希。其人日
> 者護北陲而復濬塘，澮繕亭障，積有歲月之勞，茲用錫爾以郡符，
> 其益思所以經遠之畫，以寬予憂邊時，維爾忠蓋之報。可。〔註23〕

皇祐六年（即至和元年，1054）正月癸酉（初八），仁宗極寵愛的張貴妃（1024
～1054）病逝，仁宗不理禮制，要將她追冊爲溫成皇后，並加恩張氏家人。
言官御史多人反對無效，只好請求補外職或告假。言官力量一下子大爲削弱。
仁宗隨後又堅持要給病重的首席內臣王守忠加節度使，言官們也只能妥協同
意眞除王爲節度觀察留後。〔註24〕仁宗在三月庚辰（十六）改元至和，因張

〔註22〕　趙抃：《清獻集》，文淵閣《四庫全書》本，卷九〈奏狀同唐介王陶論陳旭乞
　　　　　寢罷除命・十二月四日〉，葉十六下至十七上；〈奏箚論陳旭乞待罪・正月二
　　　　　十七日〉，葉二十六下至二十八上；《宋史》，卷三百十二〈陳升之傳〉，頁10237；
　　　　　《宋會要輯稿》，第七冊，〈職官四十一之九十一・安撫使〉，頁4045。陳旭（按：
　　　　　《宋會要輯稿》作後來改名的陳升之）在至和元年六月甲辰（十二），以高陽
　　　　　關路都部署（按：《宋會要輯稿》寫作「都總管」以避英宗之諱）兼安撫使知
　　　　　瀛州上言，請下雄州及沿邊安撫司，今後每本查探事宜，並關報本路安撫司。
　　　　　宋廷從其請。據此條記載可知陳旭於至和元年六月前已繼任知瀛州。
〔註23〕　《長編》，卷一百七十五，皇祐五年十一月丁卯至丁丑條，頁4238～4239；
　　　　　王珪：《華陽集》，文淵閣《四庫全書》本，卷三十四〈崇儀使閻士良可康
　　　　　州刺史制〉，葉五上下。王珪這篇制文撰寫的年月並未注明，據《宋會要輯
　　　　　稿》的記載，他在皇祐五年正月癸丑（十二）已任知制誥，相信這篇制文
　　　　　當寫於皇祐五年正月後。參見《宋會要輯稿》，第九冊，〈選舉一・貢舉一〉，
　　　　　頁5252。
〔註24〕　《長編》，卷一百七十六，至和元年正月癸酉至癸巳條，頁4249～4252。仁宗
　　　　　極寵王守忠，當王在至和元年（1054）正月病重而求節度使官時，仁宗許之。
　　　　　宰相梁適（1000～1070）與御史中丞孫抃（996～1064）力爭不可，仁宗才妥
　　　　　協，只眞除王爲低一階的節度觀察留後。言官仍反對要上疏抗爭時，王在第
　　　　　二天便死了，群臣只好作罷。

貴妃追冊溫成皇后有勞的內臣入內押班石全彬（？～1070），成爲仁宗最寵信的內臣，十一月壬午（廿三），石被擢爲入內副都知。知制誥劉敞（1019～1068）封還制書詞頭，向仁宗力陳不可。仁宗暫時將任命擱下，但三月後，仁宗仍將石晉陞爲入內副都知。〔註25〕仁宗在至和二年（1055），就不理言官的反對，將他寵信的一大批內臣包括閻士良擢陞。

　　三月辛未（十三）及丙子（十八），仁宗將九員高級內臣，包括石全彬分別加官及晉爲兩省副都知或押班。〔註26〕閻士良是仁宗的心腹內臣，他在皇祐四年擢任崇儀使並領康州刺史後，就已眞除高陽關路鈐轄。宋廷在至和二年五月甲申（廿七）下詔罷河北、河東、陝西三路知州兼路分鈐轄、都監，若知州爲正任團練使以上就只爲本州部署，諸司使以上就爲本州鈐轄，其餘就管勾本州駐泊兵馬公事。宋廷這番規定，就鞏固了閻士良在高陽關路鈐轄的地位。〔註27〕

　　仁宗下一個要擢陞的心腹內臣當然是閻士良，七月初，仁宗降指揮授閻士良帶御器械。仁宗的用意是授閻帶御器械一職，閻士良就擁有可以出任兩省押班的必須資歷，可以回朝出任兩省押班。侍御史范師道（？～1062後）、殿中侍御史呂景初（？～1061）、右司諫馬遵（？～1056後）及殿中侍御史趙抃均看出仁宗的心意，紛紛上言反對。素有鐵面御史之稱而彈劾不避權幸的趙抃，在是月己未（初三）便上奏乞罷閻士良帶御器械：

〔註25〕　《長編》，卷一百七十六，至和元年三月庚辰條，頁4256；卷一百七十七，至和元年十一月壬午條，頁4291～4292。

〔註26〕　仁宗首先在三月辛未（十三）將內侍右班副都知昭宣使果州團練使鄧保吉（？～1067）調任入內副都知，然後在五天後（丙子，十八）再將鄧保吉及另一員入內副都知宮苑使營州防禦使任守忠（990～1068）一同擢爲宣政使。而另一員入內副都知左騏驥使英州刺史史志聰（？～1061後）則擢領忠州團練使。石全彬則由入內押班宮苑使利州觀察使擢爲入內副都知。而原來的兩員內侍押班皇城使果州防禦使武繼隆（？～1058後）、左騏驥使榮州防禦使鄧保信（？～1061後）就擢爲內侍副都知。三員內侍押班王從善（？～1056後）、鄧宣言（？～1056後）及于德源就獲得加官：王從善自文思使果州團練使晉爲北作坊使，鄧宣言在內藏庫使彭州刺史上加授洛苑使，于德源在榮州刺史上加授北作坊使。鄧保吉與王從善在是月十二月戊子（初五），先後被委爲修河都鈐轄。王從善在嘉祐元年六月辛酉（十六）卻以修河失利被貶爲濮州都監。參見《長編》，卷一百七十九，至和二年三月辛未至丙子條，頁4322～4333；卷一百八十一，至和二年十二月戊子條，頁4385；卷一百八十二，嘉祐元年六月辛酉條，頁4411；卷一百八十四，嘉祐元年九月甲辰條，頁4448。

〔註27〕　《長編》，卷一百七十九，至和二年五月甲申條，頁4341。

臣等竊聞內臣閻士良已得指揮帶御器械，伏覩前年，郭申錫上言內
臣須經邊任五年，又帶御器械五年，仍限五十歲以上及歷任無贓私
罪，方預選充押班。尋聞陛下聽納，中外傳播以為得宜，蓋欲得老
成謹畏無過之人，在陛下左右。聞之密院常令執守施行。今來詔墨
未乾，已聞除士良帶御器械。竊以御帶職名，多是承例敘遷押班，
須是自御帶之任，便須選老成謹畏無過之人。況士良為性狡黠，自
來與中外大臣交相結託，久在河北，張皇事勢，天下具知，及歷任
曾有贓罪至徒。今來樞院殊無執守，首紊著令，所有士良新命乞賜
寢罷，別擇善良以懲勸陛下左右之人。

趙抃所言句句有理，仁宗礙於公議，只好收回成命，閻士良就做不成兩省押
班。〔註 28〕從趙抃此奏，讓我們知道他是年尚未到五十，而不少中外臣僚都
看在他是仁宗心腹，刻意巴結他；不過，朝中言官直臣如趙抃，就防微杜漸，
不讓他有機會返回宮中，像其父閻文應那樣專權任事。

　　仁宗於翌年（嘉祐元年，1056）正月甲寅朔（初一）忽然得病，且胡言
亂語，庚寅（初七），當宰相文彥博率百官入內東門小殿問安時，仁宗從宮中
走出來並大呼曹皇后（1016～1079）及素來不喜的內臣張茂則（1016～1094）
謀害他。幸而文彥博處置有方，而入內副都知史志聰及鄧保吉都是素來謹愿
的人，都願聽從文彥博及次相富弼（1004～1083）的意見，讓兩府大臣留宿
殿中，以備不虞，並同意兩府大臣往寢殿見仁宗。仁宗終於在二月甲辰（廿
二）康復，並御延和殿見群臣。一場政治危機暫時化解。四月甲戌（廿八），
仁宗以諸內臣在他患病期間給事有勞，入內副都知石全彬自利州觀察使陞一
級領寧遠軍留後，任守忠自營州防禦使陞一級領洋州觀察使，史志聰自忠州
團練使陞一級領嘉州防禦使。〔註 29〕我們不能想像，若閻士良當日授帶御器

<hr>

〔註 28〕《長編》，卷一百七十七，至和元年九月辛酉條，頁 4278；壬申條，頁 4280，
　　　　卷一百七十九，至和二年四月丙辰條，頁 4333～4334；卷一百八十，至和二
　　　　年七月丙戌條，頁 4362～4363；卷一百八十三，嘉祐元年八月丙寅條，頁 4438；
　　　　趙抃：《清獻集》，文淵閣《四庫全書》本，卷七〈奏狀乞罷內臣閻士良帶御
　　　　器械‧七月三日〉，葉二十二上至二十三上；《宋史》，卷三百二〈范師道傳〉，
　　　　頁 10027。考《宋史‧范師道傳》記，「宦官石全彬、閻士良升進，皆嘗奏數
　　　　其罪」，當指這次反對閻授帶御器械事。
〔註 29〕《長編》，卷一百八十二，嘉祐元年正月甲寅至二月丙午條，頁 4394～4397；
　　　　四月甲戌條，頁 4405～4406；卷一百八十七，嘉祐三年六月丙寅條，頁 4515。
　　　　按史志聰在嘉祐三年六月丙寅（廿七）前已擢為入內都知，位在兩員入內副
　　　　都知任守忠及鄧保吉之上。

械而不久再獲擢爲押班，他會否比史志聰及鄧保吉等這樣從善如流。九月丁未（廿八），兩省主官便出了一個空缺：石全彬晉陞爲宣慶使武信軍留後而罷入內副都知，他的遺缺就由原內侍押班鄧宣言補上。而到十月甲辰（十四），內侍押班王從善再以修河無功，從北作坊使果州團練使貶爲文思使。他的押班職位似也不保。若閻士良擁有帶御器械的資格，說不定他這次便有機會補上鄧宣言或王從善的押班職位。〔註30〕當然，一向嫉惡的龍圖閣直學士刑部郎中包拯，就在十二月壬子（初五）從江寧府（今江蘇南京市）召入，加授右司郎中權知開封府，並在嘉祐三年（1058）六月庚戌（十一），再以右諫議大夫權御史中丞。閻士良遇上包拯，他入朝的機會就肯定大打折扣。按包拯甫就新職，就上奏仁宗指出「近年內臣祿秩權任，優崇稍過，恐非所以保全之也。以陛下英明神斷，有罪必罰，此輩或不敢爲大過，然在制之於漸，庶免貽患。」他力請仁宗依眞宗的遺訓，對內臣凡事更加裁抑。包拯在七月丁亥（十九）再獲領轉運使、提點刑獄考課院。〔註31〕

　　包拯還未出手，他的副手、當年有份劾奏閻士良、已晉陞爲侍御史知雜事的呂景初，就在七月己丑（廿一）劾奏知雄州（今河北保定市雄縣）、舒州團練使馬懷德（1009～1064），趁著閻士良入朝奏事的機會，以名貴的牛黃、麝臍厚賂他，希望閻在仁宗前爲他說好話。結果馬懷德被降一階爲四方館使、英州刺史。而閻士良就自高陽關路鈐轄、北作坊使、廉州團練使降七階爲崇儀使且罷去鈐轄兵職。這裡值得說一下，閻士良在至和二年時官崇儀使領康州刺史高陽關路鈐轄，雖然因趙抃等的反對做不成帶御器械，也補不上押班之職；但到嘉祐三年短短四年多，他就擢陞爲北作坊使領廉州團練使，仁宗待他確是不薄。這次御史劾他受賄，結果他被責降，官職差不多回到至和二年時的級別，爲的是他恃寵貪賄的性格不改。包拯任御史中丞後對仁宗說的話，絕非無的放矢。〔註32〕

〔註30〕《長編》，卷一百八十四，嘉祐元年九月丁未條，頁 4449；十月甲辰條，頁 4456～4457。宋廷派往查察修河的除了有鐵面御史之稱的殿中侍御史裡行吳中復（1011～1079）外，還有文思副使帶御器械鄧守恭。鄧守恭可能就是取代了閻士良帶御器械職位的內臣。

〔註31〕《長編》，卷一百八十七，嘉祐三年六月庚戌條，頁 4512～4513；七月丁亥條，頁 4517。

〔註32〕《長編》，卷一百八十七，嘉祐三年七月己丑條，頁 4517；《宋會要輯稿》，第八冊，〈職官六十五・黜降官二〉，頁 4807；《宋史》，卷三百二十三〈馬懷德傳〉，頁 10467。

　　宋廷言官對專橫不法的高級內臣一直窮追猛打，並非只針對閻士良一人。嘉祐三年十月己未（廿二），諫官奏劾內侍副都知、昭宣使、果州防禦使武繼隆故出內侍省吏闌入御在所之死罪，另又私役兵匠計庸至百二十二匹，並接受洪福寺僧餽贈事，查明屬實，降職為單州（今山東荷澤市單縣東南）都監，稍後改海州（今江蘇連雲港市）都監，並罷內侍副都知逐出宋宮。翰林學士兼侍讀學士趙概（997～1083）因與武繼隆提舉諸司庫務，也受牽連為御史所劾，庚申（廿三），被罰銅三十斤。〔註33〕

　　嘉祐四年六月己丑（廿七），仁宗特擢文思副使內侍押班甘昭吉（？～1063後）為內侍副都知，填補武繼隆之缺。甘字祐之，是開封人，初以內殿崇班為京東路都巡檢，因平定齊州（今山東濟南市）武衛軍叛亂有功，特遷供備庫副使、帶御器械。因有帶御器械的資格，後來內侍押班有缺，仁宗記起他在齊州之功，就特授之。甘的例子讓我們更清楚看到當年言官為何反對授閻士良帶御器械，為的是阻止他出任兩省押班。〔註34〕

　　十月癸酉（十二）宋廷大祫於太廟，大赦天下。戊寅（十七），加恩百官。仁宗趁著這個機會，就將兩員心腹內臣復官：武繼隆復官為海州都監、昭宣使、果州防禦使。閻士良復官為北作坊使、廉州團練使、京東西路鈐轄。十二月癸未（廿二），仁宗又將武繼隆的兵職陞為京東西路鈐轄，閻士良的兵職陞調為鄜延路都鈐轄。同知通進銀臺司兼門下封駁事何郯（1005～1072）反對此一任命，他奏稱：「二人前罪犯至重，遇恩復官，已為優厚，今於差遣各似未允。況繼隆素非善良，早年不盡心於陛下，已降充江州監當，不可授之一道兵權。士良好作威福，昨又與邊臣公行賂遺，今不可復委以邊任。伏望聖明上存國體，下慰人言，開至公之路，抑近倖之勢，繼隆改除一州鈐轄，士良授與近裡州軍差遣。」何郯再翻二人的舊賬，憂慮二人獲授新的一路兵職會帶來的禍害：「眾議誼傳，云嚮時保州之亂，因繼隆本州官僚素有忿隙，嘗以言語激發軍心，致成後患。當時其事在遠，朝廷不知，不曾推究其實，然眾口云，自今未息，事深可疑。今授以一道兵權，嘗被罪謫，必懷怨望。若舊惡不悛，又以一言搖眾逞憾，則為害非細。士良恣作威福，騷擾邊臣，不可不慮也。」〔註35〕

〔註33〕　《長編》，卷一百八十八，嘉祐三年十月己未至庚申條，頁4530～4531。

〔註34〕　《長編》，卷一百八十九，嘉祐四年六月己丑條，頁4571；《宋史》，卷四百六十七〈宦者傳二・甘昭吉〉，頁13636。

〔註35〕　《長編》，卷一百八十九，嘉祐四年四月丙子條，頁4561；卷一百九十，嘉祐四年十月戊寅條，頁4596；十二月癸未條，頁4602；《宋史》，卷十二〈仁宗

　　然何郯的進言改變不了武繼隆及閻士良的任命，仁宗堅持授與兩名心腹內臣重要兵職。監察御史裡行王陶（1020～1080）在翌年（嘉祐五年）正月辛亥（廿一）上奏，指閻士良性狡黠，過去多次生事，把他置於邊地的鄜延路不妥。仁宗接納王陶的勸諫，將閻恢復爲京東西路都鈐轄。至於武繼隆是否調爲鄜延路鈐轄待考。〔註36〕

　　言官繼續反對仁宗厚待內臣，是年十一月辛卯（初六），殿中侍御史呂誨（1014～1071）批評管勾御藥院的四名內臣入內供奉官王保信、王保寧、鄧保壽、王世寧，所除授的官竟至遙領的團練使及刺史，實在教中外駭動人聽。他引述前朝成例，指他們無功無勞，只可給他們平轉官職。更提出「屬邊疆多事之際，恐因此內臣無功進秩，提兵授律者不肯用命」。他進一步批評過去勾當御藥院可遷官至遙領團練使的「闇轉」制度。另外，他又彈劾樞密使宋庠（997～1066）曾交結王保寧，暗中求他援助，認爲王保寧等獲遷官，正是宋庠失職。結果宋庠在言官的彈劾下，在是月辛丑（十六），被罷樞出爲河陽三城節度使同平章事判鄭州。而由參知政事曾公亮（999～1078）繼爲樞密使，另以樞密副使張昇（992～1077）、孫抃爲參知政事，翰林學士歐陽修（1007～1072）、樞密直學士陳旭、御史中丞趙概就擢爲樞密副使。〔註37〕

　　殿中侍御史趙抃反對陳旭陞任樞密副使，他在十二月丁巳（初二）上奏，指陳旭「趣向多門，進取由徑，內則結宦官之援，外則收小人之情。」他再在兩天後（己未，初四），聯合知諫院唐介（1010～1069）與監察御史裡行王陶上奏，請仁宗收回授陳旭樞副之任。他在此奏中翻陳旭知瀛州兼高陽關路安撫使時的舊賬，還正式點了閻士良的名，說陳旭與時任高陽關路鈐轄的閻士良及妓妾多番宴飲，交相結託而得到援引陞任龍圖閣直學士知成德軍。趙見仁宗不納其言，再在嘉祐六年（1061）正月辛亥（廿七）再上第三奏，

<hr>

紀四〉，頁 245；龔鼎臣（1009～1086）：《東原錄》，文淵閣《四庫全書》本，葉三十一上。何郯於嘉祐四年四月丙子（十二）自吏部郎中天章閣待制授同知銀臺司兼門下封駁事。他在奏中稱武、閻二人以恩復官，當指嘉祐四年十月戊寅（十七）文武百官並以袷享赦書加恩的一次。

〔註36〕　《長編》，卷一百九十，嘉祐四年七月丙申條，頁 4577；十二月癸未條，頁 4602；卷一百九十一，嘉祐五年正月辛亥條，頁 4611。王陶在嘉祐四年七月丙申（初四），因御史中丞韓絳的舉薦，自太子中允擢爲監察御史裡行。

〔註37〕　《長編》，卷一百九十二，嘉祐五年十一月辛卯至辛丑條，頁 4649～4651；《宋史》，卷十二〈仁宗紀四〉，頁 246。

再次指控陳旭在瀛州日與閻士良妓妾多次宴飲交結而獲優遷之事。可仁宗並不接納。〔註38〕

四月辛酉（初八），閻士良的對頭包拯眞除三司使，而劾奏過閻的王陶卻因仁宗不肯撤回任命陳旭爲樞密副使的任命，稱疾在告並請罷言職，仁宗許之，且在庚午（十七）命他出知衛州（今河南新鄉市衛輝市）。不過，包拯在出任三司使十九天後（庚辰，廿七），陳旭被言官劾交結內臣王世寧等得官而被罷，包拯就獲次補爲樞密副使。〔註39〕

言官對不法的內臣繼續窮追猛打，已陞任入內副都知的鄧保信在八月丙寅（十六），被御史陳洙（？～1061 後）及諫官龔鼎臣（1009～1086）劾他所舉的術士董吉能點化黃金爲欺罔，於是被罷副都知出爲許州鈐轄。仁宗隨即以供備庫使忠州刺史帶御器械蘇安靜（？～1061 後）補爲內侍押班。但知諫院司馬光（1019～1086）及龔鼎臣以蘇安靜年未過五十，不應廢格而委任之。仁宗不報。司馬光再在翌日（丁卯，十七）上奏，引述太宗（939～997，976～997 在位）不肯授有功的內臣王繼恩（？～999）爲宣徽使的故事，勸諫仁宗要效法祖宗之制。〔註40〕

鄧保信罷副都知後，入內都知史志聰因買後苑枯木，卻私役親從官，其從官卻被枯木仆中其足而死。殿中侍御史韓繹（1019～1097）劾他私役親從官，使禁衛之嚴紀廢弛。事下開封府審理，但開封府的司錄參軍呂璹（？～1061 後）不怕史的權勢，窮究其罪。案具，仁宗只好在十一月庚申（十一）罷史志聰都知，令其提舉集禧觀之閒職。〔註41〕

〔註38〕 趙抃：《清獻集》，文淵閣《四庫全書》本，卷九〈奏狀乞罷陳旭樞密副使·十二月二日〉，葉十六上下；〈奏狀同唐介王陶論陳旭乞寢罷除命·十二月四日〉，葉十六下至十七上；〈奏箚論陳旭乞待罪·正月二十七日〉，葉二十六下至二十八上。

〔註39〕 《長編》，卷一百九十三，嘉祐六年四月辛酉至庚辰條，頁 4665～4666；《宋史》，卷三百十二〈陳升之傳〉，頁 10237。按言官包括殿中侍御史呂誨、知諫院唐介、右司諫趙抃及侍御史知雜事范師道繼續交章論奏陳旭交結內臣史志聰、王世寧以謀得樞密副使職。仁宗聽了陳旭的自辯，既罷陳旭樞副出爲資政殿學士知定州（今河北保定市定州市），又盡罷呂誨四人之言職，並將他們出守外郡。按李燾在此條的注中言及朱史的〈唐介傳〉稱陳旭交結閻士良得官，他疑所謂陳旭交結閻士良，疑爲史志聰之誤，雖然陳旭在瀛州交結閻士良是事實。

〔註40〕 《長編》，卷一百九十四，嘉祐六年八月丙寅至丁卯條，頁 4701，4707～4708。

〔註41〕 《長編》，卷一百九十五，嘉祐六年十一月庚申條，頁 4730。

　　因言官勢大，動輒上奏引例反對仁宗破格任用內臣，仁宗只好妥協。他在是年本來想次補資格已夠的心腹內臣文思使帶御器械李繼和（1013～1072）為內侍押班，但李才四十九歲，還差一年，為免言官說話。仁宗等到翌年（嘉祐七年，1062）正月乙卯（初七）才任他為內侍押班。〔註 42〕在此氣氛下，仁宗要用一直為言官文臣所敵視的閻士良為押班或副都知，當會十分困難。因劾陳旭交結內臣而被外放的言官王陶、范師道在三月丙辰（初九）前已回朝復職。他們一定反對內臣如閻士良出任要職的。雖然閻士良所畏懼的包拯，已在五月庚午（廿四）卒於樞密副使任上，但多數的文臣和言官仍不會輕易放過他們。另一鐵面御史趙抃便在七月甲子（十九）回朝為禮部員外郎兼侍御史知雜事。〔註 43〕

　　仁宗於嘉祐八年（1063）三月辛未（廿九）暴崩，首相韓琦扶立英宗繼位。仁宗所寵信的內臣、名位最高的宣慶使石全彬在四月癸酉（初二）奉命提舉製造仁宗梓宮，他以畫樣進御。英宗詔務為堅完，不可過有華飾。〔註 44〕英宗對內臣兩省的人事，首先擢陞曾侍候他的管勾皇子位的昭宣使、端州刺史右班副都知石全育（？～1071）為入內副都知領原州團練使。本來制度上都知四人，當時已有任守忠、鄧保吉、甘昭吉及李允恭供職，英宗仍補上石全育，並詔後有缺勿補。仁宗晚年的四名都知，除了甘昭吉因英宗即位之夕以直禁中翊衛有勞，並向英宗表忠而得到超擢自文思副使為供備庫使康州刺史外，其餘三人均不獲英宗信任。閻士良是仁宗的人，一朝天子一朝臣，他補上都知的機會就不大。〔註 45〕

〔註 42〕　《長編》，卷一百九十六，嘉祐七年正月乙卯條，頁 4737；《宋史》，卷四百五十八〈宦者傳三・李繼和〉，頁 13651。李繼和後來擢為入內副都知，惟擢升年月不詳。

〔註 43〕　《長編》，卷一百九十六，嘉祐七年三月丙辰條，頁 4744；五月庚午條，頁 4762；卷一百九十七，嘉祐七年七月甲子條，頁 4769。

〔註 44〕　《長編》，卷一百九十八，嘉祐八年三月辛未至四月癸酉條，頁 4792～4794。

〔註 45〕　《長編》，卷一百九十八，嘉祐八年五月癸卯條，頁 4806；六月癸巳至戊戌條，頁 4815～4816；《宋史》，卷四百六十七〈宦者傳二・甘昭吉〉，頁 13636～13637。甘昭吉因英宗的信任，在六月癸巳（廿三），獲任永昭陵使。他很會說話，說：「臣本孤微，無左右之舉，而先帝知臣朴直，自小官拔用至此，分當從葬，今願得灑掃陵寢足矣。」英宗以他為忠，故授他充永昭陵使之命，負責仁宗陵墓之修建重任。甘在修畢永昭陵後上表辭職，以左龍武軍大將軍致仕。他敦實慎密，為人所稱道。

總結閻士良在仁宗朝後期的仕歷，算不上得志。雖然仁宗對他寵眷不替，而一些投機文臣武將如馬懷德、程戡及陳旭也交結他，但更多的言官文臣對他的不法行為窮追猛打，反對仁宗不按制度擢陞他，也用盡辦法阻止他升任兩省押班都知，以防範他據此權位，像其父閻文應當年那樣在朝廷內外弄權。閻文應的惡行昭彰，宋廷文臣未有忘記，閻士良不曉收斂，自然成為眾矢之的。

三、閻士良在英宗、神宗朝的事蹟

英宗在嘉祐八年十月甲午（廿七）葬仁宗於永昭陵後，同日擢用仁宗生前不喜的內臣皇城使果州團練使張茂則為內侍省押班。起居舍人同知諫院呂誨、知諫院司馬光反對，以祖宗舊制，內臣年未及五十不得為內侍省押班，張茂則年方四十八，不符合祖制。他們認為英宗剛即位，應守祖宗法度，以馭左右之臣，示天下以大公。若張果有才幹，可以等兩年後才任，怕開此一例，內臣攀援求進者多。惟英宗沒有聽從。〔註46〕

閻士良在仁宗晚年到英宗即位時已遷官至左驍驤使廉州團練使真定府鈐轄。他在真定府鈐轄任上，卻干撓主帥的權力，以危法陷軍校。他甚至屢詆其頂頭上司知成德軍兼真定府路安撫使張揆（995～1074）。張不值他所為，就劾奏他的不法事。治平元年（1064）四月乙酉（十九），閻坐在真定府鈐轄上，當英宗即位，朝廷遣使來告，並賜詔書衣帶時，他卻以疾不來迎拜接受，反而居家宴客自若。他沒有像張茂則那樣受英宗眷顧，宋廷就將他自左驍驤使廉州團練使真定府鈐轄，降四階為北作坊使，徙為閒郡的滁州（今安徽滁州市）兵馬都監。〔註47〕

司馬光等繼續努力裁抑弄權的內臣，仁宗寵信的內臣宣政使入內都知任守忠，本已不為英宗所喜，在司馬光、呂誨交章劾奏下，八月丙辰（廿三），被重貶自安靜軍留後為保信軍節度副使蘄州（今湖北黃岡市蘄春縣）安置，他

〔註46〕《長編》，卷一百九十九，嘉祐八年七月乙巳條，頁 4822；十月甲午條，頁 4829～4830；《宋史》，卷四百六十七〈宦者傳二‧張茂則〉，頁 13641。張茂則在仁宗一次發病，半夜率先應召入寢宮，他以扶衛有勞，仁宗欲委以押班之職，他明智地力辭，並求補外職，他獲轉官宮苑使、果州團練使出為永興軍路鈐轄。到英宗即位才召入為內侍押班。

〔註47〕《宋會要輯稿》，第八冊，〈職官六十五‧黜降官二〉，頁 4810；《宋史》，卷三百三十三〈張揆傳〉，頁 10699。

被指在英宗即位得疾而曹太后垂簾期間，是離間英宗及曹太后的禍首。司馬光在翌日（丁巳，廿四），又力陳英宗以內臣的差遣盡歸都知司委派不妥，他以任守忠就是以此權勢背公立私，「奉之者坐獲進擢，忤之者立致排擯，威福之柄盡在其手，使宮禁之中，畏憚其人過於人主，罪盈惡積。」他請英宗從今以後，除內臣常程差遣依舊令都知司定差外，其他宮中機構差遣如勾當御藥院、內東門、龍圖、天章閣、後苑、化成殿及延福宮等處，以及非時差管勾裡外要切公事的人，都由英宗親自選擇。總之，宋廷文臣與言官趁著英宗繼位，而英宗對仁宗寵信的內臣並無好感之際，就提出種種裁抑內臣的措施。〔註48〕

　　不過，英宗仍在治平元年十二月戊申（十七）委內侍省押班文思副使王昭明（？～1064後）為環慶路駐泊兵馬鈐轄並專管勾本路兼管勾鄜延路蕃部公事，駐於慶州（今甘肅慶陽市慶陽縣）。另一員內臣供備庫副使帶御器械李若愚（？～1072後）為涇原路權駐泊兵馬鈐轄，專管勾本路兼權管勾秦鳳路蕃部公事，駐於渭州（今甘肅平涼市）。知諫院呂誨、同知諫院傅堯俞（1024～1091）及侍御史趙瞻（？～1090）上奏反對委用內臣預邊事。知延州程戡也反對王昭明等專管蕃部事。但英宗不肯收回成命。在英宗心目中，委任有武幹的內臣出任沿邊重要兵職是無礙的。在此思路下，與王昭明、李若愚資歷相當的閻士良，在英宗朝雖無法回朝出任押班或都知，但獲委沿邊重要兵職卻是順理成章的。〔註49〕

　　順帶一談，治平二年（1065）二月辛丑（十一），與閻士良有舊的龍圖閣直學士呂公弼獲擢為權三司使，七月辛巳（廿三）再擢為樞密副使。當年與他有過節的陳述古則在二月丙午（十六），卻坐權知渭州日，擅移涇原路副總管劉几（1008～1088）權知鳳翔府，並劾劉罪，但宋廷後來查明陳按問失實。司馬光為此嚴劾他，宋廷於是將他從陝西都轉運使光祿卿降為少府監貶知忻州（今山西忻州市）。五月癸亥（初四），當年與閻士良交結而被言官所劾的陳旭終於獲擢為樞密副使，呂誨一再上奏反對不果。〔註50〕以上這些人事變動，似乎都是

〔註48〕　《長編》，卷二百二，治平元年八月丙寅至丁巳條，頁4897～4902；《宋史》，卷四百六十八〈宦者傳三・任守忠〉，頁13657；《宋會要輯稿》，第四冊，〈儀制十三・內侍追贈・贈大將軍〉，頁2571。任的另一罪狀是擅取奉宸庫金珠數萬兩以獻皇后而受賞賜。他被重貶後，久之起為左武衛將軍致仕，於熙寧元年（1068）十月辛，年七十九，神宗贈他左千牛衛大將軍。

〔註49〕　《長編》，卷二百三，治平元年十二月戊申條，頁4925～4927。

〔註50〕　《長編》，卷二百四，治平二年二月辛丑至丙午條，頁4947～4949；卷二百五，治平二年五月癸亥條，頁4963～4964；七月辛巳條，頁4979。

閻士良所樂見的。治平二年十一月壬申（十六），宋廷祀天地於圜丘，大赦天下，又冊皇太后及皇后。閻士良當在此時獲得復官的恩典。〔註51〕

與閻士良曾交結的宣徽南院使、武安軍節度使程戡在治平三年正月乙亥（二十）卒於延州任上。〔註52〕閻士良少了一個引為奧援的邊臣。不過，對內臣們有利的是，從治平三年正月至三月底，宋廷發生英宗生父濮王允讓（995～1059）該得甚麼名號的所謂「濮議」。首相韓琦、參政歐陽修備受由侍御史知雜事呂誨為首的言官攻擊，甚至牽扯了曹太后。最後以罷黜呂誨等言官收場。〔註53〕文臣們內鬥不息，就無暇顧及裁抑內臣。當朝臣鬥得不亦樂乎時，自即位以來一直健康欠佳的英宗在是年底病重，十二月壬寅（廿二）在韓琦力請下立神宗為太子。延至翌年（四年，1067）正月丁巳（初八）駕崩。神宗在韓琦等扶持下繼位。〔註54〕

胸有大志而雄心勃勃的神宗繼位後，很快便實行多項興革，閻士良先受惠於英宗病重及神宗繼位後的兩次大赦；不過，閻士良在朝中的人脈有限，他要到熙寧中才有機會被委任要職。

據現存的安徽滁州市琅琊山摩崖石刻所記，閻士良在治平四年十一月丁亥（十三）與新知潭州（今湖南長沙市）右諫議大夫燕度（？～1070），及其弟知滁州司農少卿燕雍同遊琅琊山。閻以屬吏身份書於石上。據此可知閻士良在治平四年十一月仍在滁州，至於他的官位有否因多次的恩赦而恢復為左騏驥使及鈐轄，就暫不可考。〔註55〕按燕度曾於嘉祐六年九月前至治平元年前後任河北轉運使，他曾受命與張茂則等相度水情。他與閻士良可能是舊僚友，他在治平四年十月辛亥（初六）前已以戶部副使太常少卿加右諫議大夫知潭州。他在十一月丁亥（十三）未赴潭州任前先到滁州看望親弟，並同遊琅琊山。可惜他到潭州後不久，大概在熙寧元年便以過被黜。他大概死於熙寧初年。〔註56〕

〔註51〕《長編》，卷二百六，治平二年十一月壬申條，頁5007。

〔註52〕《長編》，卷二百七，治平三年正月乙亥條，頁5021～5022。

〔註53〕《長編》，卷二百七，治平三年正月壬午條至三月辛未條，頁5023～5044；

〔註54〕《長編》，卷二百八，治平三年十二月辛丑至癸卯條，頁5068～5069；卷二百九，治平四年正月丁巳至戊午條，頁5073～5074。

〔註55〕據《安徽文化網》所記，閻士良題名的刻石，在琅琊山琅琊寺祇園西山石屏路西側，拜經台西側巨石之上。參見 http://www.ahage.net/bbs/read.php?tid-81062.html。

〔註56〕《宋史》，卷二九八〈燕肅傳附燕度傳〉，頁9910～9911；《長編》，卷一百九十五，嘉祐六年九月丙子條，頁4720；卷二百十四，熙寧三年八月丙子條，頁

下文所附的琅瑘山摩崖石刻，是現存僅有的閻士良題名：

5211：鄭獬（1022～1072）：《鄖溪集》，文淵閣《四庫全書》本，卷四〈戶部副使太常少卿燕度可右諫議大夫知潭州制〉，葉二十二上下；《宋會要輯稿》，第十一冊，〈食貨三十六・權易〉，頁 6801；王安石（撰），李之亮（箋注）：《王荊公文集箋注》（成都：巴蜀書社，2005 年 5 月），上冊，卷十一〈內制・賜特放諫議大夫知潭州燕度待罪詔〉，頁 365；李壁（1157～1222）：《王荊公詩注》，文淵閣《四庫全書》本，卷二十五〈河勢〉，葉三上下。燕度字唐卿，燕肅（961～1040）子，《宋史》有傳。他在皇祐至和年間，曾權河北轉運副使，後來在嘉祐末年擢河北轉運使。按王安石撰的制文寫於熙寧元年，故燕度罷職也當在熙寧元年。他卒年不詳，《長編》在熙寧三年八月丙子（十九）記「右諫議大夫燕逵卒」，疑即燕度。至於其弟燕雍生平不詳，明人所編的《萬姓統譜》記他在治平十四年以司農少卿知滁州，顯然是治平四年的訛寫。參見凌迪知（1529～1600）：《萬姓統譜》，文淵閣《四庫全書》本，卷二十八，葉八上。

【原文】

皇宋治平四年歲次丁
未十一月十有三日丁
亥右諫議大夫新知潭
州燕度與弟郡守司農
少卿雍同遊琅邪山屬
吏閻士良書

　　閻士良與神宗以至王安石（1021～1086）都沒有甚麼淵源，故熙寧以後
他一直沒有被召還朝。雖然曾與他大有過節的龍圖閣直學士張掞，在熙寧三
年（1070）八月庚午（十三）被侍御史知雜事謝景溫（1021～1097）所劾而
告老。而當年劾奏他的何郯也在熙寧五年（1072）正月辛丑（廿二）也以尚
書右丞致仕卒。可與閻有舊的呂公弼也因反對王安石推行新法，早在七月壬
辰（初四）罷樞密使出知太原府。另宰相陳升之（即陳旭）也因與王安石意
見不合，給王多次凌辱而在九月辛卯（初四）求解職。〔註 57〕閻士良這時朝
中無人援引，雖然宋宮名位最高的內臣石全育、石全彬及李繼和在熙寧三年七
月、十月及熙寧五年五月相繼去世，與三人資格相當的閻卻不獲召回。〔註 58〕

〔註57〕《長編》，卷二百十，熙寧三年四月丁卯條，頁 5095；卷二百十三，熙寧三年七
　　　　月壬辰條，頁 5166；卷二百十四，熙寧三年八月庚午條，頁 5202；卷二百十五，
　　　　熙寧三年九月辛卯條，頁 5234；卷二百十八，熙寧三年十二月丁卯條，頁 5301；
　　　　卷二百二十九，熙寧五年正月辛丑條，頁 5572；《宋史》，卷十四〈神宗紀一〉，
　　　　頁 272。按王安石聖眷特隆，雖是參政，但權勢在宰相陳升之上（按：陳在熙寧
　　　　二年十月丙申（初三）拜相，王更在在是年十二月丁卯（十一）自參政拜相。
〔註58〕宣慶使、入內副都知、遂州觀察使石全育在熙寧三年七月丁酉（初九）以老
　　　　病求退，神宗特授他領昭武軍留後提舉東太一宮。然後是延福宮使、武信軍
　　　　留後石全彬在同年十月戊辰（十一）卒，宋廷贈太尉、定武軍節度使諡恭僖。
　　　　石全育在熙寧四年十一月甲辰（廿三）卒，宋廷贈太尉彰德軍節度使諡勤僖。
　　　　宣慶使、文州團練使、入內副都知李繼和則在熙寧五年五月己亥（二十）卒。
　　　　參見《長編》，卷二百十三，熙寧三年七月丁酉條，頁 5172；卷二百十六，熙
　　　　寧三年十月戊辰條，頁 5255；卷二百二十八，熙寧四年十一月甲辰條，頁 5545；
　　　　卷二百三十五，熙寧五年五月己亥條，頁 5664；《宋會要輯稿》，第四冊，〈儀
　　　　制十三‧內侍追贈‧內侍贈二官、贈節度使〉，頁 2569。

考在熙寧四年到五年間，擔任兩省都知的高級內臣計有入內副都知、宣政使嘉州防禦使張若水（？～1076）（按：張在熙寧六年九月戊申（初八）前已擢入內都知）、入內副都知張茂則（按：張在熙寧五年九月己酉（初四）已擢入內都知宣慶使）、宣慶使入內副都知李繼和（按：李卒於熙寧五年五月），以及在五年三月辛丑（廿一）已任內侍押班七年而獲王安石支持得以擢爲內侍右班副都知的如京使鄧德誠（？～1072後）等人。兩省押班則有上文提到的王昭明（按：王在熙寧七年十二月甲申（廿一）前已遷入內都知）、李若愚、蘇利涉（？～1082）（按：蘇在熙寧六年七月丁未（初六）自內侍押班陞右班副都知）及藍元震（？～1077）（按：藍在五年十月甲辰（廿九）自皇城使、昭州團練使入內押班遷入內副都知）。〔註59〕他們其實並不比閻士良資深。閻士良朝中欠缺人脈，幸而靠治河的本事才在後來得以被委以重任，不致被投閒置散。

　　熙寧四年七月辛卯（初八），河決大名府（今河北邯鄲市大名縣）第五埽。甲辰（廿一），神宗以黃河決堤，水入御河，而北行未止，命入內副都知張茂則乘驛與相關官員相度水情以聞。八月丁巳（初五），張茂則覆奏，請以開封府判官宋昌言（？～1078後）及內臣外都水監丞、河北興修水利程昉（？～

〔註59〕《長編》，卷二百二十一，熙寧四年三月癸巳條，頁5375；卷二百二十五，熙寧四年七月甲辰條，頁 5490；卷二百二十八，熙寧四年十一月甲申條，頁 5542；卷二百二十九，熙寧五年正月丁酉條，頁 5569；卷二百三十一，熙寧五年三月辛丑條，頁 5618；卷二百三十三，熙寧五年五月己亥條，頁 5664；卷二百三十八，熙寧五年九月己酉條，頁 5793；卷二百三十九，熙寧五年十月甲辰條，頁 5822；卷二百四十六，熙寧六年七月丁未條，頁 5977；卷二百五十八，熙寧七年十二月甲申條，頁 6303；《宋史》，卷十四〈神宗紀一〉，頁 269；卷四百六十七〈宦者傳二‧張茂則〉，頁 13641；卷四百六十八〈宦者傳三‧蘇利涉〉，頁 13654。熙寧元年七月壬午（十二）恩州（即貝州）及冀州（今河北衡水市冀州市）河決，張茂則與司馬光察視恩、冀、深、瀛四州生隄及六塔河、二股河利害，以勞遷入內副都知。他在熙寧六年九月戊申（初八）已擢入內都知。而據神宗御批，藍元震從內侍押班除入內押班，到熙寧五年十月已五年餘，即是說他早在治平四年底已任入內押班。神宗稱他「自擢領近職，忠勤謹畏」，故給他特遷爲入內副都知。至於蘇利涉，在熙寧六年七月從內侍押班陞右班副都知時，詔稱自今兩省押班，五年沒有關失便除副都知。據此可推論蘇利涉在熙寧元年七月已任內侍押班。至於高居簡任押班之年月待考。又鄧德誠在治平四年四月乙丑（十八）已任內侍押班（按：《宋會要‧禮二九》訛寫鄧的職位爲「內殿押班」），充英宗靈駕的行宮四面巡檢。參見《宋會要輯稿》，第三冊，〈禮二十九‧歷代大行喪禮上‧英宗〉，頁 1349。

1076）同領役事。丙寅（十四）重臣判大名府的韓琦上奏，以黃河泛溢大名府全地，他自請處分。神宗見事態嚴重，下令河北提點刑獄司監劾河防的當職官員。從八月底至九月初，黃河已溢澶州（今河南濮陽市）曹村，滑州（今河南安陽市滑縣）埽也危急，另鄆州（今山東荷澤市鄆城縣）也有黃河決水入故道。〔註60〕

程昉主張塞河：以疏導塘水灌溉深州（今河北衡水市深州市）農田。並導引葫蘆河，自樂壽（今河北滄州市獻縣，距河間市30公里）之東至滄州（今河北滄州市）二百里，塞孟家口，開乾寧軍（今河北滄州市青縣）直河，作橋於眞定府的中渡。另外自衛州之王供埽引導沙河入御河，以擴闊運輸之路。〔註61〕王安石支持程昉這套治河方略，認爲中書所以用程昉，因治河事無人熟悉，又無人肯擔當。而與程昉不和的李若愚，在熙寧五年正月丁酉（十七）卻被奉王安石意旨行事的侍御史知雜事鄧綰（1028～1086）劾其違祖制，以勞績求官其子。李得不到王安石及樞密使文彥博的支持，就請解押班職。當神宗批評程性行輕易，又說李請辭押班是爲了與程不協時，王安石就一一爲程辯護。三月丙申（十六），宋廷以塞大名府第五埽決口，導黃河入新開的二股河有功，賜銀程昉等。四月辛未（廿二），張茂則上奏治河畢功，詔賜張等以下御筵於大名府。治河工作與修整河北塘泊以屯田的工作分不開，王安石當稱許程昉前在開封府界提轄淤田，救護孔固灣斗門有勞時，神宗卻告訴他與程昉不協的李若愚稱病，而推薦另一內臣陳舜臣代替他管勾塘泊，王安石自然極力反對李推薦別人分掉程的權力。〔註62〕

〔註60〕 《長編》，卷二百二十五，熙寧四年七月辛卯條，頁5475；甲辰條，頁5490；卷二百二十六，熙寧四年八月己巳條，頁5500；丙寅條，頁5504～5505；八月己卯至九月丙戌條，頁5510～5511；《宋史》，卷四百六十八〈宦者傳三・程昉〉，頁13653。程昉是開封人，以小黃門累遷至西京左藏庫副使。他在熙寧初年任河北屯田都監，當河決於棗彊（今河北衡水市棗強縣）時，他將二股河導之，使爲鋸牙，下以升落塞決口，以功加帶御器械。當時河決商胡北流，與御河合爲一。他教二股河東流，御河就淺澱。他以開浚之功，遷宮苑副使。他又塞漳河，作浮梁於洺州（今河北邯鄲市永年縣東南）。他又兼任外都水丞，奉詔商議興修水利。他是公認的內臣治河專家。

〔註61〕 《宋史》，卷四百六十八〈宦者傳三・程昉〉，頁13653。

〔註62〕 《長編》，卷二百二十九，熙寧五年正月辛卯至丁酉條，頁5568～5570；壬寅條，頁5572～5575；卷二百三十一，熙寧五年三月丙申條，頁5612；卷二百三十二，熙寧五年四月辛未條，頁5634～5635。

　　李若愚推薦資淺的陳舜臣不成，七月癸未（初六）就推薦已復官爲左驍衛、廉州團練使的閻士良代爲河北同提點制置屯田使。李自己則以疾罷職改授提舉奉天寺。〔註63〕閻的資歷及治河屯田的本事，教王安石反對無從。

　　就在閻士良出任新職後不久，七月丙申（十九），遼人通牒指控代州（今山西忻州市代縣）守臣侵暴之事，又指雄州修館驛作箭窗和女牆。神宗君臣息事寧人，下令拆毀這些工事，不過神宗並不降罪知雄州張利一（？～1093後），王安石認爲是樞密使文彥博等爲張掩蓋罪過。雄州在閏七月戊申（初一）上奏，稱遼軍巡馬又越過拒馬河，已差官率兵驅逐遼騎出界。王安石不滿張利一的作法，認爲發公文交涉即可。他批評張利一生事，說他添置弓手不依舊規，又修驛以致北界騷動，王說給張轉官再任，不是要他經略遼國，而是要邊境安帖無事，主張懲責他。丙辰（初九），張利一上奏，反對宋廷盡罷雄州的鄉巡弓手，認爲這樣遼的巡馬過河會日多，宋遼間的兩屬人戶會被佔。王安石堅稱張利一生事，留在雄州不當，主張撤換他。神宗無奈，庚申（十三），聽從王安石的意見，將張罷知雄州兼罰銅二十斤。因王安石之薦，客省使文州防禦使馮行己（1008～1091）自代州徙知雄州，另以皇城使端州防禦使樞密副都承旨李綬（？～1093後）爲西上閤門使知代州，並責降張利一麾下巡檢趙用等人。〔註64〕

　　張利一雖被調職，但在馮行己未接任前，仍於甲子（十七）上言罷鄉弓手會招致遼人巡馬過河。己巳（廿二），樞密院送上太原的報告，探得遼欲用兵力移口鋪於拒馬河南十五里安置，但王安石仍認爲不必擔憂。八月丁丑（初一），張利一上奏請求通牒遼方處理巡馬過河事，但王安石不理眾人的意見，堅持不必處理。五天後（壬午，初六），王安石更向神宗力言雄州繳進遼方從涿州（今河北保定市涿州市）發來的通牒，牒文語甚激切，皆由張利一先前通牒涿州所言非理，而張非理侵犯遼界的事極多。王安石一面倒的指責張利一失職，連樞密使文彥博及參政王珪都不同意。兩天後（甲申，初七）王安

〔註63〕　《長編》，卷二百三十五，熙寧五年七月癸未條，頁5700；戊戌條，頁5713～5714。王安石一直在神宗面前攻擊李若愚姦罔，但神宗不信。當王臨上奏《塘泊圖》而表揚李若愚治塘泊之勞時，神宗就嘉許李不伐其功。王安石見此，就繼續攻擊李交結朝臣。閻士良的任命，相信出於李若愚的推薦，以分程昉之權。

〔註64〕　《長編》，卷二百三十五，熙寧五年七月丙申條，頁5711～5712；卷二百三十六，熙寧五年閏七月戊申朔條，頁5725～5726；甲寅條，頁5730～5731；丙辰條，頁5733～5736；庚申條，頁5739～5741。

石再次批評張利一生事，而文彥博堅稱張利一無錯。最後神宗令雄州將牒本進呈。〔註65〕

　　閻士良在這次雄州爭議中，扮演了一定角色。神宗委派他和其藩邸舊人龍圖閣直學士知瀛州孫永（？～1087）往雄州調查張利一所奏是否屬實。可閻士良與孫永所奏不同，孫永一直奏告張利一不當通牒遼方。而閻士良就上奏同意張利一的主張。神宗於是在癸巳（十七），派他的心腹內臣李舜舉（？～1082）再往雄州查究真相。〔註66〕神宗大概以閻士良正在河北提點制置屯田，就派他往雄州查察張利一的事。很有可能是與王安石意見不合的文彥博推薦他的；不過，他在多年後重獲神宗信任則是事實。

　　儘管文彥博等支持張利一的意見，認為雄州奏報遼巡騎過河，若不通牒遼方制止，只怕遼方會乘機添置口鋪地。王安石仍然以張利一生事，並以新知雄州馮行己在九月丁未（初二）的奏報，稱添差弓手騷擾百姓，引來百姓怨咨，才會引遼騎過河。雖然文彥博一再力爭，但王安石仍怪罪張利一。神宗尚在猶豫時，李舜舉的回奏卻一面倒地批評張利一，指遼方並無移口鋪之意，而鄉巡弓手又擾害百姓，又說當雄州罷鄉巡後，遼巡兵就沒有來擾，邊民乃安。神宗聽了李的回奏後，就接受王安石的意見，庚申（十五），將張利一降職為皇城使達州刺史、衛州鈐轄。然諷刺的是，丁卯（廿二），馮行己卻奏上遼騎過河並未停止，他請通牒遼方制止。王安石無奈地表示，通牒遼方不妨，然遼騎過河也無害。〔註67〕這場風波，隨著張利一貶官及宋廷息事寧人而結束。事後看來，張利一沒有錯，為他說話的閻士良也沒有偏私，反而是王安石主觀認定可以對遼退讓，以換取時間全力拓展西邊。

〔註65〕《長編》，卷二百三十六，熙寧五年閏七月甲子條，頁5745；己巳條，頁5751～5752；卷二百三十七，熙寧五年八月丁丑朔條，頁5757～5758；壬午至甲申條，頁5761～5763。

〔註66〕《長編》，卷二百三十五，熙寧五年七月戊子條，頁5700～5703；卷二百三十七，熙寧五年八月甲申條，頁5763；己巳條，頁5771；卷二百四十三，熙寧六年二月丁未條，頁5911。孫永在熙寧六年（1073）三月丁未（初四）自知瀛州召為權知開封府加樞密直學士。據載他召入前在瀛州兩年，則在熙寧五年他正知瀛州兼高陽關路安撫使。

〔註67〕《長編》，卷二百三十七，熙寧五年八月丁酉條，頁5772；卷二百三十八，熙寧五年九月丁未條，頁5790～5792；庚申條，頁5798～5799；丁卯條，頁5802；卷二百五十七，熙寧七年十月丙子條，頁6273。諷刺的是，馮行己奏罷雄州鄉巡弓手後，遼騎過河如故，屢漁界河，偷取舟船。後來馮行己就請求復置鄉弓手以杜絕侵爭之端。

宋廷在九月戊申（初三），嘉獎治河有功之臣僚：同管勾外都水監丞程昉自崇儀使擢西作坊使，大理寺丞李宜之遷右贊善大夫，駕部員外郎知洺州黃秉與堂除差遣，以賞修漳河之勞。翌日（己酉，初四），宣政使、入內副都知張茂則遷宣慶使晉入內都知，庫部郎中宋昌言、虞部郎中王令圖並遷一官。程昉再超擢爲皇城使端州刺史，以賞塞大名府永濟縣決河之功。程昉官符如火，王安石還建議除他押班，但神宗卻以程雖盡力，但「性氣不中，又好把持人」而不允所請。〔註68〕

王安石對宋宮內臣的態度迥異，推薦閻士良代己的李若愚，因解內侍押班而獲樞密院特令提舉慶基殿並添支二十千。十月壬辰（十七），王安石即爲此向神宗提出異議，指李若愚朋比外廷爲姦，又說他姦邪尤難知，這次李以疾解職，只合給他提點慶基殿及添支十支；不過，王安石卻對治河有功的程昉大加推薦，稱他功多賞不厚，最後請給程昉鈐轄的資格，三年後除都鈐轄，神宗同意其請。〔註69〕

因議者以河北地平坦，自保州（今河北保定市）東雖以塘泊隔阻敵騎，而西至滿城（今河北保定市滿城縣）僅二百里，屬無險可守，當年敵軍入寇便取道於此。議者認爲應在此植榆爲塞，他日可依此爲固，阻擋敵騎奔突。於是宋廷在十一月甲子（十九），命聖眷方隆的程昉與河北緣邊安撫司屯田司一同商度滄州界塘泊利害，並查察邊吳淀灘地是否可令人戶栽種桑棗榆柳。〔註70〕當時滄州北三堂等塘泊爲黃河所注，其後大河改道而塘泊遂淤澱。程昉請開琵琶灣，引黃河水灌之。程昉的方案，當時擔任河北同提點制置屯田使的閻士良並不表態。他要等待程昉治河不成才出手。〔註71〕

〔註68〕《長編》，卷二百三十八，熙寧五年九月戊申至己酉條，頁5793～5795。據李燾所記，張茂則在治河方面，堅持以塞河方法而不是眾人所論之導河。神宗命他董其役，而命程昉營辦材料於河旁諸州，據說或取於公，或售於私，人不加賦而諸河之費已足。自熙寧五年二月甲寅（初四）開工至四月丁卯（十八）畢功。河深十一尺，廣四百尺。剛浚河則稍稍障其決水，至河成而決口亦塞。張的治河才幹和功勞，不在程昉之下。

〔註69〕《長編》，卷二百三十九，熙寧五年十月壬辰條，頁5812～5814。

〔註70〕《長編》，卷二百四十，熙寧五年十一月甲子條，頁5834。

〔註71〕《宋會要輯稿》，第十冊，〈食貨七‧水利上〉，頁6129；第十二冊，〈食貨六十一‧水利雜錄〉，頁7508；第十五冊，〈兵二十八‧備邊二〉，頁9215；《長編》，卷二百四十八，熙寧六年十二月癸酉條，頁6053。

　　宋廷在河北開展的水利工程並不順利，產生的問題不少，不少廷臣並不完全同意程昉的治河方略。熙寧六年（1073）五月癸丑（十一），河北路察訪副使趙子幾便上言深州安平縣（今河北衡水市安平縣）及永寧軍（今河北保定市蠡縣），以及祁州界開滹沱新河，侵鑿了民田，請求免民稅，得到宋廷的同意。辛酉（十九），趙子幾及河北路察訪使曾孝寬（1025～1090）均上言，指先前建議在河北沿邊植桑榆雜木，既阻敵騎又可給邦國之用的方案甚為擾民。趙子幾又批評程昉造鎮州中渡浮橋不便，請差監司體量。神宗詔下程昉研究，王安石則一力祖護程昉，指責趙子幾出使河北卻專攻擊程昉，又說程昉營職奉公，故為人所嫉妒。〔註 72〕然而，與王安石政見不合的陳升之所主持的樞密院卻主張罷去程昉，以孔嗣宗代之，惟神宗以王安石反對而不納。宋廷在七月庚午（廿九）大幅修訂先前程昉所行的栽桑法，不許派人下鄉，以點檢為名而騷擾人民，另又罷去所差的管勾提舉官。〔註 73〕

　　八月己丑（十八），程昉又請於在保定軍（今河北廊坊市文安縣）舊滹沱河南岸臺山口東南疏一川，行七十里至乾寧軍界，匯於御河，就可無塘濼填淤之患。神宗詔權發遣河北兩路提刑公事屯田員外郎李南公（1025～1107）與程昉及屯田司詳細商量置堰限。若無妨礙，即命程昉計開河功料，另命閻士良負責的屯田司檢視塘濼有否泄漲水以聞。〔註 74〕

　　李南公及閻士良奉命檢視，最後他們上奏以程的方案不可行。閻士良建言宜堰水絕御河，而引西塘水灌之。神宗從其請。熙寧六年十二月壬申（初四），李南公上言，經商度撲椿口，請添灌東塘等。宋廷即在翌日（癸酉，初五）詔屯田司閻士良專門督修撲椿口（按：《宋史》作樸椿口），增灌東塘淀濼此一工程。〔註 75〕

〔註 72〕　《長編》，卷二百四十五，熙寧六年五月癸丑至辛酉條，頁 5951～5955。

〔註 73〕　《長編》，卷二百四十四，熙寧六年四月己亥條，頁 5944～5955；卷二百四十六，熙寧六年七月庚午條，頁 5987；《宋史》，卷十五〈神宗紀二〉，頁 282。考陳升之早在熙寧五年十二月壬午（初八）已復任樞密使。雖然文彥博在熙寧六年四月己亥（廿六）罷樞密使，但陳升之仍在樞府力抗王安石。

〔註 74〕　《長編》，卷二百四十六，熙寧六年八月己丑條，頁 5994。

〔註 75〕　《宋會要輯稿》，第十冊，〈食貨七・水利上〉，頁 6129；第十二冊，〈食貨六十一・水利雜錄〉，頁 7508；第十五冊，〈兵二十八・備邊二〉，頁 9215；《長編》，卷二百四十八，熙寧六年十二月壬申條，頁 6053；《宋史》，卷九十五〈河渠志五・塘濼〉，頁 2362。

　　神宗與王安石對閻士良的治河能力似乎不大清楚，仍對程昉治河充滿信心。可不少文臣卻對程昉的工作大有保留。是年十二月，提舉河北路常平等事韓宗師（？～1098）便劾程導引滹沱河水淤田，卻造成堤壞水溢，大大傷害了民稼，另劾他欺罔共十六罪。神宗命程昉回答韓的指控。熙寧七年（1074）正月甲子（廿六），程昉覆奏呈至，王安石竭力為程辯護，反指韓宗師做法不妥，堅稱程昉為宋廷增淤田四千頃。神宗提出程昉日前修漳河，但聞說漳河年年都決隄，而程昉近期負責監修滹沱河，卻有始無終。賴王安石多方為程昉解釋，神宗仍信任程昉的治河工作。程昉稍後又上奏請在滄州增修西流河隄，引黃河水淤田種稻，添灌塘泊，並在深州開引滹沱河水淤田，另開回胡盧河，並回滹沱河下尾。〔註76〕

　　王安石雖在四月丙戌（十九）罷相知江寧府，惟其支持者韓絳繼任宰相，仍然繼續王安石的治河政策。〔註77〕程昉在十月丙子（十二）獲陞一級加領達州團練使，以賞其開河之功，卻惹來御史盛陶（1033～1099）的猛烈彈劾，指他「挾第五埽塞決河之功，專為己力，假朝廷威勢，恐動州縣，故縱壞寨，徒屬騷擾不法。」盛陶再說他「所開共城縣御河，頗費人戶水碾，多用民力，不見成功。又議開沁河，因察訪官案行，始知不當。」總之，盛陶批評程昉開河，實勞民傷財而收效不大。〔註78〕盛陶的劾奏似乎未動搖神宗對程昉的信心，十一月己亥（初五），以汴水依舊阻塞，即命程昉火速前往處理解決。程昉卻沒有親自前往，癸卯（初九），他被御史所劾而薄責罰銅三十斤。〔註79〕值得一提的是，當程昉治河受到質疑時，早在六月丁丑（十一），河北沿邊安撫司奏上《制置沿邊浚陂築堤道條式圖》，請付邊郡屯田司，又請於沿邊軍城植柳種麻，以備邊用。宋廷均採納之。〔註80〕以上兩項可能都是閻士良的建議。

　　宋廷在十一月己未（廿五）祀天地於圜丘，大赦天下。十二月丁卯（初四）詔文武官加恩。閻士良大概以此恩典，加上在河北修河之勞，在翌年（熙寧八年，1075）正月庚戌（十七）以皇城使、廉州團練使、河北同提點制置

〔註76〕　《長編》，卷二百四十九，熙寧七年正月甲子條，頁6073～6076。
〔註77〕　《宋史》，卷十五〈神宗紀二〉，頁285。
〔註78〕　《長編》，卷二百五十七，熙寧七年十月丙子條，頁6273～6275；《宋史》，卷四百六十八〈宦者傳三・程昉〉，頁13653。
〔註79〕　《長編》，卷二百五十八，熙寧七年十一月己亥條，頁6288；癸卯條，頁6290。
〔註80〕　《宋史》，卷九十五〈河渠志五・塘濼〉，頁2362。

屯田使恢復五路都鈐轄的資序，獲得內臣所授的最高兵職。神宗因重視屯田工作，故久其任，以責成他擔任屯田之工作。〔註81〕不過，閻士良在河北治河工作的角色，仍居於程昉之下。特別是在二月癸酉（十一），王安石復相後。〔註82〕

　　河北西路察訪使沈括（1031～1095）在二月上奏，指出保州杜城以東有塘水阻隔，人們未嘗在意那處正是敵騎偷襲的地方。他說近日歷視邊境，見保州以東、順安軍（今河北保定市高陽縣東舊城）以西，有平川橫衺三十餘里，南北徑直全無險阻。敵軍可以不經州縣，以大軍方陣長驅，從永寧軍以東直入深州和冀州，如入無人之地。定州只守杜城之西，宋軍尚未移動應戰，敵騎已越過高陽關。倘敵人從定州入寇，定州守軍必依西山扼其歸路，但敵軍卻可束甲直趨順安軍。定州的宋軍雖眾，但兵未動而敵軍已出塞。他上奏查察得保州西至九頃塘七里以來，及保州東陽村隄以東至臧村隄度三十里，在慶曆中皆曾築隄儲水，今日遺跡尚在。沈括認為若稍加修整，西納曹河、鮑河諸水，則杜城以東塘險相屬。敵軍出入就只有北平縣（即北平寨，今河北保定市滿城縣北漕河上）一路。如此定州之兵就可依險為陣，犄角牽制，滹沱河橫潦為阻，就可以制其前，塘河之流可決，就足以斷其後。為必勝之術。沈括並且具圖進呈。收到沈括的計議，神宗心動，即委派閻士良馳往保州察視研究。〔註83〕

　　神宗委閻士良以重任，是看上了他修河屯田以至禦邊的經驗。閻不久提交了詳細的報告：

> 檢視保州西至九頃塘，及保州東陽村隄以東至臧村隄，若增接修完，櫃蓄諸河，以成險阻，委實利便。然舊基蓋官中隳廢二十餘年，盡委民間。究詳九頃塘東及楊（陽）村隄，其間亦有官地。臧村隄一帶乃有徐河，預完隄坊，更伺夏秋雨漲水，不日成功，內交互民田，漸而收買。其孫村隄西至楊村隄，地勢汙下，曾支官錢收買。其後有保州牙吏李知自陳上件地土係官牧羊地，趙滋知保州日，遂卻追

〔註81〕《宋會要輯稿》，第十冊，〈食貨四・屯田雜錄一〉，頁6032；第十三冊，〈食貨六十三・屯田雜錄一〉，頁7635；《長編》，卷二百五十九，熙寧八年正月庚戌條，頁6317。

〔註82〕《長編》，卷二百六十，熙寧八年二月癸酉條，頁6336。

〔註83〕《長編》，卷二百六十，熙寧八年二月辛卯條，頁6349～6350；《宋會要輯稿》，第十五冊，〈兵二十八・備邊二〉，頁9217。

還元給價錢，地資倖民，其地內亦可尋舊田屯分水河，沿河種稻，

漸成險固，或當緩急壅決諸河，以制奔突。

閻士良這份合情合理的覆奏得到神宗的接受，宋廷即詔相關地方內有侵佔民田的話，就在官田內撥還，或給其值價，並命地方具奏所佔民田的頃數以聞。神宗命定州借出封樁錢萬緡，委閻士良買下保州東陽等村淤下地種稻作塘，以扼西山路，並令定州路安撫司總管。〔註84〕

程昉依舊進行他的修河工程，四月戊寅（十七），他請自滹沱、葫蘆兩河引水淤溉滹沱南岸魏公、孝仁兩鄉瘠地萬五千餘頃，以及自永靜軍（今河北滄州市東光縣）雙陵道口引河水淤溉北岸曲淀等村瘠地萬二千餘頃，請待明年動工。他的請求獲得神宗接納。〔註85〕閏四月乙未（初四），陳升之罷樞密使，對於程昉自然是少了阻力，對閻士良而言卻是少了朝中的奧援。〔註86〕

神宗在五月甲戌（十四），以入內副都知張若水久病求罷，就擢陞在西邊有戰功的入內東頭供奉官、寄昭宣使、嘉州防禦使李憲（1042～1092）為入內押班替補。辛巳（廿一），李憲獲委勾當皇城司。丙戌（廿六），入內都知張茂則自宣慶使擢為景福殿使，成為名位最高的內臣。〔註87〕大概朝中無人舉薦，閻士良看著別人陞官，他卻始終補不上押班。

這邊廂的程昉又大展拳腳，六月己酉（十九），他與權知都水監丞劉璯（？～1077後）上言請開沙河，稱王供埽下有沙河故跡，可以開廣，取黃河之水灌，轉入枯河，在黃河隄置斗門啟閉，其利有五。他奏稱開河用工五十六萬七千餘，發卒一萬，興役一月可成。神宗從其請。〔註88〕

〔註84〕　《長編》，卷二百六十，熙寧八年二月辛卯條，頁6349～6350；《宋會要輯稿》，第十五冊，〈兵二十八·備邊二〉，頁9217～9219。

〔註85〕　《長編》，卷二百六十二，熙寧八年四月戊寅條，頁6400。

〔註86〕　《長編》，卷二百六十三，熙寧八年閏四月乙未條，頁6425；卷二百九十七，元豐二年四月丁巳條，頁7233。陳升之在元豐二年（1079）四月丁巳（十九）致仕，二日後卒。

〔註87〕　《長編》，卷二百六十四，熙寧八年五月甲戌條，頁6465；辛巳條，頁6476；丙戌條，頁6478；卷二百六十五，熙寧八年六月乙卯條，頁6516；卷二百七十六，熙寧九年六月癸巳條，頁6747；卷三百九，元豐三年十月癸亥條，頁7505。張若水在熙寧八年六月乙卯（廿五）以病求罷獲准，改耀州觀察使依舊提舉四園苑。他在一年後，在熙寧九年六月癸巳（十五）卒。另張茂則在元豐三年十月癸亥（初五）再擢為內臣極品的延福宮使。

〔註88〕　《長編》，卷二百六十五，熙寧八年六月己酉條，頁6492。

熙寧九年（1076）三月戊寅（廿三），河北屯田司上奏報告開引滹沱河注入邊吳淀、宜子淀等的情況。五月丁卯（十二），閻士良再以河北同提點制置屯田使上奏，詳述保州工程的進展，特別是請開發叫呼泉等泉水：

> 竊聞保州界自景祐中楊懷敏勾當屯田日，厚以才利召募人，指抉西山被民填塞泉眼去處。臣常以諭保州曹偃。今偃訪得雲翼辛康進畫到地圖，仍稱保塞縣小郎村劉第六地內有泉源，盈畝有餘，號叫呼泉，匿在土中。當州南約二里，有積年候河一道，上自本縣界，下至運糧河。及邊吳淀內，東西約及百里，每遇旱歲，河內微有流水，或至斷絕。今欲開導此泉，令入候河及運糧河，四時常流，增注塘泊。及本村別有泉數十道。臣常尋訪二河上流，未得其處。今乞委保州曹偃相度，收買泉源地，量興兵役，疏導舊泉，增助邊防，誠為水利。

宋廷將閻的奏議送河北沿邊安撫司，安撫司稍後委權通判保州辛公佑（？～1080 後）研究此一方案。辛公佑往保塞縣大靜鄉龐村實地勘察後，回奏沿候河向上約三十里以來，沿北岸有泉眼大小不等，計有泉三十餘處，他以為若行開發，只依舊來垠岸開出河身，其水通流，下接運糧河，可以增注塘泊。至於所有侵佔的民田，可以比較側近的田土，優給其值收買，實為利便。至於閻士良提及的叫呼泉，他亦不反對探查明白其源流，然後收買。原則上辛公佑同意閻的方案，宋廷於是下詔河北沿邊安撫司關報河北屯田司及合屬去處施行此一工程。〔註89〕

閻士良正在開河屯田事上費盡心力時，五月庚辰（廿五），宋廷再擢陞西京左藏庫使高居簡（？～1081）、西作坊使嘉州團練使帶御器械王中正（1026～1099）並為內侍押班，王授勾當皇城司。〔註90〕這一次又沒有補上閻士良為押班。

閻士良在治河的競爭對手程昉在七月壬午（廿九）罷同管勾外都水監丞，起初令他都大制置河北河防水利，並依制置屯田使例施行。宋廷後來改變主

〔註89〕《宋會要輯稿》，第十冊，〈食貨四‧屯田雜錄〉，頁 6032～6033；第十三冊，〈食貨六十三‧屯田雜錄〉，頁 7635～7637。

〔註90〕《長編》，卷二百七十三，熙寧九年三月庚辰條，頁 6695；五月戊午條，頁6722；卷二百七十九，熙寧九年十一月癸酉條，頁 6822。王再在十一月癸酉（廿一）以平茂州（今四川阿壩藏族羌族自治州茂縣）蕃部功再擢為昭宣使、內侍副都知，與一子轉官。

意，詔制置河北河防水利更不置司，其職事並依外都水監丞例施行。很明顯削了程昉的權力。程昉八月兩次上奏表功，也一再受到神宗冷待。〔註91〕程昉一直挾王安石之勢，對同僚及屬下多所陵慢，他治水所報之功績其實多有虛報，大概王安石看出程不再蒙神宗聖眷，就疏遠他。程得不到君相的支持，加上工作壓力及同僚的敵視，在九月丙寅（十三）「憂死」。宋廷因其死而罷都大制置河防水利司。〔註92〕神宗顧念他任水事有功，就贈他耀州觀察使，官其二子，賜宅一區。他和閻士良都官至皇城使及團練使，卻始終不獲擢爲兩省押班。

程昉死了，王安石亦失了神宗的信任而在翌月（十月）丙午（廿三）罷相出判江寧府。樞密使吳充（1021～1080）及參政王珪繼任宰相，知成都府資政殿學士馮京（1021～1094）召還擢爲知樞密院事。〔註93〕除了王珪當年爲閻士良寫過制文勉強有點淵源外，吳充和馮京都與閻士良無甚關係，而且閻士良年事已高，他很快也罷職。

元老重臣判大名府文彥博在是月連番上奏，痛劾程昉主持的衛州界王供埽開舊沙河，以通黃河行航運的工程作用有限，又以開引黃河通御河不便。〔註94〕倘程昉不死，他也難承受朝臣對他的嚴厲責難。

閻士良在十二月甲午（十二）罷河北同屯田制置一職，宋廷派文思使謝禹珪爲高陽關都監兼河北屯田司都監，代替閻的工作。而閻負責的保州水塘的工作，就交給是年十月己丑（初六）知保州的張利一主管，並由薛向（1016～1081）提舉。〔註95〕

〔註91〕　《長編》，卷二百七十七，熙寧九年七月壬午條，頁6772；八月丙戌條，頁6774；壬子條，頁6780。宋廷在八月丙戌（初三）命程昉往淮南路查察有否可興水利之處，中書本來奏差程昉制置淮南路水利，但神宗表示不須加制置之名。是月壬子（廿九），程昉以提舉開衛州界運河上奏開運河之進展。中書請賞程功，但神宗詔河北西路提點刑獄司查明程昉所奏屬實才取旨。顯然程昉已不像以前聖眷特隆。

〔註92〕　《長編》，卷二百七十七，熙寧九年九月丙寅條，頁6782；《宋史》，卷四百六十八〈宦者傳三·程昉〉，頁13653～13654。據載程昉還恃王安石的支持而陵慢過元老重臣韓琦。

〔註93〕　《長編》，卷二百七十八，熙寧九年十月壬辰條，頁6799～6798；丙午條，頁6803～6805。

〔註94〕　《長編》，卷二百七十八，熙寧九年十月辛亥條，頁6810～6813。

〔註95〕　《長編》，卷二百七十八，熙寧九年十月己丑條，頁6796；卷二百七十九，熙寧九年十二月甲午條，頁6835；卷二百八十，熙寧十年正月甲子條，頁6852；

　　熙寧十年（1077）三月甲寅（初四），宣慶使康州防禦使內侍右班副都知王守規（？～1077）和皇城使忠州防禦使入內副都知藍元震卒後，到元豐元年（1078），宋宮內臣地位最高的是景福殿使利州觀察使入內都知張茂則、入內都知王昭明、宣政使宜州防禦使入內副都知李憲、昭宣使嘉州團練使入內副都知王中正、皇城使海州團練使入內副都知蘇利涉。〔註96〕押班一級則有文思使內侍押班張恭禮（？～1080）和西京左藏庫使內侍押班石得一（？～1096）。〔註97〕而一眾高級內臣中，自從程昉死而閻士良罷後，懂得河務的只剩下張茂則。七月丙子（廿八）因黃河大決於澶州曹村下埽，共灌縣四十五，壞官亭民舍數萬，田三十萬頃。澶州乞求遣官救護，宋廷於是命張茂則與權同判都水監劉璹一同往查究如何閉塞河患。八月戊寅（初一）並詔河北路體量安撫使安燾（1031～1115）安置水災民於高阜加以賑濟。九月庚午（廿三），委張茂則、劉璹及在八月癸卯（廿六）自知冀州、庫部郎中再判都水監宋昌言負責塞曹村決口。〔註98〕

<hr>

卷二百九十三，元豐元年十月壬寅朔條，頁 7146；《宋會要輯稿》，第十五冊，〈兵二十八‧備邊二〉，頁 9219。謝禹珪接任後，宋廷在熙寧十年正月甲子（十三）詔已差官修築河北破缺塘隄，以收水櫃勢，又信安軍（今河北廊坊市霸州市東 24 公里信安鎮）等處因塘水減涸退出的田土，已召人耕佃的並令起遣。宋廷命謝與河北東路提點刑獄韓正彥檢括畫圖以聞。

〔註96〕 《長編》，卷二百八十，熙寧十年二月戊申條，頁 6874；卷二百八十一，熙寧十年三月甲寅條，頁 6881；卷二百八十二，熙寧十年五月壬戌條，頁 6904；卷二百八十三，熙寧十年七月丁巳條，頁 6935；卷二百八十五，熙寧十年十一月辛酉至癸亥條，頁 6990～6991；卷二百八十七，元豐元年正月戊午條，頁 7013。神宗在熙寧十年三月甲寅（初四）以王守規和藍元震「檢身清修，奉上勤謹，十年左右，始終不渝」，就優贈王爲昭武軍留後。而在五月壬戌（十三），昭宣使嘉州防禦使入內押班李憲以攻討山後生羌擒殺其酋冷雞朴之功，超擢爲宣政使、宜州防禦使入內副都知。另王中正在同年丁巳（初九）前，已從內侍副都知遷入內副都知。王中正及李憲在十一月辛酉（十四）及癸亥（十六）以軍功再分別加領果州防禦使和宣州觀察使。而蘇利涉在元豐元年正月戊午（十二）再自領達州刺史遷海州團練使。神宗以蘇事英宗藩邸故有此特命。

〔註97〕 《長編》，卷二百九十八，元豐二年五月丙戌條，頁 7248；六月癸丑條，頁 7256。張恭禮在元豐二年（1079）五月丙戌（十九）卒，他是神宗藩邸舊人，神宗贈張爲邠州觀察使。石得一在元豐二年六月癸丑（十六）取代入內副都知蘇利涉勾當皇城司。

〔註98〕 《長編》，卷二百八十三，熙寧十年七月丙子條，頁 6941～6942；卷二百八十四，熙寧十年八月戊寅朔條，頁 6945；癸卯條，頁 6957；卷二百八十四，熙寧十年九月庚午條，頁 6964；卷二百八十七，元豐元年正月甲子條，頁 7016。惟神宗以入內內侍省闕官，在元豐元年正月甲子（十八），又將張茂則召還。

　　宋廷用人之際，不知何故，不但沒有考慮起用閻士良治水患，反而在是年十一月戊辰（廿一）將閻士良奪兩官及勒停其職，以復州錄事參軍萬延之託雄州榷場官吏私買物帛，而閻士良上報其事不實。〔註 99〕接替閻士良的河北屯田都監謝禹珪，能力比閻士良差得多，元豐元年（1078）八月癸丑（十二），謝被神宗斥「爲性誕率，建畫職事，多無規繩。」〔註 100〕

　　閻士良在元豐二年（1079）後的事蹟不詳，考《長編》在元祐二年（1087）五月乙亥（廿四），記宋廷詔姚麟（？～1105）罰銅八斤，以殿前司言步軍司擅自勾抽捧日軍指揮人救父之過，將姚處分。李燾在小注引述當時任御史的孫升（1038～1099）的文集所載劾姚麟章，稱「十一月四日朝旨，姚麟罰銅八斤，放王道依舊收管。臣訪聞初晉用，於內臣閻士良處送酒并封狀與姚麟，麟遂違法放停上件僞造黃紙簽符配軍王道事狀甚明。」又說姚「掌握侍衛，出入禁庭，而交通內臣，不遵詔令，如放停配軍王道止一事爾。」〔註 101〕即是說姚麟因交結賄賂閻士良，才得到晉用。而他執掌禁軍後，仍交結內臣。究竟姚麟在甚麼時候和地點交結閻士良？閻士良是否在元豐二年以後還朝？而在朝中援引姚麟？

　　姚麟在熙寧七年七月甲辰（初八）以破踏白城（今甘肅臨夏市北銀川河谷，現改名銀川鎭）功遷皇城使。熙寧八年七月戊子（廿八）授涇原路第三將。八月丙申（初七）委爲遼國母生辰副使。熙寧十年五月庚申（十一），他以前軍將隨李憲破生羌冷雞朴（？～1077）有功，擢西上閤門使英州刺史。八月己丑（十二），他再被委爲遼主生辰國信使，兩度出使遼邦。他使還後，到元豐三年（1080）四月乙未（初二）前一直任知德順軍（今寧夏固原市隆德縣城關）。他到元豐四年（1081）六月壬午（廿七），以東上閤門使英州刺史權環慶路總管。八月乙卯朔（初一）權涇原路總管，準備出師西夏。十月以涇原路副總管統兵出界，合軍五路攻夏。惟至十二月辛酉（初九）兵敗還軍渭州，丁卯（十五）被降職三官。元豐五年（1082）正月甲辰（廿二）改充涇原鈐轄。二月癸亥（十一）因李憲的推薦，獲宋廷委權知蘭州（今甘肅蘭州市）。七月壬寅（廿三）徙知鎭戎軍（今寧夏固原市）。到了元豐六年（1083）

〔註 99〕《長編》，卷二百八十五，熙寧十年十一月戊辰條，頁 6991。

〔註 100〕《長編》，卷二百九十一，元豐元年八月癸丑條，頁 7119；《宋會要輯稿》，第十冊，〈食貨四‧屯田雜錄〉，頁 6034。

〔註 101〕《長編》，卷四百一，元祐二年五月乙亥條，頁 9770。

三月乙巳（三十），得經略使盧秉（？～1092）所薦，才復官爲西上閤門使。閏六月戊子（十四）再以功自東上閤門使受賞銀。到元豐七年（1084）四月甲申（十五）再以功擢四方館使領榮州團練使。他在元祐初年擢威州團練使龍神衛四廂都指揮使，元祐三年（1088）七月丙辰（十二）自捧日天武四廂都指揮使威州團練使兼權馬步軍司爲步軍都虞候。則他在元祐二年五月被罰銅時，當已自龍神衛四廂或捧日天武日廂都指揮使權馬步軍司事。〔註102〕

　　據《宋史》姚麟本傳及上面從《長編》所記姚麟擢管軍前的仕歷，實在看不到他與閻士良有何淵源，反而他一直受李憲提拔推薦。孫升的劾章說姚麟交結閻士良以晉身的事實如何，有待詳考。

　　閻士良生卒年均不載，他的墓誌銘（若有）亦未發現。他在景祐二年（1035）已任御藥院入內供奉官，仁宗在至和二年（1055）曾打算授他帶御器械以便稍後授他內侍押班。考宋制內臣陞任押班，除非有特大軍功，正常情況須達五十歲而有帶御器械的資歷。據此，可以推論閻士良在至和二年應接近五十歲，到元豐二年（1079），他應該不少於七十四歲，故他在元豐二年致仕或病卒均甚有可能。他在元祐年間幫助姚麟晉陞管軍的可能性不高。惟一可能是他透過在元豐三年已出仕的兒子閻安打通關節。有關閻安的仕歷下節將詳論。

　　宋廷文臣對閻士良多不存好感，少數與閻士良有交往的文臣除了上文所提到的陳旭（升之）、程戩外，也許呂公弼和閻士良在滁州同遊的同僚燕雍及其兄燕度也有不錯的交情。值得注意的是，司馬光的《涑水記聞》有兩條傳聞注明爲閻士良所告，其中卷一的一條記太祖於建隆元年（960）平定李筠的經過，清楚注明是閻士良相告，而卷十的一條則記閻士良勸仁宗不要立陳氏

〔註102〕《長編》，卷二百五十四，熙寧七年七月甲辰條，頁 6220～6221；卷二百六十六，熙寧八年七月戊子條，頁 6536～6537；卷二百六十七，熙寧八年八月丙申條，頁 6545；卷二百八十二，熙寧十年五月庚申條，頁 6903～6904；卷二百八十四，熙寧十年八月己丑條，頁 6952；卷三百三，元豐三年四月乙未條，頁 7357；卷三百十三，元豐四年六月壬午條，頁 7594；卷三百十五，元豐四年八月乙卯朔條，頁 7615；卷三百十七，元豐四年十月壬戌條，頁 7667；乙丑條，頁 7677；卷三百二十一，元豐四年十二月辛酉條，頁 7741；丁卯條，頁 7744；卷二百二十二，元豐五年正月甲辰條，頁 7765；卷二百二十三，元豐五年二月癸亥條，頁 7783；卷三百二十八，元豐五年七月壬寅條，頁 7906；卷三百三十，元豐六年三月乙巳條，頁 8042；卷三百三十六，元豐六年閏六月戊子條，頁 8098；卷三百四十五，元豐七年四月甲申條，頁 8275；卷四百十二，元祐三年七月丙辰條，頁 10027；《宋史》，卷三百四十九〈姚麟傳〉，頁 11058～11059。

女爲后，則是閻告訴司馬光好友孫器之，而孫稍後轉告司馬光的。〔註103〕據此，閻士良與司馬光及孫器之當有一定交情。

　　司馬光在何時何地聽閻士良講述太祖（927～976，960～976 在位）平李筠（？～960）的故事？ 暫難確定。至於司馬光的好友孫器之，筆者認爲當是官至光祿少卿、曾撰《集馬相書》的孫珪（？～1080 後），而不是注司馬光集的人據別字索引而胡亂推論的孫璉。〔註104〕

　　孫珪《宋史》無傳，《宋會要輯稿》及《長編》記他在治平四年六月乙丑（十九）以屯田郎中監牧司判官往河東相度置監之事。熙寧三年八月癸亥（初六），以屯田郎中權淮南轉運副使，與太常博士集賢校理權開封府判官劉瑾（？～1086）兩易其任，因神宗不滿他奏事欠妥。九月辛丑（十四），又將他出爲湖北轉運副使。熙寧五年六月辛未（廿三）前，他又轉任荊湖路轉運副使。熙寧七年八月丙子（十一）前，他再已調任夔州路轉運使。元豐元年二月丁卯（廿二），他在江南東路轉運使任上，奉旨到江寧府王安石家，宣示宋廷已准許王罷節度使之請。諷刺的是，元豐三年九月丙寅（初七），他因與王安石

〔註103〕司馬光）（撰），鄧廣銘（1907～1998）、張希清（點校）：《涑水記聞》（北京：中華書局，1989 年 9 月），卷一，第 19 條，「李筠謀反」，頁 8～9；卷十，第 284 條，「仁宗欲納陳子誠女爲后」，頁 183；《長編》，卷一百十五，景祐元年八月辛丑至至乙巳條，頁 2700～2701；卷四百七十二，元祐七年四月戊午條。頁 11264。按閻士良所述太祖征李筠的事，相信得自其祖閻承翰。而仁宗立后的事則是閻士良所親歷。閻士良反對仁宗立陳氏女的事，《長編》卷一百十五景祐元年八月辛丑條的小注稱據司馬光《涑水記聞》所記，而同卷八月乙巳條小注則引王巖叟（1044～1094）《元祐繫年錄》，亦記閻士良兒子閻安也向高太后述說當年閻士良對仁宗的勸諫，內容也與《涑水記聞》大略相同。又李燾將景祐元年八月乙巳條小注的內容再覆述於元祐七年（1092）四月戊午（初六）條的正文。

〔註104〕李之亮據司馬光集所收的多首司馬光寄贈「器之」或「孫器之」的詩，認爲《涑水記聞》所提到的孫器之就是司馬光集中所贈詩的同一人。事實上《涑水記聞》卷三有一則關於侍讀梅詢（965～1040）的佚事，司馬光也記來自孫器之的口述。這則口述對孫器之的眞實名字的考證很有參考價值（下文將詳述）。參見司馬光（撰），李之亮（箋注）：《司馬溫公集編年箋注》（成都：巴蜀書社，2009 年 2 月），第一冊，卷二〈古詩一·河上督役懷器之寄呈公明叔度時器之鞠獄滄州〉，頁 57～58，另注1；卷六〈律詩一·和孫器之清風樓〉，頁 366～367；卷七〈律詩二·孫器之奉使淮浙至江爲書見寄以詩謝之五首〉，頁 494～496；〈喜孫器之來自共城〉，頁 504～505；《涑水記聞》，卷三，第 89 條，「梅詢罟足惜馬」，頁 48；陳振孫（1179～1262）（撰），徐小蠻、顧美華（點校）：《直齋書錄解題》（上海：上海古籍出版社，1987 年 12 月），卷十二〈形法類·集馬相書一卷〉，頁 380。

弟、江南東路權發遣提點刑獄王安上（？～1099 後）互訟不實，從江南東路轉運使太常少卿上追兩官勒停。〔註105〕他以後的仕歷不詳。據《直齋書錄解題》卷十二所記，他官至光祿少卿並撰有《集馬相書》一卷。按孫琲自太常少卿追兩官勒停，當是降爲光祿少卿停職。

據上所述，孫琲是和司馬光同時代的人，他撰有《集馬相書》，與他曾以監牧司判官往河東相度置監的身份很吻合。而《涑水記聞》卷三記孫器之對司馬光言及梅詢「有所愛馬，每夜令五人相代牽馬將之，不繫於柱，恐其縈絆傷之故也。又夜中數自出視之。嘗牽馬將乘，撫其鞍曰：賤畜，我已薄命矣，汝豈無分被繡手韉邪？」〔註106〕司馬光筆下的孫器之，當是精於馬政及能相馬的孫琲。司馬光的〈和孫器之清風樓〉五律的首兩句云：「賢侯宴枝馬，歌鼓事繁華」便提到馬。而司馬光的〈孫器之奉使淮浙至江爲書見寄以詩謝之五首〉提到孫器之使淮浙，也正與孫琲屢任淮南江東轉運使的仕歷吻合。〔註107〕

據上所考，傳述閻士良勸止仁宗立陳氏女爲后的孫器之，當即孫琲無異。然孫琲是在何時何地聽得此則宮廷秘聞？據司馬光在熙寧二年所撰〈河上督役懷器之寄呈公明叔度時器之鞫獄滄州〉的五言古詩所記，孫琲當時正在滄州審理案件。他會否在這時與已復官的閻士良有機會見面？孫琲是衛州人，他會否在家居時曾與閻士良見面？這都是我們暫時難以確定的事。

閻士良因父的惡名，故一直爲宋廷文臣所防範以至敵視。他偶有行差踏錯，就爲文臣與言官嚴劾，雖然仁宗一直想召用他，但一直爲文臣所反對。而英宗與神宗與他並無淵源，故並未將他擢陞爲兩省押班或都知。終其一生，因多次被貶降職，最後官階只及諸司使臣的最高階皇城使及領團練使，連專授高級內臣的班官最低一階的昭宣使也達不到。

〔註105〕《宋會要輯稿》，第六冊，〈職官二十三・群牧司〉，頁 3648～3649；第八冊，〈職官六十六・黜降官三〉，頁 4830；《長編》卷二百十四，熙寧三年八月癸亥條，頁 5200；卷二百十五，熙寧三年九月辛丑條，頁 5239～5240；卷二百三十四，熙寧五年六月辛未條，頁 5683～5684；卷二百五十五，熙寧七年八月丙子條，頁 6235；卷二百九十五，元豐元年十二月壬戌條，頁 7188；卷三百八，元豐三年九月丙寅條，頁 7480；《王荊公文集箋注》，中冊，卷二十一〈表・孫琲傳宣許罷節鉞謝表〉，頁 792～793。

〔註106〕《涑水記聞》，卷三，第89條，「梅詢罟足惜馬」，頁48。

〔註107〕《司馬溫公集編年箋注》，第一冊，卷六〈律詩一・和孫器之清風樓〉，頁 366～367；卷七〈律詩二・孫器之奉使淮浙至江爲書見寄以詩謝之五首〉，頁 494～496。按司馬光在律詩二稱孫器之家在衛州。

閻士良當然不是循規蹈矩的人，他一再被文臣言官彈劾，即因其貪賄受賕的劣行所致。宋廷文臣在仁宗後期成功將閻士良逐出朝廷，不讓他還朝掌權，也反映出自仁宗晚年到神宗朝文臣抗衡內臣勢力的成功。范仲淹當年以死相搏，才將權傾朝野的閻文應驅逐出朝。而以包拯、何剡等為首的言官後來卻毫不費勁便將閻士良貶逐出外。

閻士良雖然無任何戰功，卻在治河屯田方面頗有才幹，可惜未被神宗及王安石人盡其才。他曾將治河的心得，撰成《黃河利害》一書。此書大概藏於宋宮，後為金人所得。明昌五年（1194）正月，金章宗（1168～1208，1189～1208 在位）與群臣討論治理黃河水患的問題時，章宗便以閻士良此書一帙付參知政事馬琪（？～1197 後），並評說：「此書所言亦有可用者，今以賜卿。」〔註 108〕可惜此書不傳。

據宋人筆記所載，閻士良還工於畫龍，稱「今人畫龍，形狀甚近，君（按：指閻士良）所畫，奇詭恑詭」，「然則為此圖者所謂不隨流俗者也。」〔註 109〕雖然閻士良一輩子都擔任都監、鈐轄等兵職，屬於內臣中的「武宦」，他卻有一定的文化修養。

四、閻安在神宗、哲宗朝的事蹟

閻安是閻士良目前可考的養子，〔註 110〕他在何年月受蔭出仕？暫未可考。最早記他任職是在元豐三年九月乙酉（廿六），他以勾當內東門司奉命往澶州編排點檢封樁九軍軍器什物，並具析該等軍器依樣與否，以及可用不可用以聞。宋廷命軍器監發給元樣。〔註 111〕

〔註 108〕脫脫：《金史》（北京：中華書局點校本，1975 年 7 月），卷二十七〈河渠志〉，頁 675～676。閻士良《黃河利害》一書似乎不傳。考清雍正三年（1725）出版的《行水金鑑》一書，曾引述《金史》此一條，但未有言此書仍傳世。參見傅澤洪（？～1725 後）（主編）、鄭元慶（編輯）：《行水金鑑》，文淵閣《四庫全書》本，卷十五，葉十一下。

〔註 109〕董逌（？～1120 後）：《廣川畫跋》，文淵閣《四庫全書》本，卷五〈書閻士良畫龍〉，葉二十上下。

〔註 110〕李燾早在景祐元年八月乙巳條的小注，已清楚記高太后說「仁皇聖明，御藥閻安說得子細。其父士良，當時正親近。」然後在元祐七年四月戊午條的正文又重覆說明。參見《長編》，卷一百十五，景祐元年八月乙巳條，頁 2700～2701；卷四百七十二，元祐七年四月戊午條。頁 11264。

〔註 111〕《長編》，卷三百八，元豐三年九月乙酉條，頁 7486。按另一內臣入內東頭供奉官勾當御藥院竇仕宣（？～1081 後）則被派往北京大名府執行相同任務。

閻安從澶州回來後，在閏九月庚戌（廿一）前，又被派往位於鞏縣（今河南鞏義市）的三陵查察該處的土地使用。神宗似乎對他的工作不甚滿意，批示「陵寢重事，今守吏不法如此，不可不痛加懲治。昨差閻安止是點檢驅磨，初無指揮根究。可選一強毅官，就置司根究取勘以聞。」〔註112〕

閻安當時雖是低級內臣，但擔任勾當內東門司的職務並獲委出任不同外差，可見他也是神宗看得上的人。閻士良在熙寧及元豐初年，若要偵知朝中宮中的情況，閻安顯然是理想的人選。可惜這方面的史料闕如。當然，閻安要在宮中立足，自然少不了養父的教導。

宋宮的高級內臣人事在元豐四年（1081）到元豐五年（1082）有不少更動，其中多人因自然或非自然理由逝世：忠州刺史內侍押班高居簡在四年正月甲寅（廿六）卒，〔註113〕然後是神宗一直寵信的內侍押班李舜舉，在元豐五年九月戊戌（二十）枉死於永樂城（在今陝西榆林市大鹽灣鄉，無定河東岸，董秀珍一說在陝西榆林市米脂縣龍鎮馬湖峪村，無定河西岸，南距米脂城 25 公里，北距故銀州城 25 公里）。李舜舉也來自內臣世家，曾祖父是太宗朝高級內臣宣慶使李神福（947～1010）。他與閻安一樣是第四代內臣，年齡及資歷都比閻安高，本來是內臣的明日之星，有望擢至更高的都知官位，卻不幸橫死。〔註114〕五年十月丙辰（初九），皇城使海州團練使入內副

〔註112〕《長編》，卷三百九，元豐三年閏九月庚戌條，頁 7498。

〔註113〕《長編》，卷三百十一，元豐四年正月辛亥至甲寅條，頁 7541～7542；《宋會要輯稿》，第四冊，〈儀制十三・內侍追贈・贈觀察使〉，頁 2570～2571。另參看注96。《宋會要輯稿》記張恭禮卒於元豐三年五月，惟據《長編》，張早於元豐二年五月卒。高居簡在四年正月辛亥（廿三）以疾請解押班職，神宗許之並授他遙郡團練使提舉西太一宮，不想到他在三天後（甲寅，廿六）便病卒，宋廷贈他耀州觀察使。

〔註114〕《長編》，卷三百十四，元豐四年七月甲辰條，頁 7606；卷三百二十七，元豐五年六月壬戌條，頁 7877；卷三百二十九，元豐五年九月戊戌條，頁 7927；卷三百三十，元豐五年十月乙丑條，頁 7955；《宋史》，卷四百六十六〈宦者傳一・李神福、李神祐〉，頁 13605～13606；卷四百六十七〈宦者傳二・李舜舉〉，頁 13644～13655。李舜舉字公輔，是李神福的曾孫，仁宗朝已補小黃門出仕。他在元豐四年七月甲辰（十九）前早已擢為文思使文州刺史內侍押班，到元豐五年六月壬戌（十二）再領嘉州團練使。他在永興城之役陣亡後，宋廷給他很厚恩恤，是年十月乙丑（十八），宋廷贈他昭化軍節度使，賜諡忠愍，推恩二十資。李舜舉子李充遷十資，自三班借職為供備庫副使；兄李舜聰五資，自左藏庫使為皇城使遙郡團練使，兄李舜欽並姪各遷一資，舜舉妻任氏特封夫人。

都知蘇利涉也病死。〔註115〕

神宗以兩省押班都知亡故多人，先在七月庚子（廿一）以內侍副都知吉州刺史西京左藏庫使石得一陞任入內副都知，另擢東作坊使嘉州刺史帶御器械劉有方（？～1100後）擢爲內侍押班。〔註116〕十月戊午（十一），再以英宗藩邸舊人西京左藏庫使果州刺史張允誠（？～1083）爲內侍押班。不過，張允誠只做了半年，在元豐六年（1083）四月丙寅（廿一）便逝世。〔註117〕

內臣中軍功最高的入內副都知李憲在元豐五年（1082）六月乙卯（初五）再以涇原路進寨城寨之功遷景福殿使武信軍留後。不過，他在元豐六年（1083）二月丙辰（初十）以過降一階爲宣慶使。到四月庚午（廿五），他又復爲景福殿使，高級內臣中，他名位僅次於入內都知延福宮使張茂則。〔註118〕

閻安資歷尚淺，他要陞任押班還要一段日子及機遇。元豐七年（1084）七月辛丑（初四），神宗遣派官員往河北、河東路依格按閱第一番保甲事藝時，閻安以入內內侍省東頭供奉官、勾當內東門司與四方館使、唐州刺史曹誦（？～1102後）往河北東西路。〔註119〕

神宗在元豐八年（1085）初病重，三月戊戌（初五）去世。他極賞識而有軍功的內臣李憲以坐奏邊功不實，早於三月甲午朔（初一）即被罷去入內副都知一職。在神宗去世及哲宗繼位的關鍵時刻，宮中一應時務由首席內臣入內都知張茂則主持，未出任何亂子。高太后（1032～1093）臨

〔註115〕《長編》，卷三百三十，元豐五年十月丙辰條，頁 7949；《宋會要輯稿》，第四冊，〈儀制十三・內侍追贈・贈節度察使〉，頁 2569～2570。神宗以蘇利涉是英宗舊人，便贈他奉國節度使，謚勤懿，特官其子孫六人，妻封崇德郡夫人。

〔註116〕《長編》，卷三百二十八，元豐五年七月庚子條，頁 7904；《宋會要輯稿》，第七冊，〈職官三十六・內侍省〉，頁 3897。

〔註117〕《長編》，卷三百三十，元豐五年十月戊午條，頁 7950；卷三百三十四，元豐六年四月丙寅條，頁 8051；卷三百三十九，元豐六年九月乙巳條，頁 8160；《宋會要輯稿》，第四冊，〈儀制十三・內侍追贈・贈留後〉，頁 2570。神宗贈張允誠爲奉國軍留後，賜錢千緡，絹百五十匹。高太后加贈錢二百緡，推恩他家人六人。九月乙巳（初三），宋廷錄張允誠子左班殿直張鉉爲右侍禁，孫張之雄、張之純並爲三班奉職。按《長編》卷三百三十九，元豐六年九月乙巳條記張允誠爲入內押班。

〔註118〕《長編》，卷三百二十一，元豐四年十二月己巳條，頁 7746；卷三百二十七，元豐五年六月乙卯條，頁 7873；卷三百三十三，元豐六年二月丙辰條，頁 8018；卷三百三十四，元豐六年四月庚午條，頁 8054。

〔註119〕《長編》，卷三百四十七，元豐七年七月辛丑條，頁 8322。

朝聽政後，即擢陞張為內侍省都都知。辛丑（初八），高太后擢陞內侍押班梁從吉（？～1090）及劉有方為入內押班，皇城使利州刺史帶御器械趙世長（？～1095）擢為內侍押班。己未（廿六），宋廷命梁從吉接替李憲入內內侍省的職任。〔註120〕

高太后在四月辛未（初八），繼續更調內臣的職務，入內內侍省中多名內臣令轉出，包括宋用臣（？～1100）、閻守懃（？～1104後）以及李憲子李毅（？～1127後）等。原本勾當內東門司的閻安被委代替勾當御藥院劉惟簡（？～1096）。其父當年正是任勾當御藥院成為仁宗親近的內臣。閻安又擔任乃父曾任的近侍職位，而有較好的機會進一步陞遷。〔註121〕

高太后在六月戊子（廿六），命入內副都知石得一為神宗永裕陵使，而以宋用臣副之。十一月壬寅（十二），高太后以石得一已充任工作繁劇的永裕陵使為理由，而罷去他入內副都知及其他遙領差遣。石得一所提舉監教馬軍所、提舉訓練皇城司親近親事官射弓等差遣，均委梁從吉管勾，而同文館所的工作就由劉有方負責。宋用臣亦在甲辰（十四）自永裕陵副使、宣政使降為皇城使、登州防禦使監滁州酒稅務，逐出京師。〔註122〕

高太后更新內廷人事，清除神宗所寵信的內臣，對於閻安的晉陞自然是難得的機會。

〔註120〕《長編》，卷三百五十二，元豐八年三月甲午條，頁 8448；卷三百五十三，元豐八年三月乙未至戊戌條，頁 8455～8456；辛丑條，頁 8460；己未條，頁 8463；卷三百五十六，元豐八年五月甲午條，頁 8507；卷三百五十九，元豐八年八月丁亥條，頁 8586；卷三百六十三，元豐八年十二月甲申條，頁 8683；《宋史》，卷四百六十七〈宦者傳二・梁從吉〉，頁 13645。梁從吉何時任內侍押班不載，大概是元豐七年時。他在元豐四年五月甲午（初二），以昭宣使昌州刺史入內押班代宋用臣提舉皇城司。宋廷在是年八月丁亥（廿六）詔嘉獎張茂則「宿衛宮省，更歷四朝，清謹忠勤，宜在褒勸」，特以其子左藏庫副使張巽（？～1102後）為西上閤門副使。十二月甲申（廿四）宋廷更將他自延福宮使寧國軍留後入內都都知遷為內侍省都都知，成為名位最高的內臣。另此條將趙世長誤寫作趙世良，參見《長編》，卷三百九十一，元祐元年十一月戊午條，頁 9509。

〔註121〕《長編》，卷三百五十四，元豐八年四月辛未條，頁 8473。

〔註122〕《長編》，卷三百五十七，元豐八年六月戊子條，頁 8549；卷三百六十一，元豐八年十一月壬寅至甲辰條，頁 8637～8639；卷三百六十四，元祐元年正月癸卯條，頁 8710～8711。宋廷在元祐元年正月癸卯（十四）再追究宋用臣在導洛河通汴河及京城所出納的違法事。當劉有方在同日請以張茂則的親嫌避職時，高太后卻詔不需迴避，高太后對兩名內臣的不同處理具見其愛惡。

　　元祐元年（1086）閏二月乙卯（廿七），高太后任朝議大夫試吏部尚書兼侍講范純仁（1027～1101）為中大夫同知樞密院事。范純仁隨即上箚子懇辭。高太后再在三月己未（初二）由學士院降詔不允所請。范再請收回成命，高太后再在三天後（壬戌，初五）命閻安以入內供奉官勾當御藥院到范家封回范的辭職箚子。諷刺的是，閻安的祖父閻文應是范純仁父范仲淹的死對頭，高太后卻特別派閻安到范家宣旨。〔註123〕

　　神宗朝最有權勢之一的內臣延福宮使李憲，在四月辛卯（初四）知幾地以病請致仕獲准，宋廷許他於西京洛陽居住。兩天後（癸巳，初六）罷相多年的王安石卒於江寧府。〔註124〕不過，言官並不放過李憲等，因御史中丞劉摯（1030～1097）及殿中侍御史林旦（？～1091後）的嚴劾，宋廷在乙巳（十八）詔李憲降留後一官提舉明道宮，王中正特降遙郡團練刺史兩官，提舉太極觀，並本處居住。戊申（廿一），宋用臣徙監太平州（今安徽馬鞍山市當塗縣）茶鹽礬酒稅務務。五月壬戌（初六），林旦上言請收回賜李憲及宋用臣的園宅，又罷免石得一於御前忠佐司之親隨。八月丁酉（十二），右司諫王巖叟（1044～1094）和王覿（？～1103後）又再次嚴劾宋用臣，己亥（十四），右司諫蘇轍（1039～1112）上言，認為李憲及王中正貪墨驕橫及敗軍失律，不該給他們優渥的待遇。〔註125〕

　　高太后除了借言官的力量，清除神宗寵信的內臣外，她也同時提拔賞識的內臣。八月癸卯（十八），兩名入內東頭供奉官勾當御藥院馮宗道（？～1098）及梁惟簡（？～1097後）均除內侍押班，馮授見寄右騏驥使，梁授見寄文思副使。馮是哲宗的隨龍人，梁在高太后殿祗應近二十年，均各有功績，故獲得擢陞押班。高太后又以入內押班梁從吉久更邊任，宣力居多，特與轉遙郡團練使並遷入內副都知，而內侍押班昭宣使嘉州刺史劉有方就特除內侍省右班副都知。丁未（廿二），又命馮、梁二人並添差勾當皇城司。九月壬

〔註123〕《長編》，卷三百七十，元祐元年閏二月乙卯條，頁 8944：卷七十一，元祐元年三月辛未條，頁 8998～8999：卷三百七十二，元祐元年三月壬申條，頁 9001～9002：范純仁：《范忠宣集》，文淵閣《四庫全書》本，卷七〈辭免樞密第一箚子〉、〈第二箚子〉、〈第三箚子〉，葉十上至十二上。

〔註124〕《長編》，卷三百七十四，元祐元年四月辛卯至癸巳條，頁 9069。

〔註125〕《長編》，卷三百七十五，元祐元年四月乙巳條，頁 9105～9109：卷三百七十六，元祐元年四月戊申條，頁 9113：卷三百七十七，元祐元年五月壬戌條，頁 9156～9157：卷三百八十五，元祐元年八月丁酉條，頁 9377～9379：己亥條，頁 9382。

申（十七），梁從吉自文思副使擢爲皇城副使。十月丙戌（初二），高太后還要將梁加領遙郡團練使。權中書舍人蘇轍反對，他以梁在數月間已三度超擢：最初自御藥超擢至帶御器械及內侍省押班，然後又改寄文思副使權入內押班事，再以特恩自文思副使轉皇城副使，隨後又以特旨轉供備庫使，現時又以罷本殿祗候轉一官。蘇轍力言舊制只合遷西京左藏庫使，現在竟超越文思、左藏、皇城使三資，逕授領遙郡刺史，實在於理不合。高太后知道理虧，就收回成命。但在庚寅（初六）仍命梁管勾景靈宮。〔註 126〕與馮宗道及梁惟簡相比，闍安的資歷其實相當，只是他和帝后淵源不深，他要陞遷就要等機會了。

十一月戊午（初四），御史中丞劉摯獲擢爲尙書右丞，他依例兩次上書辭免。時任勾當御藥院的闍安就奉高太后命齎降詔書，不允劉摯所請。最後劉摯接受任命。〔註 127〕就在同日，內侍押班利州刺史趙世長自皇城使遷一官爲昭宣使。馮宗道則在元祐二年（1087）三月庚午（十八），自右騏驥使內侍押班權管勾入內押班公事遷皇城使，七月癸酉（廿四）再加領惠州刺史。八月乙巳（廿六），高太后終於將梁惟簡從供備庫使陞爲西京左藏庫使，十月甲申（初六）並加領嘉州刺史。早已失勢被言官痛劾的石得一，則早在元祐元年十二月戊申（廿四）以左藏庫使管勾崇福宮上卒。當刑部在二年六月辛卯（十一）提出李憲已到時候檢舉牽敍時，宋廷卻詔再等一期才取旨。神宗朝得寵的內臣現時已成爲無人理會的閒人。〔註 128〕

宋宮的內臣榮枯有別，元祐三年（1088）閏十二月戊申（初六），李憲再以提舉明道宮任滿，授右千牛衛上將軍分司南京應天府（今河南商丘市），陳州（今河南周口市淮陽縣）居住。高太后對他已算寬大，宋廷文臣卻一直不

〔註 126〕《長編》，卷三百八十五，元祐元年八月癸卯條，頁 9389；卷三百八十六，元祐元年八月丁未條：頁 9396；卷三百八十八，元祐元年九月壬申條，頁 9431；卷三百八十九，元祐元年十月丙戌條，頁 9450～9452；庚寅條，頁 9455；卷四百十七，元祐三年十一月己未條，頁 10127。按劉有方在元祐三年十一月己未（十七）已自宣政使嘉州刺史領榮州團練使。

〔註 127〕劉摯（撰），裴汝誠、陳曉平（點校）：《忠肅集》（北京：中華書局，2002 年 9 月），卷二〈箚子・再辭免尙書右丞箚子〉，頁 45；《宋史》，卷十七〈哲宗紀一〉，頁 323。

〔註 128〕《長編》，卷三百九十一，元祐元年十一月戊午條，頁 9509；卷三百九十三，元祐元年十二月戊申條，頁 9579；卷三百九十六，元祐二年三月庚午條，頁 9658；卷四百三，元祐二年七月癸酉條，頁 9822；卷四百四，元祐二年八月乙巳條，頁 9850；卷四百六，元祐二年十月甲申條，頁 9876。

放過他，不讓他以優渥的官位致仕。另一員失勢的內臣宋用臣也是文臣攻擊的目標。〔註129〕

　　高太后寵信的內臣就步步高陞：內侍副都知永州團練使梁從吉在元祐四年（1089）四月己未（十九）再加領康州防禦使，而內侍押班馮宗道也在十月庚戌（十四）自皇城使遷昭宣使。另內侍押班和州刺史趙世長在元祐五年（1090）四月己亥（初四）即擢爲內侍右班副都知。丁巳（廿二），馮宗道再自入內押班惠州刺史遷遙郡團練使，而入內押班梁惟簡就從西京左藏庫使遷文思使。六月庚戌（十七），內侍副都知劉有方自宣政使遷宣慶使。十月己亥（初八）趙世長再自昭宣使擢宣政使。不過，簾眷正隆的入內副都知梁從吉卻在同月乙巳（十四）卒，宋廷贈他感德軍節度使諡敏恪。宋廷內臣仍以張茂則爲首，元祐五年十一月壬戌（初二），宋廷仍以他再任勾當皇城司，執掌皇城保安的大權。〔註130〕

　　閻安的同僚紛紛加官高陞之時，閻安卻原地踏步，既沒有陞官，也沒有獲得甚麼重要差使。據《長編》所記，他在元祐四年六月戊辰（廿九），因左諫議大夫梁燾（1034～1097）的上言，高太后改派他押賜哲宗九弟大寧郡王似（1082～1106）生日禮物。他的職銜仍是入內供奉官勾當御藥院。元祐五年八月癸巳（初一），當宰相劉摯請辭相位時，高太后又命他往曹氏園陪同劉摯入宮見駕，不許劉辭職。元祐六年（1091）三月庚申朔（初一），高太后又命

〔註129〕 《長編》，卷四百十九，元祐三年閏十二月戊申條，頁10147；卷四百五十二，元祐五年十二月壬戌條，頁 10843；卷四百六十四，元祐六年八月癸丑條，頁 11091～11092；卷四百六十五，元祐六年閏八月庚辰條，頁 11114。李憲在元祐五年十二月壬辰（初二）又復爲延福宮使宣州觀察使提舉明道宮。到元祐六年八月癸丑（廿六），宋廷又從其請，授他右武衛上將軍致仕。兩天後，中書舍人孫升反對，於是宋廷又收回成命。宋用臣在六年閏八月庚辰（廿四）本來給敕爲忠州刺史，卻給給事中范祖禹（1041～1098）封還詔書。

〔註130〕 《長編》，卷四百二十五，元祐四年四月己未條，頁10285；卷四百三十四，元祐四年十月庚戌條，頁 10464；卷四百四十一，元祐五年四月己亥條，頁10611；丁巳條，頁10623；卷四百四十三，元祐五年六月庚戌條，頁10666；卷四百四十九，元祐五年十月己亥條，頁10791；乙巳條，頁10793；卷四百五十，元祐五年十一月壬戌條，頁 10808；卷四百七十四，元祐七年六月甲子條，頁11303；卷四百七十九，元祐七年十二月甲子條，頁11402。關於張茂則這時的職位，《長編》有時記入內都知，甚至是入內副都知。當爲訛寫。張應是內侍都都知或入內都都知。又《長編》記趙世長在元祐七年六月甲子（十二）以入內副都知領忠州團練使，但在同年十二月甲子（十六）則記他以內侍省左班副都知勾當御廚。

他陪同留身奏事已久的尚書右丞蘇轍返回中書省。〔註131〕與其父祖的行事張揚跋扈有很大不同，閻安行事小心謹慎，也不急於求進。值得一提的是，與其父曾有過節的文臣陳述古在元祐五年六月庚申（廿七）以右諫議大夫致仕上卒。〔註132〕

元祐六年三月癸酉（十四），高太后以《神宗實錄》修成，賞賜有功臣僚，內臣受賞的有都大管勾之入內都知張茂則，張與男一名獲遷一官；稍後又改為其孫或姪有一官人一名遷一官。而擔任承受之職的內侍押班梁惟簡、入內東頭供奉官管勾御藥院寄供備庫使陳衍（？～1098）等均獲遷一官。閻安大概沒有參與其事，故沒有得甚麼獎賞。〔註133〕

閻安雖然沒有晉身押班之職，但他仍以勾當御藥院侍候帝后。元祐七年（1092）四月，高太后與宰執大臣商議為哲宗選后。宰相呂大防（1027～1097）因簽書樞密院事王巖叟力主選后不取於勳德之家，無以服人心。呂大防便提到仁宗曾一度考慮選茶商陳子城女為后。高太后於是表示：「仁皇聖明，御藥閻安具知子細。其父士良當時正親近。」她覆述仁宗當時叫閻士良賀他選得皇后，當閻士良知道皇后選自陳子城家後，就力諫仁宗不可，指出陳子城的官職是以錢買來的。仁宗於是改變主意。高太后告訴呂大防等，仁宗立后的事出自獨斷，並非與宰相呂夷簡商量後的結果，她認同選后不可取於商人家。她對宰執點了閻安父子的名，稱閻安具知仁宗最後不立陳氏女為皇后事的仔細，可推知閻安也算是高太后及哲宗的近侍內臣。〔註134〕

神宗兩名有軍功的內臣，李憲首先於元祐七年六月戊寅（廿六）卒。王中正在元祐八年（1093）正月庚寅（十二）前已復敘為文州刺史昭宣使，但只擔任提舉太極觀的閒差，不再受到任用。他在哲宗親政後，稍獲遷敘，但

〔註131〕《長編》，卷四百二十九，元祐四年六月戊辰條，頁10377；卷四百四十六，元祐五年八月丁酉條小注，頁10732；卷四百五十六，元祐六年三月庚申朔條，頁10918；《宋史》，卷二百四十六〈宗室傳三‧吳王佖〉，頁8722；《宋會要輯稿》，第七冊，〈職官三十六‧內侍省〉，頁3898。

〔註132〕《長編》，卷四百四十三，元祐五年六月庚申條，頁10676。

〔註133〕《長編》，卷四百五十六，元祐六年三月癸酉至乙亥條，頁10921～10922。

〔註134〕《長編》，卷四百七十二，元祐七年四月戊午條，頁11264～11265；張林：〈元祐政治中的「仁宗之法」〉，《歷史教學問題》，2015年第3期，頁96。張林認為高太后在選后事上引述仁宗的話，無非是對臣僚宣佈，選后之事應由帝后決定，與外朝無關。

未獲起用，於元符二年（1099）三月己巳（廿六）以昭宣使嘉州團練使提舉太清宮卒。〔註 135〕

　　高太后在元祐八年九月戊寅（初三）逝世，哲宗委任張茂則以入內都都知為山陵都大管勾并行宮事，負責高太后的葬事。哲宗很快便罷黜祖母所用的舊黨臣僚，而復用新黨。〔註 136〕哲宗也清除太后寵信的內臣，重用自己隨龍的心腹內臣。閻安幸而在元祐年間，算不上是高太后親信的內臣，而他一向謹慎，故在哲宗紹聖、元符年間，安然度過。

　　哲宗在十月親政始，即起用他的隨龍人劉惟簡（？～1096）及梁從政（？～1106 後）為內侍押班。更特別重新起用被元祐舊臣重劾的宋用臣為內侍押班領瀛州刺史。他又擢用劉有方子劉瑗（？～1100 後）、李憲子李毅及王中正子等人為入內供奉官，蘇轍、范祖禹等均反對哲宗擢用他所親近的內侍，但哲宗不理。〔註 137〕

<hr>

〔註 135〕《長編》，卷四百七十四，元祐七年六月戊寅條，頁 11313～11315；卷四百八十，元祐八年正月庚寅條，頁 11418；卷五百七，元符二年三月己巳條，頁 12090。

〔註 136〕《宋史》，卷十七〈哲宗紀一〉，頁 336～337；卷十八〈哲宗紀二〉，頁 339～343；《宋會要輯稿》，第三冊，〈禮三十三‧后喪‧宣仁聖烈皇后〉，頁 1479～1481。

〔註 137〕劉惟簡卻在紹聖三年三月以昭宣使康州刺史卒於入內押班任上。哲宗贈他安化軍留後。據《宋史全文》所記，在元祐八年十一月，樞密院出劉瑗以下十人姓名，並換入內供奉官。三省將有過犯的馮景、黃某二人，以及正在持服的劉瑗及李毅二人除去，其餘六人全數按哲宗旨意陞遷。蘇轍以哲宗親政，士大夫尚未進用一人，卻推恩近侍實在不妥。哲宗不但不從，還在數日後以劉惟簡從龍之人，除內侍省押班，梁從政為內侍省都知，吳靖方帶御器械。中書舍人呂希純（？～1105）反對。哲宗解釋禁中缺人，兼有近例。蘇轍堅持此舉影響人心。哲宗妥協，說暫緩這任命，等祔廟才再施行此恩典。范祖禹又上言這次所召之內臣，除了李憲之子外，還有王中正之子，認為這會招致非議。但哲宗不報。范請對，但哲宗依舊不肯收回成命。考《宋史全文》所記劉惟簡、梁從政權押班及都知在十一月疑有誤，二人當在十月已任。而梁只任押班並非都知。又據《宣和畫譜》所記，劉瑗為劉有方子，字伯玉，他是哲宗及徽宗從龍之人，其父性喜書畫，家藏萬卷，而他也能作雲林泉石之畫，大概以此為徽宗所喜。參見《宋史》，卷四百六十七〈宦者傳二‧宋用臣、劉從簡〉，頁 13641～13642，13646～13647；李埴（1161～1238）（撰），燕永成（校正）：《皇宋十朝綱要校正》（北京：中華書局，2013 年 6 月），卷十三〈哲宗〉，頁 359；《宋會要輯稿》，第四冊，〈儀制十三‧內侍追贈‧贈留後〉，頁 2570；佚名（撰），汪聖鐸（點校）：《宋史全文》（北京：中華書局，2016 年 1 月），卷十三下〈宋哲宗三〉，頁 875～876；佚名（撰），俞劍華（注釋）：《宣和畫譜》（南京：江蘇美術出版社，2007 年 6 月），卷十二，頁 278～279。

　　哲宗對在高太后當政時得寵的內臣則區別處理，紹聖元年（1094）閏四月丁亥（十七），他下詔將曾為神宗隨龍人的趙世長等遷秩賞賜有差（按：趙卒於紹聖二年三月）。七月丁巳（十八）他先將高太后寵信而他痛恨的內臣陳衍編管白州（今廣西玉林市博白縣）。二年（1095）十一月甲寅（廿二）再將侍候高太后多年的梁惟簡除名全州（今廣西桂林市全州縣）安置。三年（1096）正月丁巳（廿六）再將陳衍重貶至朱崖軍（今海南三亞市）。紹聖四年（1097）五月己未（初六），梁惟簡子梁弼（？～1105 後）、陳衍子陳恂（？～1105 後）均除名，送瓊州（今海南海口市）編管。同月甲子（十一），陳衍子陳愷放南恩州（今廣東陽江市）編管。陳衍並梁惟簡屋宅、產業、園地及錢物根抄沒入官，在京的產業撥與後苑房廊所，京城外的就撥與提舉常平司，在外州縣者撥與轉運司，宋廷嚴令如有隱漏減落，許人陳告。以章惇（1035～1105）為首的宰輔在同月己巳（十六），迎合哲宗之意，痛劾「梁惟簡、陳衍在元祐時，內挾黨類，外交權臣，邪謀詭計，無所不至」。他們以梁、陳二人尚有親戚供職禁中，主張將二人的親戚及素所親厚的人驅逐。哲宗准奏，自入內東頭供奉官蘇舜民、馮章等十九人均被重貶。甚得高太后信任的首席內臣張茂則大概死於紹聖元年初，才免遭貶逐，但仍被追貶為左監門衛將軍。〔註138〕至於閻安，本來也算是高太后信任之人，紹聖四年的內臣大清洗，他卻能逃過一劫，可見他平日行事謹慎，不招人忌。

　　哲宗信任的內臣就不次受到獎賞，紹聖四年七月戊辰（十七），哲宗以是月甲子（十三）夜，入內押班馮世寧（1051～1117）、藍從熙（？～1113 後）救火有功，馮授宣政使，藍授宣慶使，二人辭免，哲宗仍降詔獎諭及各賜銀絹五百兩疋，另有功的內臣自劉友端以下三十三人均獲賞。十一月甲子（十

〔註138〕《宋史‧張茂則傳》記張茂則卒年七十九，按他在嘉祐八年時年四十八，（見注46）以此推算，他到紹聖元年剛是七十九，他當卒於紹聖元年。另哲宗贈趙世長崇信軍留後，到紹聖四年五月戊寅（廿五），以他是隨龍之人就特與恩澤五資。梁惟簡與陳衍之子到元符三年七月辛未（初六），才被徽宗自海南赦還。參見《宋史》，卷十八〈哲宗紀二〉，頁 340，343；卷四百六十七〈宦者傳二‧張茂則〉，頁 13641；《皇宋十朝綱要校正》，卷十三〈哲宗〉，頁 362；卷十四〈哲宗〉，頁 368；《宋會要輯稿》，第四冊，〈儀制十三‧內侍追贈‧贈留後〉，頁 2570；《長編》，卷四百八十七，紹聖四年五月己未條，頁 11567；甲子條，頁 11569～11570；己巳條，頁 11574～11575；卷四百八十八，紹聖四年五月戊寅條，頁 11591；曾布（1036～1107）（撰），顧宏義（點校）：《曾公遺錄》，（北京：中華書局，2016 年 3 月），卷九，頁 290。

四），哲宗再加馮世寧遙郡防禦使，以賞其勞。〔註139〕閻安雖然沒有得到甚麼恩賞，但他總算避過一次又一次的宮闈鬥爭之災厄。

　　元符元年（1098）三月戊午（初九），章惇與蔡卞（1048～1117）及邢恕（？～1104後）合謀，並勾結內臣郝隨（？～1109），誣陷侍奉高太后的內臣皇城使勾當御藥院張士良（？～1106後）與陳衍，隱匿臣僚請太后還政哲宗的奏章，又暗中與宰相呂大防往來等不法事。章又指使翰林學士承旨蔡京（1047～1126）等上奏痛劾「司馬光、劉摯、呂大防等忘先帝厚恩，棄君臣之義，乘時伺便，冒利無恥，交結中人張茂則、梁惟簡、陳衍之徒，躐取高位，快其忿心。盡變先帝已成之法，分布黨與，悉據要權，公肆詆誣，無所忌憚。」點了已死及遠貶的內臣張、梁、陳三人的名。本來章惇要迫張士良誣告高太后曾有廢哲宗之意，但張寧死不從。加上向太后（1046～1101）及哲宗生母朱太妃（即欽成朱皇后，1052～1102）極力勸阻，哲宗覺悟，不肯聽從章惇要追廢高太后的壞主意。章惇只好以張士良交結陳衍，請將他編管於白州。哲宗痛恨陳衍，下詔將陳衍處死於貶所朱崖軍。〔註140〕閻安僥倖沒被哲宗及章惇列為高太后的親信，故得免於難，而且稍後獲得擢陞。

　　四月庚子（廿二），哲宗擢陞宣慶使榮州防禦使入內押班梁從政為入內副都知，昭宣使康州團練使內侍押班吳靖方（？～1098後）領萊州防禦使。他所寵信的入內副都知宣政使馮宗道卻於是年六月丙戌（初九）卒，哲宗特贈馮為安德軍節度使，諡良恪。〔註141〕閻安幾經等待，終於在是月己丑（十二）以皇城使高州刺史帶御器械的資格補上內侍押班，到八月丙申（廿一），又特以磨勘而自皇城使陞昭宣使。〔註142〕他獲得亡父終身得不到的押班職位，並獲亡父得不到的班官昭宣使。根據宋宮制度，閻沒有特別軍功，他出任押班需在年五十以上。以此推論，閻安在元符元年應年過五十。

〔註139〕　《長編》，卷四百八十九，紹聖四年七月戊辰條，頁11613；卷四百九十三，紹聖四年十一月甲子條，頁11696。藍從熙何時擢押班不詳。

〔註140〕　《長編》，卷四百九十五，元符元年三月戊午條，頁11773～11780；《皇宋十朝綱要校正》，卷十四〈哲宗〉，頁373。

〔註141〕　《長編》，卷四百九十七，元符元年四月庚子條，頁11834；卷四百九十九，元符元年六月丙戌條，頁11876；卷五百一，元符元年八月辛卯條，頁11937。按吳靖何時擢押班不詳，又哲宗在是年八月辛卯（十六）以馮宗道是他隨龍之人，就以他的遺表所求給特恩六人。

〔註142〕　《長編》，卷四百九十九，元祐元年六月己丑條，頁11880。

閻安獲授內侍押班後第一份外差，是在八月癸卯（廿八）代替入內供奉官勾當內東門司、李憲之子李毂按閱開封界京東路將兵。〔註 143〕按閻一向在內廷侍奉，甚少擔任此類與軍事有關的差使。

哲宗繼續擢陞他的心腹內臣，十一月癸丑（初九），入內副都知梁從政再自宣慶使遷景福殿使。元符二年（1099）二月丙子（初三），入內押班馮世寧自昭宣使遷宣慶使依前領忻州防禦使，入內押班藍從熙自宣政使遷宣慶使領邵州防禦使，另入內東頭供奉官寄左藏庫使劉瑗、供備庫使郝隨、皇城使石璘、供備庫使武璘、西京左藏庫副使吳遵道各特進秩一等，已故的入內副都知馮宗道及入內押班劉惟簡各特與有服親有官人一資。他們都是哲宗的隨龍人故得到恩賞。〔註 144〕

五月乙丑（廿三），哲宗又以弟申王佖及端王佶（即徽宗）出居外第，恩賞一大批內臣。大概見到眾內臣受賞，閻安按耐不住，就在翌日（丙寅，廿四）透過樞密院上奏，請求因任御藥院及帶御器械的年勞而陞賞。哲宗本來令減他二年磨勘，但知樞密院事曾布（1036～1107）不同意，認為閻獲授押班已是遷擢，現時他要敘日前的差遣而求賞，實在不合，也未到時限，過去並無先例。哲宗同意曾布的意見，閻安於是陞官不成。〔註 145〕

哲宗在元符二年六月丙申（廿五）再擢陞內侍押班吳靖方自昭宣使為宣政使。七月甲寅（十三），再以年勞擢入內副都知宣慶使雄州防禦使劉有方為景福殿使。八月己丑（十九），哲宗先擢吳靖方為內侍右班副都知，乙未（廿五）在曾布的美言下，哲宗又將吳遷入內副都知。九月庚子朔（初一），哲宗將入內押班馮世寧加明州觀察使，入內押班藍從熙加密州觀察使。本來曾布認為都知才加遙郡防禦使，押班加遙郡觀察使只怕不順。但當哲宗稱二人在他產閣任祗應，與他人不同，而且提到比二人資淺的劉瑗、郝隨等已領遙郡刺史時，曾布就不反對了。哲宗任人惟親，曾布迎合上意，閻安不是哲宗的親信，自然陞遷比人慢了。〔註 146〕

〔註 143〕《長編》，卷五百一，元符元年八月癸卯條，頁 11945。

〔註 144〕《長編》，卷五百四，元符元年十一月癸丑條，頁 12001；卷五百六，元符二年二月丙子條，頁 12050。

〔註 145〕《長編》，卷五百十，元符二年五月乙丑至丙寅條，頁 12146～12147；《曾公遺錄》，卷七，頁 46。又按申王佖即大寧郡王，生於元豐五年七月，而徽宗生於元豐五年十月，申王比徽宗年長三月。

〔註 146〕《長編》，卷五百十一，元符二年六月丙申條，頁 12169；卷五百十三，元符二年七月甲寅條，頁 12199；卷五百十四，元符二年八月己丑條，頁 12222；

閻安在九月壬戌（廿三）自陳勞績，哲宗許他以勾當御藥院及皇城司的服侍年月減扣磨勘年月。閏九月庚午朔（初一），哲宗將他自昭宣使陞一級為宣政使。惟仍遙領高州刺史不變。〔註147〕

十一月丁亥（十九），哲宗再以磨勘將入內副都知梁從政從景福殿使晉為延福宮使，並稱許他在先朝任使，頗曉事，稱數年後磨勘再加他觀察使。然而，梁等不到這一天，他的主子在元符三年（1100）正月己卯（十二）因長期的縱慾，加上子越王及女懿寧公主接連夭折之痛而暴卒，得年才二十五。因哲宗死時已無子（按哲宗獨子越王在元符二年八月戊寅（初八）生，於元符二年閏九月乙未（廿六）卒），故向太后在曾布等的支持下，否決章惇立哲宗同母弟簡王（即蔡王，1083～1106）之議，而立徽宗繼位。〔註148〕

哲宗一朝，從元豐八年三月至元祐八年九月的八年半，是高太后垂簾掌政的時期，神宗所用的新黨大臣盡遭貶逐，而重用以司馬光、呂公著（1018～1089）為首的舊黨大臣，而盡罷新法。而神宗所寵信的內臣也大半失寵，高太后用的是她親信的內臣。舊黨大臣一方面對新黨大臣窮追猛打，也不放過以李憲、王中正為代表的神宗得寵內臣，同時舊黨內部也互相傾軋，宮內朝外權爭不斷。閻安既不屬於神宗寵信的內臣，也不是高太后特別欣賞的人，在太后當政的時期，他在宮中只是毫不起眼的一員內臣。他謹慎安份地當差，乃得避過改朝換代的人事清洗。高太后逝世，哲宗親政後，因長期受到祖母壓抑，就一反元祐之政，重新起用以章惇、曾布為首的新黨大臣，將舊黨大臣盡數貶斥，甚至在紹聖三年（1096）九月廢掉祖母為他所立的孟皇后（1073～1131）。高太后所親信的內臣自然大部份被他貶逐甚至被殺，而任用隨龍親

乙未條，頁12229；卷五百十五，元符二年九月庚子條，頁12235。按藍從熙在閏九月乙亥（初六）再以磨勘改景福殿使。而劉瑗也在同月戊寅（初九）遷昭宣使，寄資河東第九第十三將都巡檢。參見《曾公遺錄》，卷八，頁99，102～104，118～119。

〔註147〕 《長編》，卷五百十六，元符二年閏九月庚午朔條，頁12263；《曾公遺錄》，卷八，頁115～116。

〔註148〕 《長編》，卷五百十八，元符二年十一月丁亥條，頁12335；卷五百二十，元符三年正月己卯條，頁12356～12358；《宋史》，卷十九〈徽宗紀一〉，頁357～358。曾布的遺錄記載了哲宗在元符二年五月至三年正月病逝的病況，曾布甚至在十二月戊午（廿一）入對時直言哲宗「傷氣莫甚於情慾」，說他「氣血方剛，於怒恕之際，稍加節慎，至稍安和，無所不可」。參見《曾公遺錄》，卷七，頁42～43，54，72～74；卷八，頁94～99，120～128，145，157～160；卷九，頁171～181。

信內臣執掌宮禁事務。閻安雖然不算哲宗的親信內臣，但當一大批元祐高級內臣被貶後，他憑著資歷終於在元符元年六月補上兩省職最低的內侍押班。他在哲宗親政的六年多（元祐八年九月至元符三年正月），沒有甚麼事功，也沒有甚麼惡行。他不像梁從政、郝隨、蘇珪那樣陷害孟皇后，〔註149〕更沒有在哲宗病重至逝世的敏感時刻牽涉到哲宗諸弟角逐帝位的明爭暗鬥中，結果到徽宗即位後，仍能平平安安地在宮中繼續當差。

五、閻安在徽宗朝的事蹟

帝王術高超的徽宗，擊敗了章惇支持的簡王而登大寶後，他請扶他上位的向太后垂簾聽政，而靜觀時局。向太后當政後，第一宗要務當然是為哲宗營造山陵，首相章惇被任為山陵使，入內副都知吳靖方和入內押班藍從熙命管勾山陵事，入內押班馮世寧提舉製造梓宮兼按行山陵使。已陞為宣慶使的閻安，也獲委為按行山陵副使，而另一內侍押班宣慶使宋用臣也獲委為修奉山陵都監。三月己巳（初二），入內副都知梁從政獲委為按行山陵使，左藏庫使羅允和副之。癸未（十六），宋用臣以修陵之勞，獲擢升為入內副都知。不過，他卻在四月辛亥（十五）卒於任上。同月癸丑（十七），梁從政命為修奉山陵鈐轄。〔註150〕張邦煒教授認為向太后與徽宗派章惇為山陵使，是為了調虎離山。〔註151〕大概派梁從政修陵，也是為了將他調離宋宮。曾布早在三月辛巳（十四）便對徽宗揭發梁從政在哲宗病篤時，勾結章惇，內懷反側，而梁握有親兵，認為不可置之左右。癸未（十六），徽宗即向曾布表示，他已向向太后稟告曾的看法，並得到向太后的同意，將梁從政逐去。〔註152〕

因內侍省闕人，左藏庫使帶御器械張承鑑早在正月乙酉（十八）已獲陞為內侍押班接替宋用臣的職務。同月庚寅（廿三），徽宗的隨龍人昭宣使劉瑗

〔註149〕《皇宋十朝綱要校正》，卷十四〈哲宗〉，頁 369；《宋史》，卷二百四十三〈后妃傳下・哲宗昭慈聖獻孟皇后〉，頁 8632～8633。

〔註150〕《長編》，卷五百二十，元符三年正月庚辰條，頁 12370～12371；癸未條，頁 12374；；《宋會要輯稿》，第三冊，〈禮二十九・歷代大行喪禮上・哲宗〉，頁 1359～1361；〈禮三十七・哲宗永泰陵〉，頁 1564；《曾公遺錄》，卷九，頁 176，185～186，227，248。

〔註151〕張邦煒：〈宋徽宗初年的政爭——以蔡王府獄為中心〉，《西北師大學報》（社會科學版），第 41 卷第 1 期（2004 年 1 月），頁 3。

〔註152〕《曾公遺錄》，卷九，頁 225～227。

特授宣政使遙郡防禦使授入內副都知，而其父劉有方則陞爲入內都知。而之前被黜降的內臣東頭供奉官管勾西京嵩山崇福宮閻守懃，就被召還授寄左藏庫副使添差勾當御藥院。〔註153〕

　　從二月開始，向太后爲元祐舊臣平反。二月癸丑（十六），韓琦長子、屬於舊黨的吏部尚書韓忠彥（1038～1109）拜門下侍郎，資政殿大學士黃履（？～1101）爲尚書右丞。癸亥（廿六），被貶多年的元祐舊臣范純仁等二十八人並復官，量移他州的十二人，予宮觀者三人，得郡及差遣的十三人。三月甲戌（初七），許劉摯及梁燾歸葬。同月徽宗用曾布等之推薦，擢用在元符晚年被貶的龔夬爲殿中侍御史，陳瓘（1057～1122）爲右正言，鄒浩（1060～1111）爲右正言。徽宗說特別欣賞鄒浩痛劾章惇的奏章。四月甲辰（初八），韓忠彥拜左僕射兼中書侍郎，禮部尚書李清臣（1032～1102）拜門下侍郎，翰林學士蔣之奇（1031～1104）同知樞密院事。丁巳（廿一）詔范純仁復官宮觀，蘇軾（1037～1101）許徙內郡居住。五月丙子（初十），恢復廢后孟氏爲元祐皇后。己丑（廿三），追復文彥博、王珪、司馬光、呂公著、呂大防及劉摯三十三人官。辛卯（廿五），還司馬光等致仕遺表恩。〔註154〕

　　向太后爲舊黨平反之同時，也向新黨諸臣包括哲宗所寵的內臣開刀。二月壬戌（廿五），向太后及徽宗將哲宗寵信的內臣管勾御藥院郝隨與劉友端，授外任宮觀而逐出宮。章惇等問原因，徽宗就稱禁中營造過當，並非哲宗原意，是他兩人所爲，故逐出。〔註155〕五月乙酉（十九），尚書左丞蔡卞罷知江寧府。六月丙午（十一）龍圖閣待制邢恕責散官分司西京，均州（今湖北十堰市丹江口市）居住。九月辛未（初八），反對徽宗繼統的章惇罷相知越州（今

〔註153〕《長編》，卷五百二十，元符三年正月乙酉條，頁 12376～12377；庚寅條，頁 12381；《曾公遺錄》，卷九，頁 189，192～193，199，203，253；《宋會要輯稿》，第七冊，〈職官三十六・內侍省〉，頁 3899。劉瑗在元符三年四月辛酉（廿五）以徽宗元子（即欽宗，1100～1161，1126～1127 在位）慶誕，隨龍人推恩，並無先例地特授寄延福宮使晉州觀察使，另閻守懃授遙刺史，李毅授遙團練使，均各減二年半磨勘。劉有方在元符三年九月己卯（十六）以入內都知遷一官，而劉瑗則在同月壬午（十九）亦遷一官。據此，劉氏父子二人在元符三年正月徽宗即位時當已分別任入內都知及副都知。

〔註154〕《宋史》，卷十九〈徽宗紀一〉，頁 358～359；《皇宋十朝綱要校正》，卷十四〈徽宗〉，頁 379～380；《宋史全文》，卷十四〈宋徽宗〉，頁 915～916。

〔註155〕《皇宋十朝綱要校正》，卷十四〈徽宗〉，頁 379；《宋會要輯稿》，第七冊，〈職官三十六・內侍省〉，頁 3898。

浙江紹興市)。己卯（十六），章惇黨羽知揚州蹇序辰、知潭州安惇（1042～1104）
除名放歸田里，文及甫（文彥博第六子）責監衡州（今湖南衡陽市），蔡渭監
全州酒稅。甲申（廿一），蔡卞再落職提舉洞霄宮，太平州（今安徽馬鞍山市
當塗縣）居住。十月丙申（初三），翰林學士承旨蔡京出知江寧府，章惇被重
貶為武昌軍節度副使安置潭州。丁酉（初四）韓忠彥陞為左僕射兼門下侍郎，
投向向太后及徽宗的曾布則在壬寅（初九）擢為右僕射兼門下侍郎。十一月
庚午（初八），章惇另一黨羽知太原府林希（1034～1101）落端明殿學士降知
揚州，蔡京也落職提舉洞霄宮，蔡卞再分司南京降中大夫池州居住。戊寅（十
六），觀文殿學士安燾知樞密院事，而黃履在兩天後罷右丞。元符舊臣除了曾
布及其附從者外，盡數被逐出朝。宋廷暫時由韓忠彥為首的舊黨及以曾布為
首的新黨共同秉政。〔註156〕

　　除了前述的郝隨及劉友端被貶該外，哲宗所寵的內臣在元符三年徽宗繼
位後至建中靖國元年（1101）這年半相繼給言官痛劾。入內副都知梁從政當然
是第一個要被清除的內臣。不過，徽宗要等哲宗的山陵事畢，也要借重言官
的手除去梁從政。

　　閻安不但平安無事，而且不斷加官陞職。他首先自高州刺史遷遙郡團練
使。剛在二月辛酉（廿四）自新州召還朝的鄒浩為他撰寫制文，特別表揚他
「久侍宮闈，備陳忠力，嚴晬容而增飾，罄夙夜以施勞」：

> 敕：朕內屏玩好之具，外斥土木之功。嘉與萬邦，同臻康靖。至於
> 寅奉列聖，則苟可以致隆者，未嘗不勉焉，所以伸孝敬也，助成此
> 志，豈不宜襃？具官某，久侍宮闈，備陳忠力，嚴晬容而增飾，罄
> 夙夜以施勞。肆遷團結之榮，寵異班聯之寄，往帥而屬，共迪官常，
> 以承朕承先無所作為之意。〔註157〕

閻安在五月庚寅（廿四）由向太后特批遷入內押班。六月甲辰（初九），他
因權提舉修內司，就罷去山陵行宮巡檢一職，而由內侍押班樂士宣（？～

〔註156〕《宋史》，卷十九〈徽宗紀一〉，頁 359～360；《皇宋十朝綱要校正》，卷十四
　　　　〈徽宗〉，頁 379～381。

〔註157〕鄒浩：《道鄉集》，文淵閣《四庫全書》本，卷十五〈內侍省押班閻安轉團使
　　　　制〉，葉十上下；《皇宋十朝綱要校正》，卷十四〈徽宗〉，頁 378；《宋史》，
　　　　卷三百四十五〈鄒浩傳〉，頁 10957～10958；《曾公遺錄》，卷九，頁 274。按
　　　　鄒浩召還後復為右正言遷左司諫，再改起居舍人，然後任中書舍人。他撰寫
　　　　此篇制文的具體月日不詳，考閻安在同年五月庚寅（廿四）遷入內押班，則
　　　　他當在元符三年四月至五月間擢內侍押班。

1118後）代其職。同日馮世寧亦以磨勘陞延福宮使。丙辰（廿一），閻再任皇城司。〔註158〕他在稍後又因提舉修內司及皇城司的功績而獲得轉官成州團練使的嘉獎，這次又是鄒浩當制：

> 朕承天下之休，服祖宗之訓，惟名與器，未嘗假人，有以取之，亦克用勸。具官某，比緣委任，能罄才謀，表勵眾工，交修乃事，成我奉先之志，繄爾率職之勤，宜有褒遷，用旌績效。兵團重寄，遙領為榮。其益慎於初終，以永綏於寵祿。〔註159〕

向太后早在元符三年七月丙寅朔（初一）還政徽宗，她在十二月甲午（初二）不豫，到建中靖國元年（1101）正月甲戌（十三）逝世。徽宗乃完全掌握大權。〔註160〕向太后之喪，徽宗命入內都知梁從政管勾殿蒩事，而以閻安以入內押班監造梓宮。丁丑（十六）徽宗詔以曾布為山陵使，而以梁從政為山陵修奉都監，入內副都知馮世寧為按行山陵使，閻安與入內東頭供奉官管勾御藥院閻守懃并都大管勾山陵事。〔註161〕

向太后山陵事畢，徽宗在二月丁巳（廿六）以右正言任伯雨（？～1105後）之言再將章惇遠貶為雷州（今廣東湛江市）司戶參軍。任也奏劾蔡卞，但徽宗並沒有聽從。〔註162〕三月庚辰（十九），徽宗以韓忠彥的劾奏，將章惇在宮中最大的黨羽梁從政罷入內都知，並降授榮州防禦使，只保留他的延福宮使，授提舉亳州（今安徽亳州市）明道宮，本處居住。韓忠彥稱向太后說，他曾召梁從政詢及定策之事，梁意在黨附章惇。梁現時在君側，正應屏黜。鄒浩撰寫他的罪狀也是說他「佐佑章惇」。侍御史陳次升（1044～1119）以梁的責輕，繼續上奏劾之。〔註163〕徽宗再在七月壬戌（初三），為打擊當日皇位

〔註158〕《曾公遺錄》，卷九，頁 274，280，286。

〔註159〕《道鄉集》，卷十八〈內侍閻安轉官制〉，葉十上；《宋會要輯稿》，第七冊，〈職官三十六・內侍省〉，頁 3899。按閻安這次轉遙領哪州的團練使及此制撰寫的具體年月，制文所寫不詳。《宋會要輯稿》記閻安在建中靖國元年七月丁亥（廿八）自宣慶使成州團練使責授高州刺史，則他這次領的團練使當是成州團練使。

〔註160〕《宋史》，卷十九〈徽宗紀一〉，頁 359～361。

〔註161〕《宋會要輯稿》，第三冊，〈禮三十三・后喪三・欽聖憲肅皇后〉，頁 1488；〈禮三十七・后陵・欽聖憲肅皇后陵〉，頁 1595。

〔註162〕《宋史》，卷十九〈徽宗紀一〉，頁 361；《皇宋十朝綱要校正》，卷十六〈徽宗〉，頁 430。

〔註163〕《宋會要輯稿》，第四冊，〈儀制十三・內侍追贈〉，頁 2569；第八冊，〈職官六十七・黜降官四〉，頁 4866；第九冊，〈選舉四之一・貢舉雜錄二〉，頁 5317；

角逐者蔡王似，而策劃了一場「蔡王府獄」，結果蔡王及其依附者均被清洗，徽宗的皇位得以鞏固。〔註164〕

在這場「蔡王府獄」中，當時任管勾蔡王府的閻安也受到牽連，七月丁亥（廿八），他以府吏鄧鐸有狂悖之言而不能伺察之過，自宣慶使成州團練使入內押班責授高州刺史。〔註165〕

徽宗知道閻安沒有責任，大概在年底前便將他復職轉官。閻安與鄒浩特別有緣，這次又是鄒當制，鄒強調閻安「顧總護於繕修，著勤勞於夙夜」的勞績：

> 賞以勸功，罰以懲罪，朕操是柄，以御群臣。雖在宮闈，亦不偏廢。具官某，頃緣失察，嘗降官聯，顧總護於繕修，著勤勞於夙夜。不俟期年之敘，還禦侮之崇，服我恩榮，益圖報效。〔註166〕

第十冊，〈選舉三十三・特恩除職一〉，頁5896；慕容彥逢（1067～1117）：《摛文堂集》，文淵閣《四庫全書》本，卷四〈延福宮使福州觀察使梁從政可觀察留後依前延福宮使制〉、〈觀察使馮世寧可節度觀察留後制〉，葉二十上下；〈附錄：慕容彥逢墓誌銘（蔣瑎撰）〉，葉四下至八下；鄒浩：《道鄉集》，卷十五〈入內都押梁從政降官制〉，葉六上；陳次升：《讜論集》，文淵閣《四庫全書》本，卷五〈彈奏內侍梁從政〉，葉一上至二上；〈奏彈內侍郝隨〉，葉二上下；〈奏彈內侍劉瑗〉、〈第二章〉，葉二下至五下。陳次升上奏反對郝隨特復三官，而復用劉瑗，但徽宗不理。另慕容彥逢為梁從政及馮世寧撰有兩度陞任節度觀察留後的制文，惟撰寫具體年月不詳。據〈慕容彥逢墓誌銘〉及《宋會要輯稿》所記，慕容彥逢在崇寧元年為奉議郎太學博士，後歷秘書省校書郎、監察御史兼權殿中侍御史，再除左正言及左司諫，不久再擢中書舍人。他在崇寧三年（1104）以母喪解職，服闋後復中書舍人。大觀元年（1107）權翰林學士，不久授兵部改吏部侍郎。這兩道制文當是他兩度任中書舍人時所撰。他初任中書舍人當在崇寧二年（1103）至三年初，再任中書舍人當在崇寧五年（1106）至大觀元年初。又制文稱馮世寧已歷省試八年有餘，按馮世寧早在紹聖四年已任押班，若說他已在省八年，則他陞官當在崇寧四年後。按馮在政和七年（1017）七月辛時為內客省使彰化軍節度觀察留後致仕，他當早在大觀年間已領節度觀察留後。疑梁、馮這兩道制文撰於崇寧五年到大觀元年初，而梁從政早在崇寧五年前已得以自榮州防禦使復官為福州觀察使，稍後更晉為節度觀察留後。

〔註164〕張邦煒：〈宋徽宗初年的政爭——以蔡王府獄為中心〉，頁1～6；《皇宋十朝綱要校正》，卷十六〈徽宗〉，頁431～432。

〔註165〕《宋會要輯稿》，第七冊，〈職官三十六・內侍省〉，頁3899。

〔註166〕鄒浩：《道鄉集》，卷十八〈入內閻安轉官制〉，葉十三上；《宋會要輯稿》，第三冊，〈禮三十七・后陵・欽成皇后陵〉，頁1597。此制文稱「不俟期年之敘」，當指閻安復官仍在建中靖國元年底。按鄒浩在崇寧元年二月已遷兵部侍郎，他此制文當撰於建中靖國元年底。

十一月戊寅（廿一）始，徽宗舉行南郊祭典，閻安與陞任都知的閻守懃全程侍從，後來二人又奉命侍候曾布出壇門，〔註167〕可見徽宗對他寵眷不衰。

徽宗在翌年（1102）改元崇寧，恢復新法。二月甲午（初九）以在元祐初年被貶死的新黨宰相蔡確（1037～1093）配享哲宗廟廷。五月庚申（初六）罷韓忠彥。庚午（十六），降司馬光等官。庚辰（廿六）復用蔡京爲尚書右丞。值得注意的是，是月辛巳（廿一）徽宗頒下詔書，開列元祐并元符末的責降人名單，除了韓忠彥，蘇轍等一眾文臣外，還有內臣九人，包括張茂則子張巽、張士良、曾燾、趙約、譚扆、楊俌、陳恂、張琳和裴彥臣（？～1106 後）。徽宗下詔三省籍記，他們都不得給予在京差遣。閏六月壬戌（初九），罷曾布。七月戊子（初五）蔡京拜相並下詔焚元祐法。九月丁酉（十五）方才陞任都知閻守懃卻被劾在哲宗逝世之初，與另一內臣裴彥臣向曾布通風報信。徽宗於是將他貶黜，舒州（今安徽安慶市潛山縣）安置。乙亥（十七），徽宗再批示這些元祐責籍及元符末敘復過當的人，不得與在京差遣。此時徽宗已大權在握，全面否定元祐之政，到崇寧二年（1103）底，舊黨大臣幾乎全數被遠貶。〔註168〕

徽宗於崇寧二年五月丙戌（初八），改入內內侍省都知爲知入內內侍省事，副都知爲同知入內內侍省事，押班爲簽書入內內侍省事。這時宋宮的高級內臣除閻安外，還有藍從熙、劉瑗、郝隨、馮世寧等人。〔註169〕

徽宗與蔡京等在崇寧三年（1104）四月甲辰朔（初一），下詔尚書省勘會黨人子弟，不問有官無官，都令在外居住，不得擅到京師。內臣中張琳安置南安軍（今江西贛州市大餘縣），鄭居簡信州（今江西上饒市信州區西北），曾燾歙州（今安徽黃山市歙縣），裴彥臣池州，王化基高州（今廣東茂名市高

〔註167〕《宋史》，卷十九〈徽宗紀一〉，頁 362～363；王明清（1127～1204 後）：《揮塵錄》（上海：上海書店出版社，2001 年 8 月），後錄卷一，頁 48～49。

〔註168〕《宋史》，卷十九〈徽宗紀一〉，頁 363～368；《宋史全文》，卷十四〈宋徽宗〉，頁 927。

〔註169〕《宋會要輯稿》，第七冊，〈職官三十六・內侍省〉，頁 3899；《皇宋十朝綱要校正》，卷十六〈徽宗〉，頁 439；楊仲良（？～1184 後）：《通鑑長編紀事本末》，收入趙鐵寒（1908～1976）（主編），《宋史資料萃編》，第二輯（臺北：文海出版社，1967 年 11 月），卷一百二十一〈徽宗皇帝・禁元祐黨人上、元祐附〉，葉一上至二上（頁 3639～3641），葉五上至九下（頁 3647～3656）。按已故多年的入內都知張茂則也在是年五月追回已復的贈官。另劉瑗之父、名位最高的入內都知劉有方大概在崇寧二年前已逝。

州市），鄧世昌密州（今山東濰坊市諸城市），李穆金州（今陝西安康市），李公弼濠州（今安徽滁州市鳳陽縣），王化臣青州（今山東濰坊市青州市），馮說徐州，王道韶州（今廣東韶關市），閻守懃全州。落職宮觀居住的則有張士良於南京應天府，責降的有左藏庫使譚戾爲添差蘄州都監，延福宮使知入內省事郝隨落職提舉醴泉觀。到六月甲辰（初三）詔將元符末姦黨併入元祐黨籍，其中列入姦黨的內臣有梁惟簡、陳衍、張士良、梁知新、李倬、譚戾、竇鉞、趙約、黃卿、馮說、曾燾、蘇舜民、楊偁、梁弼、陳恂、張茂則、張琳、裴彥臣、李偁、閻守懃、王绖、李穆、蔡克明（？～1106後）、王化基、王道、鄧世昌、鄭居簡、張祐、王化臣等二十九人。其中張茂則、梁知新、梁惟簡、李偁及陳衍等已死多時。〔註170〕

　　徽宗在崇寧四年（1105）九月，以九鼎成之恩典，給被貶的元祐黨人量移貶所，內臣都蒙恩稍得遷回近地。貶黜多時的郝隨也在崇寧五年（1106）正月癸丑（二十）因大赦天下令任便居住。另一隨龍人張士良也在二月己卯（十六）許任便居住。徽宗在三月戊戌（初六）詔元祐黨碑石拆毀後出籍的臣僚的處置，其中內臣分三等處置，除第三等外，其餘不可到京師。第一等內臣有已死的張茂則、梁惟簡、陳衍和仍在生的王化基，第三等只有張祐，其餘都入第二等。這些被安置於遠郡的內臣雖不能回京，但總算可以自由居住。〔註171〕

　　比起這些貶黜於窮鄉遠處的內臣，閻安是幸運的，在崇寧初年的內臣大整肅中，他都能安然無事，他並未被視爲元祐姦黨或元符姦黨，徽宗對他雖

〔註170〕　《宋史全文》，卷十四〈宋徽宗〉，頁930～932；《通鑑長編紀事本末》，卷一百二十二〈徽宗皇帝・禁元祐黨人下〉，葉一上至十五下（頁3675～3704）。徽宗稍後又將李偁及閻守懃之子弟李洵仁及閻休給予外路遠處監當差遣，李洵仁落閤門祗候，閻休落寄班祗候。

〔註171〕　《通鑑長編紀事本末》，卷一百二十四〈徽宗皇帝・追復元祐黨人〉，葉一上至三下（頁3727～3732），葉十下至十二上（頁3746～3749），葉十四上下（頁3753～3754）。一眾被貶內臣中，王道獲移郴州（今湖南郴州市），早前被貶的陳恂自南恩州移峽州（今湖北宜昌市），梁弼自瓊州移歸州（今湖北宜昌市秭歸縣），閻守懃移漣水軍（今江蘇淮陰市漣水縣），王化基移全州，蔡克明自桂陽監（今湖南郴州桂陽縣）移饒州（今江西上饒市鄱陽縣），鄭居簡自邵州（今湖南邵陽市）移滁州，馮說移汝州（今河南平頂山市汝州市），裴彥臣移廣德軍（今安徽宣城市廣德縣），李穆移鄧州（今河南南陽市鄧州市），鄧世昌移唐州（今河南南陽市唐河縣），王化臣移濟州（今山東荷澤市巨野縣南）。

不算寵信有加，但從未將他罷黜。他不群不黨，不與文臣交結，是他成爲宋宮內臣中不倒翁的主要原因。

閻安事蹟最後見載的，是他在崇寧五年（1106）二月戊寅（十五），他以知入內內侍省事上奏：

> 見勾當皇城司，招子弟剌填親從、親事官關額。自祖宗以來，止是招剌在京軍班子弟。後來准朝旨，許招在京諸班直軍民換受前班，並品官之家子弟，在京禁軍減充剩員子弟親屬。竊緣百姓子弟非土著人，其所從來不能盡知，雖行會問，亦慮不實，恐姦惡之人竄名其間。乞自今不許招收百姓。

閻安執掌皇城司多年，洞悉個中情況，他合理的請求，爲徽宗所接受。〔註172〕考閻安在元符元年擢內侍押班，若他在是年已達五十歲，到崇寧五年他任知入內內侍省事時，他應至少五十九歲。他在崇寧五年以後的仕歷如何？何時逝世？得年多少？因尚未發現其墓誌銘或神道碑，就難以確知。他位至都知，應有養子繼承，但也是文獻無徵。閻氏內臣世家第五代的情況，有待新出土的文獻加以發明。

總括來說，閻安在徽宗朝的仕途較順，雖曾因蔡王府獄一度被牽連降職，但很快又復官。他雖然不是徽宗隨龍之人，但在宮中任職勤勞而又安份，徽宗最後也將他擢升到入內都知的高位。值得注意的是，他從未被文臣或言官彈劾，反而在鄒浩三度筆下，都有好評。這與其父閻士良幾乎一輩子給文臣痛劾，有極大的不同。

最後值得注意的是，當閻安執掌內廷時，徽宗朝最有權勢之一的內臣童貫（1054～1126）已出頭，在崇寧二年正月以入內東頭供奉官奉徽宗命佐王厚（1054～1106）征青唐，因收復青唐之功，在崇寧三年（1104）五月已從昭宣使累遷延福宮使定武軍留後，名位已在閻安之上。又如李皲及「自崇寧後日有寵」而後來權勢甚大的楊戩（？～1121）也後來居上。〔註173〕閻安素性安

〔註172〕《宋會要輯稿》，第七冊，〈職官三十四・皇城司〉，頁3866。

〔註173〕《宋史》，卷四百六十八〈宦者傳三・童貫〉，頁13658～13659。關於童貫在崇寧初年征青唐的戰功，可參見何冠環：〈北宋綏州高氏蕃官將門研究〉，載何冠環：《北宋武將研究續編》（新北：花木蘭文化出版社，2016年3月），中冊，頁454～459。以童貫生平事蹟爲題的研究並不多，較近期的研究只有張雲等一篇短文，可參張雲等：〈童貫——北宋末年對外政策的思想者與執行者〉，《北京教育學院學報》，第25卷第5期（2011年10月），頁65～68。另外美國學者Don J. Wyatt在一篇討論宋代尚武精神的體現時，除以柳開（948

份，與同僚藍從熙、馮世寧、郝隨、劉瑗之輩並無爭競，加上主子一意縱容，他也就默默無言，任他轄下的宋宮內臣恃寵用事。宋徽宗一朝的宦禍，王曾瑜教授曾撰〈宋徽宗時的宦官群〉一文詳考個中原委及群宦的事蹟，另汪聖鐸教授也撰〈北宋滅亡與宦官──駁北宋無「閹禍」論〉一文，析論徽宗朝宦禍。王、汪兩位均一致認為宦禍主要是徽宗寵信縱容所致。〔註174〕閻安作為其中一員都知，縱然看出問題，他也是有心無力的。徽宗朝的宦禍，早種於徽宗即位初，透過閻安在徽宗朝的經歷，我們也許能看到冰山的一角。

六、餘論

北宋閻氏內臣第三代的閻士良及其子第四代的閻安，雖然沒有墓誌銘、神道碑或傳記傳世，但他們的生平事蹟尚可在宋人的史料中鉤尋。閻士良與其父閻文應才性相近，都是極有幹才卻又行事強悍以至霸道，閻士良尤其承繼了祖父閻承翰及父的治河屯田的才能，他也像父祖一樣長期出任邊郡的兵職至都鈐轄，以才能區分，他屬於內臣中的武宦。他是仁宗近侍的御藥出身的內臣，更憑著父蔭及相當的才能，本來應該很順利地循資格陞任內臣兩省的押班都知的高位。但其父與文臣集團交惡在前，而言官這時竭力防止內臣弄權於後，加上他行事不檢點，給人拿著把柄，於是屢遭貶降，無法在仁宗之世出人頭地。到英宗、神宗繼位，他與二帝素無淵源，而朝中也沒有人脈，他能夠在神宗之世被委河北治河屯田之職，已算沒有被投閒置散。他終身不獲召入兩省出任押班，仕途上又大大比不上乃祖乃父。

閻安做人安份，任事勤奮的性情又似其曾祖閻承翰，但他一輩子多在宮中任職，從勾當御藥院、勾當內東門司、提舉修內司、勾當皇城司到兩度擔任修陵工作，甚少到京師以外地方供職，更從未像父祖屢任兵職，也不見他

～1001）及范仲淹為例外，也以十五頁（包括注釋）的篇幅論析童貫的軍旅生涯。不過，該文以議論以主，並沒有（也不能）詳考童貫的生平事蹟。參見 Nicola Di Cosmo（ed.）, *Military Culture in Imperial China,*（Cambridge, Massachusetts: Harvard University Press, 2009）, Chapter 8, "Unsung Men of War: Acculturated Embodiments of the Martial Ethos in the Song Dynasty", "Compromised Embodiments: Tong Guan"（by Don J. Wyatt）, pp. 207～218, 364～366.

〔註174〕 王曾瑜：〈宋徽宗時的宦官群〉，《隋唐遼宋金元史論叢》，2015 年，頁 141～186；汪聖鐸：〈北宋滅亡與宦官──駁北宋無「閹禍」論〉，《銅仁學院學報》，第 18 卷第 1 期（2016 年 1 月），頁 115～126。

有治河屯田的家傳本事。從職務而言，他似近於文宦。他在神宗朝出仕，從神宗至徽宗四朝，文臣黨爭激烈，而朝臣又多勾結內臣，加上哲宗、徽宗繼位問題的暗湧，教宮內朝外均凶險頻生。閻安在此險惡環境中，卻聰明地從未介入文臣黨爭，也於繼統紛爭置身事外。結果他能平安度過，並能官至入內都知而得以善終。他處世之道，從此一角度觀之，又比乃父乃祖優勝。

閻氏內臣世家，從太祖朝閻承翰出仕，到第四代的閻安位居都知而終，閻氏四代人在宋宮經歷八朝超過一百四十年，而除閻士良外，都能擔任都知的重要職位，可說是宋代內臣研究一個值得注意的個案例子。希望將來能發現新的史料，增加我們對閻氏內臣世家以至其他內臣世家的認識。

談到宋代內臣世家的問題，其實宋代內臣都像唐代一樣出現過不少綿延三代以上的世家，〔註175〕只是宋代內臣不像唐代以及明清兩代有大量直接史料如墓誌銘傳世，讓我們得以知悉相關的內臣家族資料，而好像閻氏內臣世家四代均為高級內臣，有相當的史料傳世，卻是為數不多的特例。

後記：

本文曾於 2017 年 6 月 9 日至 10 日在香港舉行的「紀念孫國棟教授暨唐宋史國際學術研討會」宣讀，現補充一些資料及改正一些錯別字，主要觀點不變。

〔註175〕臺灣唐史學者陳弱水便在他的專文談過唐代內臣世家的現像，他也引述大陸學者陳仲安所撰的〈唐代後期的宦官世家〉（載《唐史學會論文集》，西安：陝西人民出版，1986 年）。參見陳弱水：〈唐代長安的宦官社群——特論其與軍人的關係〉，《唐研究》，第十五卷，《「長安學」研究專號》（北京：北京大學出版社，2009 年 12 月），頁 171～198。

第九篇　曹勛《松隱集》的三篇內臣墓誌銘

一、導言

　　研究宋代內臣的學者，每感到文獻不足的困難。除了《東都事略·宦者傳》兩卷及《宋史·宦者傳》四卷外，[註1] 我們只能從宋代重要史籍如《續資治通鑑長編》、《宋會要輯稿》、《三朝北盟會編》、《建炎以來繫年要錄》等梳理拾取宋代內臣事蹟的片斷。至於傳世的宋人文集中，目前僅見的宋代內

─────────────

〔註 1〕脫脫（1314～1355）（編纂）：《宋史》（北京：中華書局，1977 年 11 月），卷四百六十六至四百六十九〈宦者傳一至四〉，頁 13599～13676；王稱（？～1200 後）：《東都事略》，收入趙鐵寒（編）：《宋史資料萃編》第一輯（臺北：文海出版社，1967 年 1 月），卷一百二十〈宦者傳·王繼恩、劉承規、秦翰、張崇貴、周懷政、雷允恭、閻文應、閻士良、任守忠、李憲、王中正、宋用臣〉，頁 1849～1862；卷一百二十一〈宦者傳·童貫、梁師成〉，頁 1863～1876。按《宋史·宦者傳》四卷共收兩宋內臣五十三人的傳記，爲《東都事略·宦者傳》兩卷的三倍。又明人毛一公（？～1620 後）所撰的《歷代內侍考》的宋內臣部份，全抄《宋史·宦者傳》，只在個別內臣的傳後加上評論，並沒有增加任何新資料。而清人陸心源（1834～1894）所編纂的《宋史翼》，根據《宣和畫譜》、《續資治通鑑長編》、《通鑑長編紀事本末》等書，輯有〈宦者傳〉一卷，共收錄岑宗旦以下內臣十四人，惟該書並沒有提供新的內臣史料。參見毛一公（撰）：《歷代內侍考》，載《續修四庫全書》（上海：上海古籍出版社據浙江圖書館藏清抄本影印，2002 年），第 517 冊，《史部·傳記類》，卷十至十二，頁 98～129；陸心源（輯），吳伯雄（點校）：《宋史翼》（杭州：浙江古籍出版社，2016 年 1 月），下冊，卷三十九〈列傳第三十九·宦者〉，頁 1034～1046。

臣墓誌銘，只有兩宋之際曹勛（1098～1174）的文集《松隱文集》卷三所收的
三篇內臣墓誌銘：〈董太尉墓誌・乾道元年八月〉（約 2037 字）、〈鄭司門墓銘・
紹興二十七年十二月〉（約 1484 字）和〈幹辦內東門司楊公墓誌銘・乾道元
年三月〉（約 1137 字），以及與曹勛同時的儒臣孫覿（1081～1169）的文集《鴻
慶居士集》所收的一篇內臣墓誌銘〈宋故武功大夫李公墓誌銘〉（約 1962 字）。
〔註 2〕筆者遍閱新版的《全宋文》三百六十冊，除了上述四篇墓誌銘外，尚不
見有其他的宋代內臣墓誌銘著錄；而目前出土的宋代碑銘，亦未有所見。故
曹勛及孫覿所撰而得以傳世的四篇內臣墓誌銘，實在非常罕有難得，對於研
究宋代內臣的事蹟及面貌，有很大的價值。本文先考論曹勛所撰的三篇內臣
墓誌銘，至於孫覿的一篇，將另文考論（參見本書第十篇）。

　　該三篇墓誌銘的撰寫人曹勛，《宋史》卷三百七十九有傳；三篇墓誌銘的
墓主董太尉董仲永（1104～1165）、鄭門司鄭景純（1091～1137）、楊幹辦東門
司楊良孺（1111～1164），卻都不見於《宋史・宦者傳》中。三人中，論年紀，
以鄭景純最年長，惟得年亦最短；論官職，董仲永官位最高，官至入內內侍
省押班，領昭慶軍承宣使（按：承宣使在政和七年（1117）六月自節度觀察留
後改），位列高級內臣；而鄭景純亦官至承宣使；至於楊良孺則官至武功大夫、
幹辦內東門司，屬於中級內臣。〔註 3〕

　　在考論這三篇罕見的宋代內臣墓誌銘前，自然得考究作者曹勛的生平事
蹟及他所處的特別環境。目前學術界對曹勛及其父曹組（？～1121 後）的詩
詞樂府研究很多，光是有關的碩士論文就有五篇，較近期的一篇是 2009 年廈
門大學中文系劉志華所撰的〈曹勛詩歌研究〉。劉氏在其論文第一章「曹勛生

〔註 2〕參見曹勛：《松隱集》，文淵閣《四庫全書》本，卷三十六〈董太尉墓誌・乾
　　　　道元年八月〉、〈鄭門司墓銘・紹興二十七年十二月〉和〈幹辦內東門司楊公墓
　　　　誌銘・乾道元年三月〉，葉五上至十九上。最新版排印點校的《全宋文》亦
　　　　收有曹勛的《松隱集》及這三篇內臣墓誌銘，所用的底本是《嘉業堂叢書》
　　　　本，而與文淵閣《四庫全書》本校勘而成。參見曾棗莊、劉琳（編）：《全宋
　　　　文》（上海：上海辭書出版社，2006 年），第一百九十一冊，卷四二零八〈曹
　　　　勛九・董太尉墓誌・乾道元年八月〉、〈鄭門司墓銘・紹興二十七年十二月〉、
　　　　〈幹辦內東門司楊公墓誌銘・乾道元年三月〉，頁 133～142。為方便讀者查閱，
　　　　本文所引用的《松隱集》三篇墓誌銘，仍採用《四庫全書》本。至於孫覿所
　　　　撰的一篇李中立墓誌銘，參見孫覿：《鴻慶居士集》，文淵閣《四庫全書》本，
　　　　卷三十九〈宋故武功大夫李公墓誌銘〉，葉十二下至十八下；《全宋文》，冊一
　　　　百六十一，卷三四九五〈孫覿七八・宋故武功大夫李公墓誌銘〉，頁 116～120。
〔註 3〕《宋史》，卷二十一〈徽宗紀三〉，頁 398。

平研究」四節裡已詳述曹勛的時代背景、事蹟、交遊和著述。而友人美國學者蔡涵墨教授（Charles Hartman）最近更發表一篇論曹勛與「太祖誓約」傳說的專論，將曹勛在兩宋之際所扮演的關鍵角色一一道出。〔註4〕珠玉在前，本文不擬再考述曹勛的生平，僅就相關的地方交待曹勛的生平事蹟。

　　本文首先根據這三篇墓誌銘提供的史料，並參照其他有關史料，考述董仲永等三人的事蹟，並以此為據論析宋代內臣的相關制度以及這三篇墓銘的史料價值。然後從曹勛特別的仕歷，論析內臣墓誌銘的撰寫問題，最後討論為何宋代內臣墓誌銘罕見的可能原因。

二、董仲永事蹟考

　　據董仲永的墓誌銘記載，董仲永字德之，世為開封（今河南開封市）人。曾祖父名董居正，贈左金吾衛將軍。至於是否內臣，暫難確定。祖父名董之純，官至中衛大夫領康州觀察使。 按中衛大夫本為高級內臣之宣政使，政和二年（1112）改，則董之純可知為高級內臣。董之純妻任氏，封安康郡夫人。董仲永父名董舜臣（？～1111後），贈寧遠軍節度使、少保。據慕容彥逢（1067～1117）文集所載，董舜臣大概在政和初年官入內文思使。遷官制文稱他「出入禁庭，謹恪可尚」，董仲永後來服侍內庭，就甚有父風。其母鄭氏，封福國夫人。據董仲永自述，他的「父祖皆顯仕。祖母任氏，介玉之親。母鄭氏，子約之妹」。據曹勛所記，「〔任〕介玉、〔鄭〕子約，皆當代北司名臣」。〔註5〕

〔註4〕 參見劉志華：《曹勛詩歌研究》，（廈門大學碩士論文，2009 年 5 月），頁 1～84；蔡涵墨（Charles Hartman）：〈曹勛與「太祖誓約」的傳說〉，《中國史研究》，2016 年第 4 期，頁 89～116。按劉志華所作的曹勛交遊考，並無董仲永（號湛然居士）等三位內臣，劉志華似乎沒有充分利用曹勛《松隱集》所收的九篇墓誌銘所提供的相關史料。另蔡涵墨一文曾引用本文學報版所論曹勛撰寫墓誌銘的類別（見該文注 21）。

〔註5〕 《宋史》，卷一六八〈職官志六・入內內侍省內侍省〉，頁 3940；曹勛：《松隱集》，卷三十六〈董太尉墓誌〉，葉五上至五下、九下至十上。考政和年間一直權翰林學士的慕容彥逢，先後為董舜臣撰寫兩道轉官的制文，其一是董自入內西京左藏庫使陞入內文思使，另一則是董自入內文思使轉一官（當是入內崇儀使）。董仲永在政和二年（1112）服除，按宋人守制，特別是宮中內臣，可能以月代年，而不是守足三年孝。以此推論，慕容彥逢為董舜臣撰寫這兩道制文最遲在政和二年初，推測董舜臣在政和元年（1111）或政和二年初辛。慕容彥逢代宋廷稱許董舜臣的勞績，云：「剗宮省之臣，職任親近，會課應法，朕豈弟忘。」又云：「爾出入禁庭，謹恪可尚，軍器建局，率職有勞。」參見慕容彥逢：《摛文堂集》，文淵閣《四庫全書》本，卷六〈入內西京左藏庫使

宋代內臣，特別是高級內臣，朝廷許其養子。有些養子繼爲內臣，不閹的則在外任職。董仲永的曾祖以降，父子之間是否有血親關係，有待確定。不過，可以肯定的是，董之純、董舜臣及董仲永祖孫三代均爲內臣。董之純與董舜臣，董舜臣與董仲永，可能都是養父子關係。至於福國夫人鄭氏，究竟是董仲永的親生母親，還只是養母，也難確考。雖然董仲永與父祖未必有血親關係，但他出身於內臣世家則無疑。

據墓誌銘所載，董仲永卒於孝宗乾道元年（1165）七月丙辰（初九），得年六十二，上推年歲，他當生於徽宗（1082～1135，1100～1125在位）崇寧三年（1104）。但墓誌銘又稱政和二年他十四歲，則又似當生於哲宗（1077～1100，1085～1100在位）元符二年（1099）。他生於何年，墓誌銘所記前後矛盾。筆者懷疑「政和二年」是「政和七年」之訛，他當生於崇寧三年。董仲永居於開封甘泉坊小貨行，自幼「從學事佛，修種種功德，無不感應」。從他後來補授內臣之職，當是自小被董舜臣收養的小黃門。曹勛記他「幼而端謹，不爲兒嬉事，便若成人」，爲此，得到董舜臣和鄭氏的特別鍾愛，勝過其他兒子（按：當都是養子）。董舜臣以南郊大典之推恩，向宋廷要求補授董仲永爲入內內侍省左班殿直。〔註6〕董舜臣夫婦不久相繼逝世，據曹勛所記，董仲永如傳說中的大孝子董永一樣，「連在髫齔，連丁家艱，哀慟過情，形體骨立」。親故勸勉他以「門戶大事，方且在己，何至毀瘠若此？」他於是履行守孝之禮，到了政和七年服除，這年他十四歲，入宮任入內內侍省左班殿直之職。〔註7〕

董舜臣可入內文思使制〉，葉十上至十下；卷七〈入內文思使董舜臣可轉一官制〉，葉一二下至一三上。

〔註6〕《松隱集》，卷三十六〈董太尉墓誌〉，葉五上至五下、九下。考徽宗朝，在崇寧三年後、政和二年前舉行之南郊大典，計有崇寧三年十一月及大觀四年（1110）十一月的祀昊天上帝於圜丘。倘董仲永在崇寧三年十一月前生，董舜臣可能在同年十一月趕及爲他乞恩。而據註5所考，董舜臣當卒於政和元年或二年初。董仲永受封，在崇寧三年或大觀四年都有可能，而大觀四年的可能性較高。參見《宋史》，卷十九〈徽宗紀一〉，頁370；卷二十〈徽宗紀二〉，頁385。

〔註7〕董舜臣夫婦何時逝世，董仲永墓誌銘沒有明言。正如註5所考，董舜臣很有可能在政和元年初逝世。參見《松隱集》，卷三十六〈董太尉墓誌〉，葉五下。又宋廷在政和二年九月更定入內內侍省及內侍省的官稱，其中以左班殿直易內侍高品。以此推之，董仲永出仕，當在政和二年九月以後。參見《宋史》，卷一百六十六〈職官志六〉，頁3940。

　　重和元年（1118）九月，宮廷發生火災，董仲永奮身撲救，得到眾人的稱賞，以首功獲遷為右侍禁。〔註8〕欽宗（1100～1161，1126～1127在位）即位，他再獲推恩遷西頭供奉官。靖康之難，董仲永僥倖身免，並追隨高宗（1107～1187，1127～1162在位）左右。他晚年自述平生，即云：「政和入仕，所經變故，皆全身遠禍，以重佛道書經之力。」建炎元年（1127）四月，高宗即位於應天府（今河南商丘市），董仲永再轉官為東頭供奉官。建炎二年（1128），他扈從高宗至揚州（今江蘇揚州市），以勞轉修武郎兼睿思殿祗候。他成為高宗近身內臣後，「益自刻勵，早夜不懈。渡江而南，勞能為多」，未幾，又遷官為敦武郎。〔註9〕

　　紹興初年，董仲永奉委幹辦延福宮，延福宮奠基建造之事，都由他經辦，不過他知道謙退，不敢居功。後來他請求休致，寓居於蘇州（今江蘇蘇州市）。兩年後，高宗以董能處理繁劇之務，起用為幹辦後苑。翌年，遷天章閣兼翰林司駝坊供奉。紹興十一年（1141），高宗上顯仁韋太后（1080～1159）冊寶，以功再遷官一等。紹興十三年（1143）閏四月，高宗立貴妃吳氏（1115～1197）為皇后，董又以修製中宮冊寶之功及皇后受冊推恩，遷武功大夫領遙郡刺史。〔註10〕

〔註8〕　《松隱集》，卷三十六〈董太尉墓誌〉，葉五下、十下。關於宋宮失火事，董仲永墓誌沒有記具體年月。除墓誌正文外，四言銘文又再說「回祿偶熾，撲護祗恪」。據《皇宋十朝綱要校正》及《文獻通考》的記載，宋宮在重和元年九月，「掖庭大火，自甲夜達曉，大雨如傾，火益熾，凡爇五千餘間，後苑廣聖宮及宮人所居幾盡，焚死者甚眾」，「盛傳是夜上微宿於外」。疑董仲永墓誌記他奮勇救火即指此事。參見馬端臨（1254～1323）（撰），上海師範大學古籍研究所暨華東師範大學古籍研究所（點校）：《文獻通考》（北京：中華書局點校本，2011年9月），第十二冊，卷二百九十八〈物異考四‧火災〉，頁8125；李埴（1161～1238）（撰），燕永成（校正）：《皇宋十朝綱要校正》（北京：中華書局，2013年6月），卷十八〈徽宗〉，頁508。

〔註9〕　修武郎為武階名，屬大使臣二階列，政和二年九月自內殿崇班改，宋制東頭供奉官有功即遷內殿崇班。敦武郎即內殿承制，亦在政和二年九月改，是大使臣之最高階。參見龔延明：《宋代官制辭典》（北京：中華書局，1997年4月），第十一編〈階官類〉，「敦武郎、修武郎」條，頁596。參見《松隱集》，卷三十六〈董太尉墓誌〉，葉五下至六上、九下；《宋史》，卷二十四〈高宗紀一〉，頁442，450；卷二十五〈高宗紀二〉，頁453。

〔註10〕《松隱集》，卷三十六〈董太尉墓誌〉，葉六上；《宋史》，卷二十九〈高宗紀六〉，頁547；卷三十〈高宗紀七〉，頁558。

　　董仲永除了有治劇的才幹外，還有音樂造詣，高宗因此稍後委他幹辦鈞容直，掌管宮廷的樂部。據曹勛的描述，他「整齊鈞奏，綿蕤慶禮，簫韶委備，律呂和雅」。他領導的樂部奏出諧和的樂韻，高宗大為讚賞，又轉其秩以賞其勞。後來因他負責郵遞工作既不稽遲，又無差錯，高宗再優遷他團練使。稍後，再命他管理教坊，未幾又擢入內內侍省所轄的勾當內東門司，負責承受機密實封上奏文書等重要職務，再被任命主管孝宗（1127～1194，1162～1189在位）的潛邸，得到高宗的看重和信任。〔註11〕

　　董仲永稍後又被委監督遷移承元殿神御往景靈宮，以勞績得到厚賞，優遷橫班使臣。再以經營中宮及家廟之勞，轉橫班使臣之左武大夫（按：即政和二年前的東上閤門使）。兩年後遷觀察使。三年後，即紹興二十二年（1152），委為入內內侍省之幹辦御藥院，成為高宗貼身親信的內臣。四年後，即紹興二十六年（1156），擢為昭慶軍承宣使。是年中，他加帶御器械。據《道藏》所記，在紹興二十八年（1158）中，他以幹辦御藥院的身份，曾奉高宗生母顯仁韋太后之命，向治癒太后眼疾的高士皇甫坦（？～1178）贈金，助其建庵。同年十二月辛亥（廿五），他以左武大夫、昭慶軍承宣使帶御器械，與另一內臣吳亢（？～1158後）陞任內侍省押班，位列高級內臣。稍後他兼管親賢宅。紹興二十九年（1159）十一月庚寅（初十），韋太后喪禮差不多完成時，董仲永以勞兼權入內內侍省押班。十二月丁卯（十七），延福宮使德慶軍承宣使入內內侍省押班張去為（？～1179後）擢為入內內侍省副都知時，董即依次真除入內內侍省押班。董仲永為人謙退謹慎，自言「材本孤遠，躐實省庭，極職之下，豈宜久處？」於紹興三十年（1160）六月己

〔註11〕　《松隱集》，卷三十六〈董太尉墓誌〉，葉六上至六下。內東門司是入內內侍省中擁有實權的官司，其建置沿革、職掌、序位及編制，可參閱徐松（1781～1848）（輯），劉琳、刁忠民、舒大剛、尹波等（校點）：《宋會要輯稿》（上海：上海古籍出版社，2014 年 6 月），第七冊，〈職官三十六・內侍省・內東門司〉，頁 3903～3904；龔延明：《宋代職官辭典》（北京：中華書局，1997年 4 月），第一編〈皇帝制度類・九、宦官門〉，「內東門司」條，頁 65。關於鈞容直的重組，據《皇宋中興紀事本末》的記載，在紹興九年（1139）四月，殿前司招募鈞容樂工，但高宗只允留舊人，不得增加新人，並且說：「朕未嘗好世俗之樂，少頗善彈琴，自居諒闇，久亦忘之。」同書又載紹興十四年（1144）正月，鈞容直請推賞，高宗表示依已降的指揮辦理。從時間來說，這次鈞容直獲賞，與董仲永擔任幹辦鈞容直賞之時吻合。參見熊克（？～1188後）：《皇朝中興紀事本末》（北京：北京圖書館出版社，2005 年 3 月），卷四十八，紹興九年四月庚午條，葉二下；卷六十三，紹興十四年正月乙未條，葉二上。

巳（二十二）以疾求退。高宗准其所請，改授他提舉佑神觀，免其朝請。〔註
12〕

　　紹興三十二年（1162）六月丙子（十一），高宗禪位予孝宗，退居德壽宮。
孝宗以董仲永勤奮，並得高宗信任，翌日（丁丑，十二）命他提點德壽宮。
這份差事不易辦，三天後（庚辰，十五），董即上言請求增派檢點文字使臣一
人、主管文字使臣二人、書寫二人，並要求增加宮內人員俸錢，以及訂明他
們的任期和遷轉條例。孝宗准奏。八月癸酉（初九），孝宗奉上太上皇后冊寶，
德壽宮內侍官張去爲奉寶置於座前，董仲永則負責讀冊之禮。從此時開始，
董仲永與張去爲同侍高宗於德壽宮凡五載，但董仲永厭倦宮禁之生活，期望
「與同志訪尋雲水，擇山林佳處，爲終年之遊」。乾道元年（1167）三月戊辰
（廿五），董再次求退獲准。本來孝宗授他兩浙東路總管，後改授他提舉佑神
觀，並免奉朝請。然而他安享晚年不多久，同年七月，忽然染疾，一日之間，
身子便垮下來。親人用盡各種方法爲他療治，均告無效，延至七月丙辰（初
九），便在私第病逝。他臨終時正襟危坐，似若屏絕念慮，隱約聽他誦唸《心
經》，家人稍不聞他呼吸，原來已逝去，得年六十二。八月庚寅（十四），董
仲永子孫將他葬於臨安府（今浙江杭州市）錢塘縣履泰鄉賜寺淨嚴佛刹，與
他先亡故的夫人趙氏合穴。孝宗特賜他水銀龍腦以殮，被尊爲太上皇帝的高

〔註12〕　《松隱集》，卷三十六〈董太尉墓誌〉，葉六下至七上；李心傳（1166～1243）
　　　　（編撰），胡坤（點校）：《建炎以來繫年要錄》（北京：中華書局，2013 年 12
　　　　月），卷一百八十，紹興二十八年十二月辛亥條，頁 3467；卷一百八十三，紹
　　　　興二十九年十一月庚寅條，頁 3537～3538；十二月丁卯條，頁 3544；卷一八
　　　　五，紹興三十年六月己巳條，頁 3585；趙道一（？～1294 後）（編），盧國龍
　　　　（點校）：《歷世眞仙體道通鑑續編》，卷三〈皇甫坦〉，收入張繼禹（主編）：
　　　　《中華道藏》，第四十七冊〈洞眞部紀傳類〉（北京：華夏出版社，2004 年），
　　　　頁 599～600。據汪聖鐸的研究，紹興十三年宋高宗在臨安重建了安放北宋諸
　　　　帝神御的景靈宮，以後又在紹興十八年（1148）及紹興二十一年（1151）擴
　　　　建。董仲永奉命監督遷移諸帝神御景靈宮，當在紹興十三年以後。參見汪聖
　　　　鐸：《宋代政教關係研究》（北京：人民出版社，2010 年 5 月），第六章〈新的
　　　　平衡——宋高宗、孝宗、光宗時期〉，頁 220～221。御藥院本職掌爲按驗宮廷
　　　　的秘方眞僞，應時配置藥品，以供奉皇帝及宮中之用，兼供職皇帝行幸扶侍
　　　　左右，奉行禮儀，傳宣詔命及奉使督視等事，擔任勾當、幹辦御藥院的內臣，
　　　　爲宋室君主最親近的內臣。關於御藥院及幹辦御藥院的建置沿革、職掌、序
　　　　位及編制，可參閱龔延明：《宋代職官辭典》，第一編〈皇帝制度類‧九、宦
　　　　官門〉，「御藥院」條，頁 64～65。近期的相關著作，可參閱程民生：〈宋代御
　　　　藥院探秘〉，《文史哲》，2014 年第 6 期（總 346 期），頁 80～96。

宗又加賜秘器賻贈。因他遙領的官至昭慶軍承宣使，又任入內內侍省押班的高位，故曹勛稱他爲「董太尉」。〔註13〕

　　據董的墓誌銘記載，他妻兒子女以至女婿孫兒齊全，倘不知道他是內臣，還以爲他是尋常官員。自然，他的兒女都是收養的，並無血親關係。至於他的孫兒，似乎是他的養子的養子，也是內臣身份。他的案例讓我們知道宋代內臣，尤其是高級內臣，都有「妻」有「室」，然後有「兒」有「女」。〔註14〕

　　董仲永妻子趙氏是內臣尙食奉御趙舜賢之女，相信也是趙的養女。據稱她「治家嚴而有禮，梱內之政晏如也」。她亡於董仲永逝世之前，但卒年不詳，也不載得年多少。董仲永有三個養子，都是內臣。最長的名董原，早死，官至忠訓郎（即政和改制前的左侍禁）閣門祗候。次子名董壽寧，官入內內侍省高品，以疾罷廢在家。幼子名董壽祺（？～1181後），在董仲永卒時官武翼郎（即政和改制前的供備庫副使）兼閣門宣贊舍人、幹辦御前忠佐軍頭引見司，是董氏內臣世家的繼承人。他大概在淳熙八年（1181）或九年（1182）曾接待到闕的金國使人而獲轉一官。〔註15〕董仲永有女九人，夫婿都是任諸司副使至三班使臣的中下級武官，計長女適武翼郎、權發遣兩浙西路兵馬鈐轄趙伯駒（？～1162後）。趙伯駒字千里，是太祖（927～976，960～976在位）長子燕王德昭（951～979）第四子舒國公惟忠（？～1015）一房的後人，擅於畫。據曹勛〈徑

〔註13〕《松隱集》，卷三十六〈董太尉墓誌〉，葉五上、七上；《宋史》，卷三十二〈高宗紀九〉，頁 611；卷三十三〈孝宗紀一〉，頁 617～618；卷四百六十九〈宦者傳四・張去爲〉，頁 13671；《宋會要輯稿》，第三冊，〈禮四十九・尊號十〉，頁 1798～1800；第八冊，〈職官五十三・提舉德壽宮〉，頁 4461～4463、〈職官五十四・宮觀使〉，頁 4473～4476。按宋孝宗在紹興三十二年六月乙亥（初十）增置德壽宮提點、幹辦等官，董仲永當是此時受命。提點德壽宮的，還有董仲永的上司張去爲，以及入內內侍省東頭供奉官陳子常等多人。順便一提，宋孝宗是兩宋諸帝中對佛教最偏愛的，他對董仲永恤典特厚，可能是因爲董仲永是內臣中有名的佛門大德。關於宋孝宗好佛的事實，可參閱汪聖鐸：《宋代政教關係研究》，第六章第二節〈宋孝宗對佛教的偏愛〉，頁 226～237。

〔註14〕內臣有「妻」有「室」，秦漢以來已有之。唐代宦官娶妻亦很普遍，從唐代宦官墓誌銘即可見。宋元以後，仍沿襲此一風俗，只是史料記載不多，這三篇墓誌銘即提供了宋代宦官娶妻的例證。明清有關宦官娶妻成家的史料則甚多。參見杜婉言：《中國宦官史》（臺北：文津出版社，1996 年 6 月），第二章〈宦官生活一瞥〉，頁 67～75。另見注 52。

〔註15〕崔敦詩（1139～1182）：《崔舍人西垣類稿》，叢書集成初編本（上海：商務印書館，1936 年 12 月），卷二〈魏庭瓚董壽祺應奉金國人使到闕及一十番與轉一官制〉，頁 13。按崔敦詩在淳熙八年任中書舍人，九年卒。他撰這道制文應在這兩年間。

山羅漢記〉一文所記，「湛然（即董仲永）有婿監榷貨務趙伯駒，稟天潢之秀，擅丹青之譽，規摹人物，效法顧陸」。董過世後，趙伯駒將妻父的歷官行實詳細寫下，交給曹勛作爲撰寫墓誌銘的根據。次女適修武郎閤門祗候沈衍，再次的適武德郎（政和改制後由宮苑副使、左右騏驥副使、内藏庫副使等改）盧師忠、忠訓郎郭忠、高椿、保義郎（即政和改制前的右班殿直）楊大亨、承節郎（即政和改制前的三班奉職）蕭曛、賴嗣昌、成忠郎（即政和改制前的左班殿直）姚諤。董仲永有孫兒三人，分別是見任保義郎的董珏（？～1204後）和董珪，以及見任承節郎的董璟。董有孫女三人，在他卒時尚年輕未嫁。〔註16〕

　　董仲永的後人事蹟史籍所載不多，其婿楊大亨，據《宋會要輯稿》及《三朝北盟會編》所載，頗有戰功。他在紹興三十二年（1161）閏二月癸酉（初六），隸陝西抗金名將吳璘（1102～1167）麾下，以右軍第一正將，率李安等統軍攻打五鬼山金寨，並與後軍同統制田昇與統領胡洪、趙豐、陳濤，第六將馮超

〔註16〕《松隱集》，卷三十〈徑山羅漢記〉，葉十上；〈徑山續畫羅漢記〉，葉十一下至十二上；卷三十三〈跋趙千里畫石勒長跪圖〉，葉八下至九上；卷三十六〈董太尉墓誌〉，葉七上至七下；《宋史》，卷二百十七〈宗室世系表三〉，頁5871；卷二百十八〈宗室世系表四〉，頁6071；卷二百四十四〈宗室傳一·燕王德昭〉，頁8676；《宋會要輯稿》，第六冊，〈職官十六·軍器所〉，頁3443。按趙伯駒祖爲贈嘉國公趙令晙，父親爲再贈大中大夫趙子笈。曹勛的文集裏有幾篇題跋都提到趙伯駒，說與「今浙西路馬步軍總管趙公希遠及其兄千里交游甚久」，又說「向者千里嘗爲徑山呆禪師畫五百大士百軸，舉世以爲榮」。按曹勛寫〈徑山續羅漢記〉於乾道九年（1173）夏，那時趙伯駒已過世。關於趙伯駒的事蹟，美國宋史學者賈志揚（John W. Chaffee）在其研究宋代宗室的專著，以一頁半的篇幅加以論述。參見賈志揚（著），趙冬梅（譯）：《天潢貴胄：宋代宗室史》（南京：江蘇人民出版社，2005年11月），第十章〈結論〉，頁264～265。此條資料蒙本文匿名審稿人提供，謹此致謝。最近期的相關研究，可參閱徐建融：《宋代繪畫研究十論》（上海：上海大學出版社，2008年8月），第九章〈趙令穰與趙伯駒〉，頁193～236。作者以二十四頁的篇幅詳盡論述趙伯駒及其弟趙伯驌（1124～1182）的生平事蹟和藝術特點，並附有趙所繪的畫八幅及趙伯驌畫一幅。徐氏似乎不知道趙伯駒是内臣董仲永的女婿。又據謝稚柳的考證，趙伯駒傳世的書畫中，有一卷題爲趙伯駒的《六馬圖》，是從僞滿洲國長春僞宮流散的原故宮書畫。該卷末有「千里」款印，「千里」是趙的號。不過，謝氏認爲這個署款是僞添上的。此圖與北宋大畫家李公麟（1049～1106）著名的《五馬圖》很接近，應是李的手筆。參見謝稚柳（1910～1997）：《鑒餘雜稿》（上海：上海人民美術出版社，1989年5月），〈北宋李公麟的山水畫派兼論趙伯駒《六馬圖卷》〉，頁108～109。又據《宋會要·職官十六》所記，董仲永的次女婿沈衍在隆興元年（1163）三月，以閤門祗候充軍器所提轄官。但右正言周操上言，以軍器所官員已多，反對再任沈爲提轄官。孝宗從其請。沈到董仲永過世時仍官閤門祗候。

等攻打大散關（今陝西寶雞市西南 17 公里大散嶺上）正門、水門、御愛山金寨，自二更一擁上山，併力攻擊，與金人戰鬥至四更時，克復大散關。金兵敗走寶雞（今陝西寶雞市），宋軍復佔和尚原（今陝西寶雞市西南）。〔註17〕

　　至於其孫兒董珏，有二事值得一談，據《宋會要・職官七十二》的記載，在淳熙四年（1177）十二月，董以閤門寄班的低級武臣之身，路上遇上抗金名將韓世忠（1089～1051）子、戶部尚書韓彥古（？～1178後），卻沒有依制迴避。韓大怒，將他擒至其家，脫去衣服，縛於庭中，大肆凌辱。韓彥古此事做得過份，後為言官所知而被劾，貶官送臨江軍（今江西宜春市樟樹市）居住。〔註18〕

　　另一件值得注意的事，據董仲永婿趙伯駒弟、和州防禦使趙伯驌（1124～1182）的神道碑所載，他的第五女適訓武郎董珏。這個董珏當就是在淳熙四年被韓彥古責打的小使臣董珏。按周必大（1126～1204）為趙伯驌撰寫神道碑在趙死後廿二年的嘉泰四年（1204），他提到的董珏當時的武階是由大使臣內殿承制改的訓武郎，他經歷多年，好不容易才遷至此一官階。另外，宗室趙伯驌肯將女兒下嫁給董，而他所帶都是尋常武臣的階官，他應該不是內臣。而董珏娶祖父婿弟宗室之女，也是內臣與宗室通婚的另一例證。〔註19〕

〔註17〕　《宋會要輯稿》，第十五冊，〈兵十四・便宜行事〉，頁 8902；徐夢莘（1126～1207）：《三朝北盟會編》（上海：上海古籍出版社影印清光緒三十四年許涵度刻本，1987 年 10 月），下冊，卷二百五十〈炎興中帙一百五十〉，紹興三十二年閏二月十六日癸未條，葉七上（頁 1793）。

〔註18〕　《宋會要輯稿》，第八冊，〈職官七十二・黜降官九〉，頁 4969。按閤門寄班一職，疑即閤門看班祗候。據龔延明所考，該職由三班院選仕族子弟供奉官以下至殿直小使臣充，位次閤門祗候。董珏在董仲永卒時官保義郎。按保義郎為武階名，屬小使臣八階列。政和二年九月由右班殿直改。紹興定為入品武階五十二階的第五十階，位次於成忠郎，正九品。董珏以九品的保義郎任閤門看班祗候是合制度的。參見龔延明：《宋代職官辭典》，第七編〈皇宮京城禁衛侍衛機構類・二、皇城司與橫行五司門〉，「閤門看班祗候」條，頁 424；第十一編〈階官類・七、武官階官門之三・政和以後武選官階〉，「保義郎」條，頁 596。又韓彥古為韓世忠子，可參見周必大：《文忠集》，文淵閣《四庫全書》本，卷一百二十三〈辭免潤筆箚子〉，葉六下。

〔註19〕　周必大：《文忠集》，卷七十〈和州防禦使贈少師趙公伯驌神道碑・嘉泰四年〉，葉九上至十五上（董珏事見葉十三下）。按訓武郎原名敦武郎，武階名，屬大使臣二階列。政和二年九月由內殿承制改。紹興定為入品武階五十二階的四十三階，位次武翼郎（原供備庫副使），正八品。光宗即位，避帝諱「惇」改為訓武郎。參見龔延明：《宋代職官辭典》，第十一編〈階官類・七、武官階官門之三・政和以後武選官階〉，「訓武郎」條，頁 596。

　　在曹勛筆下，董仲永是一個聰明世故，行事謹慎而又天性仁厚的內臣長者。所謂「天資仁厚，賦性敏達」，從徽宗到孝宗，禍亂接踵而來，而內臣權勢由極盛至衰敗，他卻能「歷事四朝，夷險一致。恩禮每加優渥，服勤益殫夙夜。始終富貴，無矜伐之色；周旋禁省，有謹畏之稱」。曹勛大大稱許他辦事時「領職不懈，辦事約己」，而對人就「輕財好施，周人之急，有苦必濟，片善不遺，為之恐不力，聞之惟恐後。四方貧乏客寓疾病者，皆投誠倚辦」。曹勛對董之善行，歸之於他篤信佛教所致。據曹勛所述，董仲永自幼信佛，身居內臣顯位時，「出囊中萬數，創浮圖，營佛廟，預置絮襖楮衾，囷廩積粟，遇冬月即密遺饑凍之民，歲終往往自亦無餘。閭閻有男女婚嫁，貧不成禮者，必裝以遣之」。他又懂得廣結善緣，對於官員「士至銓曹，有無糧以日給，及已受成命，而無僕馬費者，悉出財以贍其用，識與不識皆與之。至於貧病於旅邸，必先濟以財，然後遣醫療疾，日問安否。或道路死而未殮，必與棺槨衣衾，遣親信葬藏之」。作為佛門大德，董仲永又建一淨坊「因果院」於臨安府城東，凡沒有人收殮的遺骨，都放置其中，歲時設齋經誦，令僧人追薦亡魂。至於里巷之人生計不繼或有病無醫的，向董門求助，都來者不拒。當聞知外地有行善之人或事，他都會命人持香茗經卷及供奉僧人的費用，加以資助。據曹勛所說，他的善行大名，「以是善類無遠近宗之」。董仲永親歷兵禍，劫後餘生，加上篤信佛陀，乃為江淮一帶死於刀兵的軍民親自書寫《度人經》、《金剛經》，刻於五塊石幢上，分置江淮兩岸，並且說：「草木風雨，助二經之音，亦可超度亡魂。」曹勛讚嘆他「設意慈愛，蓋眾人思慮素所不及者」。〔註20〕

　　據《錢氏私志》所記，在紹興年間，杭州吳山有一大井，每年有不慎落水死者。董仲永見此，即率眾作大方木，以石版蓋合井口，人們只能吊下水桶取水，於是再無人掉井而死。〔註21〕董仲永行善之舉，受人稱頌。

　　曹勛在紹興三十年（1160）正月甲午（十五）和在乾道九年（1173）夏分別撰寫的〈徑山羅漢記〉和〈徑山續畫羅漢記〉，詳細記載董仲永與趙伯駒翁婿二人怎樣為徑山杲禪師（即大慧宗杲，1089～1163）的道場畫五百羅漢百軸，於是「舉世以為榮，觀備佛事，伊蒲之供者，寺無虛日，蓋人得爭先覩之為快」。後來不慎失火，僅存三十軸。據楊惠南所考，董仲永與曹勛都是南宋看話禪倡導人宗杲的追隨者。據祖詠《大慧普覺禪師（按即宗杲）年譜》所記，

〔註20〕　《松隱集》，卷三十六〈董太尉墓誌〉，葉七下至九上。
〔註21〕　錢世昭（？～1163後）：《錢氏私志》，文淵閣《四庫全書》本，葉十下。

宗杲在紹興二十七年（1157）「示內都知董德之入道頌」，紹興三十年給董仲永寫〈假山跋〉。宗杲在隆興元年（1163）八月圓寂時，董仲永與曹勛等名公巨卿三十餘人參與悼念的法事。據汪聖鐸的研究，宋孝宗未繼位前，已與宗杲有很密切的交往。宗杲在秦檜（1090～1155）當權時，以支持抗金名臣張九成（1092～1159）而被追毀僧牒，編置衡州（今湖南衡陽市），紹興二十年（1150）再貶梅州（今廣東梅州市）。秦檜病死後，乃獲准北歸，並恢復僧牒。孝宗於紹興三十年立為太子後，宗杲即甚受孝宗優禮。據楊氏所考，宋廷主戰派的主腦、在孝宗繼位獲得起用的張浚（1097～1164），與宗杲都是臨濟宗楊歧派祖師克勤禪師（1062～1135）的弟子。與宗杲交往的名公巨卿，如李光（1078～1159）、呂本中（1084～1145）等人，多與張浚一樣，同屬主戰派。然則與宗杲等密切來往的董仲永，對金和戰的立場和態度又如何？〔註22〕

據《越中金石志》卷八所載，董仲永以「已定居士」（按：董墓誌銘記他自號「湛然居士」，這裡又作「已定居士」，不知是否他最初的號）之名義，在紹興二年（1132）七月癸酉（十五）中元日於杭州六和塔的觀世音經像碑記留下他「稽首合掌說偈贊」文一道，隱約流露他不向金人屈膝的一點心跡：

> 真觀清淨觀，廣大智慧觀，悲觀及慈觀，常願常瞻仰。歎佛功德，
> 上祝今上皇帝聖壽無疆，二聖早還京闕，天眷共保千祥，四海晏清，
> 兵戈永息，風調雨順，國泰民安，法界眾生，同霑行樂。」

〔註22〕《松隱集》，卷三十〈徑山羅漢記〉，葉九上至十一下；〈徑山續畫羅漢記〉，葉十一下至十四下；楊惠南：〈看話禪和南宋主戰派之間的交涉〉，《中華佛學學報》第七期（1994年7月），頁192～193，注4；祖詠（？～1183後）：《大慧普覺禪師年譜》，收入殷夢霞（編）：《佛教名人年譜》（北京：北京圖書館出版社，2003年1月），上冊，頁191，200，207～208；汪聖鐸：《宋代政教關係研究》，第六章第二節〈三、宋孝宗與徑山宗杲等〉，頁229～231。據南宋沙門普濟的記述，孝宗為普安郡王時，曾「遣內都監入山謁師（宗杲），師作偈為獻。及在建邸，復遣內知客詣山，供五百應真，請師說法，祝延聖壽。」孝宗所遣的內都監，應是師從宗杲的內侍門司黃節彥，而供五百羅漢的內知客當是董仲永。參見釋普濟（？～1252後）（撰），蘇淵雷（1908～1995）（點校）：《五燈會元》（北京：中華書局，1984年10月），卷十九〈南嶽下十五世上・昭覺勤禪師法嗣・徑山宗杲禪師〉，頁1274～1275；卷二十〈南嶽下十六世・徑山杲禪師法嗣・門司黃彥節居士〉，頁1353～1354。又近期研究大慧宗杲的，可參閱方新蓉：《大慧宗杲與兩宋詩禪世界》（北京：中華書局，2013年12月）。該書曾談及宗杲與曹勛及董仲永的交往，惟方氏誤將董仲永與另一內臣「門司黃彥節」、「內都監黃彥節」視為士大夫。見該書，第三章〈宗杲與兩宋士大夫關係考略〉，頁94，99，136及〈附錄〉，頁371～372。

據曉常所記，董仲永曾布施小字《觀音經》，後來經書湮沒，善緣中輟。董仲永就在是年命工匠刊經於石，用以傳播經文；他又求得李伯時墨本的菩薩妙像，一同刻石，作爲布施。又據曹勛〈六和塔記〉所述，二十年後，即紹興二十二年（1152），在殿帥和義郡王楊存中（1102～1166）牽頭下，董仲永又「以家之器用，衣物咸捨以供費」，資助重修六和塔。爲了廣結善緣，董仲永從不吝嗇家財。〔註23〕

董仲永也曾出資建供本家誦經祈禱的香火院，據《咸淳臨安志》所記，董仲永在紹興二十九年（1159）建寺，奏請充其家的香火院，高宗允准，並賜額名淨嚴廣報院。〔註24〕

董仲永信佛之外，晚年又愛讀《易經》。他得到邵康節（即邵雍，1011～1077）之學後，將室名改爲「安樂窩」，並求得高宗爲題書榜。他又經營小圃，名爲「杏莊」，與賓客焚香品茗，佳時吟詠，開懷暢飲。倘沒有人相伴同遊，他就獨自遊遍名山勝地，即使千里之遠，也不畏憚。董仲永自號「湛然居士」，他出遊仍大顯大德本色。據載他「遇仙佛道場，必作嚴供而迴。手書佛經滿四大部藏。其他經呪，鏤板印施，莫可數計」。碰上荒年失收，死於疫病者眾多，董仲永有不忍人之心，打算對亡魂超度，就出資於四名刹舉行水陸法會。凡是佛經中的秘語，可資冥福的，就命加以刊印然後焚化。可惜這一善緣還未完成，董仲永便逝去。據載董仲永在年前就有預感，在一次燕坐時，忽然命女婿高椿執筆，寫下近似遺言，自述平生的一番話，並附上一副偈言：「年次甲申，無著無塵。心中了了，道德全眞。」按董生於崇寧三年，歲次甲申；他逝世前的一年隆興二年（1164），也是甲申年。他命人將偈言藏於篋笥中，家人都不解其故，死後家人開笥觀之，才發覺他的預言果然靈驗。〔註25〕

〔註23〕《松隱集》，卷三十〈六和塔記・大宋臨安府重建月輪山壽寧院塔〉，葉五下至七上；《全宋文》，第一百九十八冊，卷四三七五〈董仲永・六和塔觀世音經像碑記・紹興二年七月〉，頁78～79；潛說友（1216～1277）：《咸淳臨安志》，載《宋元方志叢刊》（北京：中華書局，1990年5月），第四冊，卷八十二〈寺觀八・六和塔〉，葉十下至十一上（頁4118）。據網上檢索所得，這一宋代的觀音經碑尚保存於杭州的六和塔壁間，計四列，一百三十三行，小楷乃董仲永所書，碑上還刻有李伯時繪畫的觀音大士小像，旁邊有紹興二年的題跋。

〔註24〕《咸淳臨安志》，第四冊，卷七十九〈寺觀五・寺院・自涌金門至錢湖門〉，葉二十一下（頁4082）。

〔註25〕《松隱集》，卷三十六〈董太尉墓誌〉，葉九上至十上。

據曹勛所記，當董仲永的下葬日確定後，幼子董壽祺帶同趙伯駒所撰的董氏行狀往見曹勛，請曹「幸爲先君銘於幽阡，庶信後人，而盡子道」，言訖泣涕不止。曹勛以他與董仲永相交已久，而且甚喜他的仁心，就沒有推辭，於是據董氏行狀「盡載所記，文不加點」。最後繫以四言銘文，記錄他一生事蹟，並稱許他的功德云：

> 猗嗟董公，藹著仁風。逮事四朝，惟勤惟恭。秉操玉立，遇物心通。
> 四十年間，仁化在中。束髮筮仕，入侍殿閣。一節以趨，中外咸樂。
> 回祿偶煽，撲護祇恪。自爾簡在，繁劇是託。建炎御極，被遇殊專。
> 給事嚴秘，軍檄兼宣。總治鈞奏，備樂聞天。宮苑華要，峻從內遷。
> 復以勞能，職拱坤殿。日在眾務，冠佩不燕。遂擢東扉，時謂更練。
> 序進省闥，力丐祠館。天子憫之，賜以優游。靜寄山房，放意林丘。
> 忘懷觴詠，莫問朋儔。爲善不足，力繼前修。恤孤拯貧，濟飢念死。
> 扶生療疾，送終掩胔。無告寒士，道人禪子。弗間市道，率若在己。
> 以身方暘，急人之煩。以我履霜，知人之寒。想望矜嗟，施不爲難。
> 棺殮衣被，蓄以赴艱。成性存存，默契深造。數得方外，至言妙道。
> 脫屣之際，屈伸臂了。方恨無語，遺辭在薰。嗚呼仁人，世善畢臻。
> 擬壽松喬，倏忽春雲。淨嚴賜刹，哀哉高墳。無愧俯仰，尚鑑斯文。
> 〔註26〕

曹勛筆下董仲永的生平功德，自然免不了溢美之辭，而對於董在宋宮內外四十年所經歷的凶險事情和他避過的方法，墓銘中就隻字不提，或只輕輕帶過。尚身在局中的曹勛，自然對這些高度敏感的事諱莫如深。

三、鄭景純事蹟考

據其墓誌銘所記，鄭景純原名鄭康祖，宣和七年（1125）三月以足疾乞求宮觀，徽宗特賜鄭景純之名。他字夢得，世爲開封人。他出於內臣世家，曾祖父鄭守鈞，以內侍供職，於太宗（939～997，976～997 在位）太平興國五年（980）奉詔於京師的太平興國寺大殿的西面，度地建傳法譯經院，給天

〔註26〕 《松隱集》，卷三十三〈題廓太尉枇杷洞〉，葉三下至四上：卷三十六〈董太尉墓誌〉，葉十上至十一上。曹勛與董仲永相交的事，還可見其集中〈題廓太尉枇杷洞〉一篇，記曹與董，以及廓仲詢並第六弟朝直，與趙安國、楊子正、李功遂、王與善及三茅高士張達道桐柏、王虛中與劉景文、曹功顯會於枇杷洞之晚翠庵，而由曹勛書遊跡於石壁上。

竺僧息災及法天等譯經。譯經院到七年（982）六月始建成。端拱二年（989），太宗又命他領兵卒重建普安禪院（始建於後周顯德中【約957】），監造法華千佛、地藏不動尊等佛閣共六百三十區。他後來累贈官少師。〔註27〕

鄭景純的祖父鄭志明，累贈官左金吾衛上將軍。父親鄭昭緒，累贈官開府儀同三司。母親孫氏，封永平郡夫人。以上各人生平事蹟無考，從鄭守鈞到鄭景純四代，像董仲永的父祖情況一樣，都應是養父與養子的關係，而非血親。考鄭景純於紹興七年（1137）八月甲午（初四）卒，得年四十七。上推年歲，他當生於哲宗元祐六年（1091）。〔註28〕

建中靖國元年（1101），鄭景純以父蔭補入內黃門。崇寧二年（1103），年十三便正式入仕。他在崇寧至大觀年間（1102～1110）以勞績，從小小的入內黃門經六遷擢至供奉官，據稱他「皆獨被恩遇，最蒙眷獎」，是徽宗寵信的內臣。從政和至宣和初年（1111～1119），他經九遷擢至武節大夫、忠州刺史、直睿思殿。依曹勛的說法，他很受徽宗的信任，「當平居時，宮壼之選，殊號難致。公奉清閒之燕，出入謹密，朝夕不懈，受知徽宗皇帝，日躋顯仕。」大觀二年（1108）正月後，鄭景純兼任徽宗第三子嘉王趙楷（1101～1130）府及蕃衍宅承受。宣和三年（1121），特遷爲右武大夫、保信軍承宣使。宣和七年（1125）三月，他以足疾爲理由，請求補外宮觀，以便就醫。徽宗准其請，特授他提舉西京嵩山崇福宮，又賜他鄭景純之名。次年，即靖康元年（1126），又遷拱衛大夫。鄭景純得到徽宗寵信，可能還因他工書法，據載他「喜學楷法，酷好虞永興（虞世南，558～638）書，作字清勁，體製超邁，知法書者宗之」。徽宗精通書法，正得以投其所好。徽宗的寵臣中，蔡京（1047～1126）以書法聞名於世，以下如梁師成（？～1126）甚至可以模仿徽宗御書，連高俅（？～1126）也是「筆札頗工」的人。鄭景純能書，就較其他內臣易得徽宗所知。曹勛說他遷官迅速，連超數等，又獲徽宗賜名，當時「人皆榮之」，卻有

〔註27〕　《松隱集》，卷三十六〈鄭司門墓銘〉，葉十一上至十二上；袁褧（？～1201後）（撰），俞鋼、王彩燕（整理）：《楓窗小牘》，收入戴建國（主編）：《全宋筆記》，第四編第五冊（鄭州：大象出版社，2008年9月），卷下，頁244；《宋會要輯稿》，第十六冊，〈道釋二‧釋院‧傳法院、普安院〉，頁9998，10004；李燾（1115～1184）：《續資治通鑑長編》（北京：中華書局點校本，1979年8月至1995年4月；以下簡稱《長編》），卷二十三，太平興國七年六月丙子條，頁522～523；夏竦（985～1051）：《文莊集》，文淵閣《四庫全書》本，卷二十六〈傳法院碑銘〉，葉二上至二下。

〔註28〕　《松隱集》，卷三十六〈鄭司門墓銘〉，葉十一下。

誇大之嫌。徽宗寵信的內臣極多，相比之下，鄭景純的地位與權勢，與徽宗真正寵信且授以大權的內臣如童貫（1054～1126）、梁師成、楊戩（？～1121）、譚稹（？～1126 後）、李彥（？～1126）等，相去甚遠。〔註 29〕

宣和七年十二月欽宗繼位後，一朝天子一朝臣，受徽宗信用的鄭景純知幾，不但沒有希冀再獲得進用，還在靖康元年二月左右，明智地與另一內臣樂忱上書，稱祖宗朝凡內臣陞遷，均當寄資至帶御器械，到獲授內侍省及入內內侍省官，才正領所授，然後「日直殿廬，攝事禁掖」。他要求依從舊制，將他們的職級降低，欽宗自然准奏。同月，他從承宣使、拱衛大夫降兩階爲武節大夫、文州防禦使。〔註 30〕事實上，欽宗繼位後，爲了爭奪權力，與尊爲太上皇的徽宗失和。誠如王曾瑜所形容，他們「父子參商」。〔註 31〕鄭景純

〔註 29〕 《松隱集》，卷三十六〈鄭司門墓銘〉，葉十一下至十二上、十三下至十四上。武節大夫是武階官，在政和二年由諸司使臣的莊宅使、六宅使及文思使改。右武大夫，由橫班使臣的西上閤門使改。至於拱衛大夫，則由四方館使及昭宣使改。參見龔延明：《宋代職官辭典》，第十一編〈階官類・七、武官階門之三・政和以後武選官階〉，「拱衛大夫、右武大夫、武節大夫」條，頁 594。徽宗第三子趙楷初名趙煥，始封魏國公，崇寧元年（1102）十一月進高密郡王，大觀二年（1108）正月晉位嘉王。他在重和元年（1118）閏九月封鄆王，深受徽宗寵愛，一度有望爲爲太子。靖康之難被擄去北方，於建炎四年（1130）七月前已死。按鄭景純任嘉王府承受，當在大觀二年（1108）正月後。參見《宋史》，卷十九〈徽宗紀一〉，頁 365～366；卷二十〈徽宗紀二〉，頁 380；卷二十一〈徽宗紀三〉，頁 401；卷二百四十六〈宗室傳四・鄆王楷〉，頁 8725；卷四百六十八〈宦者傳三・梁師成〉，頁 13662～13663；《建炎以來繫年要錄》，卷三十五，建炎四年七月乙卯條，頁 798～799。關於高俅筆札頗工的本事和他得寵的原因，可參閱何冠環：〈水滸傳第一反派高俅事蹟新考〉，載何冠環：《北宋武將研究》（香港：中華書局，2003 年 6 月），頁 505～550。

〔註 30〕 《松隱集》，卷三十六〈鄭司門墓銘〉，葉十二下。按承宣使次爲觀察使，再次爲防禦使，鄭景純在遙領的使職降了兩級；至於他原來階官拱衛大夫爲正六品，降授的階官武節大夫則爲正七品，低了兩級。據《宋會要輯稿》所載，欽宗在靖康元年二月丁巳（廿一）詔，「內侍官陳乞寄資復祖宗法，除省官已降指揮外，所有轉出或致仕，已立新格，緣其間參照未備，可依下項：已轉出或致仕者依此，其合改正之人，令入內、內侍兩省具名申尚書省，給降付身」。據此詔所述，鄭景純等上書，當在靖康元年二月丁巳（廿一）前。本來依欽宗這次所定的換官表，鄭景純原來的拱衛大夫應降爲武經大夫（政和二年改制前的西京左藏庫使），可他只降爲武節大夫，大概是欽宗特恩之故。至於他遙郡的承宣使，就依制降爲防禦使。參《宋會要輯稿》，第七冊，〈職官三十六・內侍省〉，頁 3900。

〔註 31〕 參閱王曾瑜：〈宋徽宗和欽宗父子參商〉，原載《慶祝楊向奎先生教研六十年論文集》（石家莊：河北教育出版社，1998 年），收入王曾瑜：《絲毫編》（保定：河北大學出版社，2009 年 6 月），頁 146～157。

是徽宗寵信，並且一度是欽宗儲位競爭者嘉王楷的親信內臣，當然需要加倍小心謹慎，以免招致欽宗的疑忌。〔註32〕

　　鄭景純是如何逃過靖康元年二月和高宗建炎三年（1129）三月發生的明受之變兩次大殺內臣之厄，墓誌銘沒有記載。只記他在建炎三年以「覃恩」，自武節大夫陞兩階為武功大夫，遙郡仍為文州防禦使，另特差為兩浙西路兵馬都監。既謂「覃恩」，相信他最早要到是年四月後，明受之變平定後才獲高宗授職。〔註33〕

　　鄭景純任兩浙西路兵馬都監，一直至紹興四年（1134），然後召入任幹辦龍圖閣、天章閣、寶文閣、顯謨閣、徽猷閣事。本來依制度，需要經幹辦延福宮及後苑兩階，才可以授幹辦龍圖諸閣事；但高宗以他「為一時耆宿，老於文學，欲器使之」，予以超擢。過不了一兩年，高宗又擢他為機要的幹辦內東門司兼提點六宮事務。當時宋廷與金人交兵，保護宮廷安全是第一要務。鄭景純做得稱職，「條畫有方，更歷施設」。然而在紹興七年八月初，他忽然得疾不起，身體變得虛弱。高宗得知，即命他的兒子鄭开暫時停職，前往侍疾。景純吩咐諸子後事後，於八月甲午（初四）去世，得年才四十七。他最後的官職差遣是武功大夫、文州防禦使、寄資入內內侍省東頭供奉官、幹辦內東門司、提點六宮一行事務，故曹勛稱他為「鄭門司」，比董仲永的官職稍低。〔註34〕

　　不知何故，鄭景純歿後二十年，即紹興二十七年（1157）十二月壬寅（初十），才下葬於臨安府錢塘縣履泰鄉胭脂嶺大監塢之原。董仲永在八年後下葬的履泰鄉賜寺，與鄭墓距離有多遠，無從查考。〔註35〕

〔註32〕　對於欽宗與弟鄆王趙楷的關係，張邦煒稱為「兄弟鬩牆」；至於徽宗與欽宗後來的關係，張氏稱之為「父子反目」。對整個靖康元年徽宗、欽宗及趙楷之關係，張氏則稱之為「靖康內訌」。有關欽宗與趙楷在徽宗朝儲位之爭，以及欽宗繼位後與徽宗反目的始末，可參閱張邦煒：〈靖康內訌解析〉，《四川師範大學學報（社會科學版）》，第28卷第3期（2001年5月），頁69～82。

〔註33〕　《松隱集》，卷三十六〈鄭司門墓銘〉，葉十二下；《宋史》，卷二十五〈高宗紀二〉，頁462～465。建炎三年三月苗劉之變中，亂軍一共殺內臣百餘人，至四月亂平，高宗復位。關於靖康元年及建炎三年兩次宋廷及軍民大殺內臣的始末，可參閱張邦煒：〈南宋宦官權勢的削弱〉，原載張邦煒：《宋代皇親與政治》（成都：四川人民出版社，1993年），增補後載張邦煒：《宋代政治文化史論》（北京：人民出版社，2005年10月），頁76～97。補充一點，武功大夫在政和二年九月自諸司正使之首的皇城使改。

〔註34〕　《松隱集》，卷三十六〈鄭司門墓銘〉，葉十一上至十三上。

〔註35〕　《松隱集》，卷三十六〈鄭司門墓銘〉，葉十五下。關於鄭景純下葬的胭脂嶺的位置，據《淳祐臨安志》卷八的記載，胭脂嶺「在九里松曲院路之西，土

鄭景純與董仲永一樣，雖是內臣，但名義上的妻兒孫婿眾多。他的妻子牛氏，封安康郡夫人。有養子三人，長子名鄭牲，紹興二十七年十二月任入內西頭供奉官。次子名鄭开，見任入內內侍省東頭供奉官、睿思殿祗候、幹辦後苑、幹辦翰林司。三子名鄭朋，見任武經郎、閤門宣贊舍人、幹辦御前忠佐軍頭引見司（按：從鄭朋的官職去看，他可能不是內臣）。鄭景純有養女二人，長婿是同屬內臣的武功大夫、寄資入內內侍省東頭供奉官、實錄院主管諸司兼監門楊興祖（？～1170 後）；二女婿劉綱（？～1160）出身將門，南宋初年以能戰善守聞名，時任左武大夫、貴州防禦使、兩浙東路馬步軍都總管（劉綱事蹟詳見本文附錄）。鄭景純有孫四人，長孫名鄭邦美（？～1192 後），見任入內內侍省內侍高班。其次為鄭邦直，任承信郎。再次為鄭邦義，未仕。第四名鄭邦憲（？～1189 後），任入內內侍省內侍黃門。有孫女三人，長孫女婿是入內內侍省內侍高班、聽喚上名梁彬（？～1189 後），次孫女婿是入內內侍省高品續康伯（？～1207 後）。最小的則仍未出嫁。鄭景純的親屬中，所謂兒孫都是養子養孫，並無血親的關係。值得注意的是，鄭的女婿及孫女婿中，除了二女婿劉綱不是內臣外，其餘三人都是內臣。參照董仲永的案例（按：董的祖母及母親均為內臣之女），宋宮的內臣家族相互婚配，是普遍的現象。〔註36〕

鄭景純的三個兒子，長子鄭牲以後的事蹟不詳。次子鄭开，曾在紹興十三年十一月甲戌（廿二），以接受侍衛步軍司統領張守忠（？～1165）的賄賂，與之交通，而自入內東頭供奉官、睿思殿祗候職上除名，並發往衡州安置。不過，他在紹興二十七年十二月前，早已官復原職，並且由他出面請曹勛撰寫鄭景純的墓誌銘。幼子鄭朋在在紹興二十七年十一月乙丑（初三），即鄭景純下葬的一個月前，以閤門宣贊舍人的身份，隨同太常少卿孫道夫（？～1157 後）出使金國，擔任賀金主完顏亮（1122～1161，1149～

色獨紅，因以名之。路不險峻，過嶺則通大小麥嶺」。然而大監塢的位置則不載，也沒有言及該處有內臣墓穴。參見施諤（？～1252 後）：《淳祐臨安志》（與《乾道臨安志》合本，稱為《南宋臨安兩志》）（杭州：浙江人民出版社，1983 年 1 月），卷八〈城內外諸嶺〉，頁 165。

〔註36〕《松隱集》，卷三十六〈鄭司門墓銘〉，葉十三上至十三下。賄賂鄭开的張守忠，在紹興三十二年後一直擔任主管侍衛馬軍司公事，直到乾道元年。他是一員能將，所謂交通內臣，可能是政敵為了打擊他而羅織的罪名。他在紹興二十七年以後的事蹟，參見《宋會要輯稿》，第四冊，〈禮六十二‧賣賜二〉，頁 2154；第十四冊，〈兵九‧出師三‧金國〉，頁 8785。

1161 在位）的金國正旦副使。他似乎不及參加亡父的下葬禮，以後的事蹟也不詳。〔註37〕

至於他的兩個孫兒鄭邦美及鄭邦憲的事蹟，則略見於周必大的記載。據周的記錄，鄭邦美先後於乾道六年（1170）十月丁未（初一）、十月丙子（三十）、十一月丁丑（初一）、十一月丁亥（十一），以入內內侍省東頭供奉官、睿思殿祗候、幹辦龍圖、天章、寶文、顯謨、徽猷、敷文閣、幹辦講筵閣兼承受幹辦萬壽觀的官職，代孝宗於萬壽觀純福殿爲高宗開啓靈寶道場祈福。另外，據抗金名將吳璘的同德碑記載，孝宗於乾道元年四月，曾遣鄭邦美勞問吳璘。他在光宗紹熙元年（1090）二月己丑（初五），以奉上孝宗尊號壽聖皇帝的冊寶禮畢，以大禮承受之勞特與階官上轉行兩官。據《咸淳臨安志》的記載，他在紹熙壬子（即三年，1192）請建本家的香火院，並獲賜額名榮先資福院。據此知他也篤信佛教。他被稱爲「節使」，可能後來獲追封爲節度使。惟他在紹熙三年以後事蹟不詳。〔註38〕

鄭邦憲則於淳熙十年（1183）五月至淳熙十一年（1184）九月，九度作爲欽差向周必大宣旨：第一次在淳熙十年五月辛未（初八）前，諭周必大付還步帥翟安道飛虎軍刺塡軍額文字一件。第二次在十年七月丁亥（廿五）前，奉旨賜周必大原予大將、吳璘子吳挺（1138～1193）的御札副本。第三次在淳熙十一年三月丁酉（初八）前，奉旨付給周必大廣西利害文字一宗。第四次在同年四月己未（初一）前，奉旨交給周有關蔡勘文字一件。第五次在六月癸酉（十六）前，奉旨交給周一件李彥穎（？～1184 後）的文字。第六次在六月癸未（廿六）前，交付馬帥雷世賢（？～1185 後）的箚子回奏。第七次在七月己酉（廿三）前，付給周一張極不快便的弩，要周交給負責人夏俊改

〔註37〕 《建炎以來繫年要錄》，卷一百五十，紹興十三年十一月甲戌條，頁 2837；卷一百七十八，紹興二十七年十一月乙丑條，頁 3407；《松隱集》，卷三十六〈鄭司門墓銘〉，葉十五上。鄭景純墓誌銘云：「一日，苑使公持公履歷，泣見，謂先公嘗與子之先君有同僚之契，今者誌文，非子尚誰？」這裡的「苑使公」當指其時任幹辦後苑幹辦翰林的鄭开。

〔註38〕 周必大：《文忠集》，卷首〈年譜〉，葉三十二下；卷一百十四〈玉堂類稿十四〉，〈萬壽觀純福殿開啓太上皇帝本命月道場青詞〉，葉十三上至十四上；〈萬壽觀純福殿開啓太上皇帝本命日道場青詞〉，葉十四上至十五上；杜大珪（？～1194 後）：《名臣碑傳琬琰之集上》，文淵閣《四庫全書》本，卷十四〈吳武順王璘安民保蜀定功同德之碑〉（王曮撰），葉十六上；《宋會要輯稿》，第三冊，〈禮四十九·尊號十二〉，頁 1819；《咸淳臨安志》，卷七十九〈寺觀五·寺院·自涌金門至錢湖門〉，葉二十一下（頁 4082）。

善。第八次在九月辛亥（廿六）前，奉旨交付蕭鷗巴（哲伯）所陳乞的趙善蘊添差文字一件。第九次在十一月乙巳（二十）前，他又奉旨賜周必大蜀三帥吳挺、彭杲（1126～1191）、傅鈞三將之奏及孝宗的批示。周必大在他所撰的〈思陵錄〉，又記載在淳熙十五年（1188）正月甲寅（十八），當高宗逝世百日，孝宗命鄭邦憲詢問一些關於放房錢的問題。翌年（淳熙十六年，1189）正月癸卯（十二），孝宗又命他宣押想辭職的宰相周必大赴國忌行香。鄭當時的職位是御藥，可以推知他在淳熙十年至十六年，一直是孝宗近身的御藥內臣。他後來的事蹟暫不可考。〔註39〕

鄭景純的兩個女婿，長婿楊興祖於紹興二十八年（1158）八月辛丑（十四）宋廷置國史院時，以入內內侍省東頭供奉官，充國史院主管諸司。孝宗繼位後，他受到重用，步步高陞。到乾道六年（1170）正月丁丑（廿六），他以入內內侍省寄資中侍大夫（按：即政和二年改制前的景福殿使）、保寧軍承宣使，特差充任徽宗永祐陵攢宮都監，其名位已在妻父之上。〔註40〕次女婿劉綱仕途得意，在紹興二十八年後更官運亨通，最後位至左武大夫、武康軍承宣使（詳見附錄）。

鄭景純的兩個孫女婿梁彬和續康伯均是內臣，後來都受宋廷重用。淳熙二年（1175）十月，孝宗在玉津園與臣下比射，孝宗特命梁彬賜周必大弓箭例物。淳熙三年（1176）再命梁諭周必大於回程平江府（即蘇州）時賜御宴。淳熙四年（1177），孝宗再命梁諭周必大於回程盱眙軍（今江蘇淮安市盱眙縣）時賜御宴。另孝宗又命續康伯詣尚書省賜周必大宰執以下喜書御宴口宣。淳

〔註39〕 周必大：《文忠集》，卷首〈年譜〉，葉二十六下；卷一百四十六〈奉詔錄一〉，〈飛虎軍軍額回奏・淳熙十年五月八日〉，葉八下至九上；〈宣示吳挺御札回奏・同施樞密・淳熙十年七月二十五日〉，葉十三下至十四上；〈淳熙十一年三月八日・同日回奏〉，葉廿六下；卷一百四十七〈奉詔錄二〉，〈付下蔡勘文字回奏・淳熙十一年四月一日〉，葉一上；〈李彥穎文字回奏・淳熙十一年六月十六日〉、〈雷世賢箚子回奏・淳熙十一年六月二十六日〉，葉十三下；〈夏俊弩樣回奏・淳熙十一年七月二十三日〉，葉十六下；〈蕭鷗巴陳乞回奏・淳熙十一年九月二十六日〉，葉十九上；卷一百四十七〈奉詔錄二〉，〈付下蜀中三帥箚子並錄白御筆回奏・十一月二十日〉，葉二十三下至二十四上；卷一百七十二〈思陵錄上〉，葉五十八下。

〔註40〕 《宋會要輯稿》，第六冊，〈職官十八・秘書省・國史院〉，頁3503；第八冊，〈職官五十七・俸祿雜錄下〉，頁4606；周必大：《文忠集》，卷一百十三〈玉堂類稿十三〉，〈淳熙三年・朝辭訖解驛賜酒果・內侍楊慶祖〉，葉三十下。考周必大所言及的內侍楊慶祖，疑即楊興祖。

熙六年（1179），梁彬再奉命宣周必大於回程鎮江府（今江蘇鎮江市）時賜御宴。淳熙十五年二月丁丑（十一），孝宗又命梁持金國廟諱一紙予宰執，去議定剛去世的高宗廟號。四月辛未（初五），孝宗又命梁彬撫問剛奉安高宗梓宮回來的周必大，並賜他銀合茶藥銀兩。梁彬是孝宗親信的內臣，當孝宗在淳熙十六年（1189）二月壬戌（初二）禪位光宗（1147～1100，1189～1194 在位），素服移駕至重華宮（即高宗原居的德壽宮改）時，陪同的內臣就有梁彬。梁彬因光宗繼位獲特遷橫班使臣，後來的仕歷及事蹟不詳。〔註41〕

　　續康伯後來也擢為高級內臣。他在光宗紹熙五年（1194）七月乙亥（十六），即以入內內侍省押班之職，擔任孝宗永祐陵山陵施行工程的覆按副使。癸未（廿四），又擔任孝宗欑宮修奉鈐轄。寧宗（1168～1224，1194～1224 在位）慶元六年（1200）八月戊辰（十六），他又出任光宗的山陵鈐轄。開禧元年（1205）四月癸丑（廿六），他以寧宗楊皇后（1162～1232）歸謁家廟推恩，以皇后本閣提舉官轉階官。開禧三年（1207）五月辛卯（十六），孝宗成肅謝皇后（？～1207）逝世，續康伯以都大主管喪事有勞，獲特轉兩官。〔註42〕

　　在曹勛的筆下，鄭景純和董仲永一樣，都是小心謹愼、做事不憚勤勞、安分守紀而又親近士大夫的內臣，所以「歷事累朝，皆蒙擢用，不以尋常見遇，蓋其操履純正，德歸於厚」。曹勛特別指出他供職嘉王府時，老於細故，「口不

〔註41〕　《宋史》，卷三十五〈孝宗紀三〉，頁 691；周必大：《文忠集》，卷首〈年譜・淳熙十五年戊申〉，葉三十一下：卷一百十二〈玉堂類稿十二〉，〈尚書省賜宰執以下喜書御宴口宣・淳熙四年內侍續康伯〉，葉二十一上下：卷一百十三〈玉堂類稿十三〉，〈淳熙六年・回程鎮江府賜御宴・內侍梁彬〉，葉二十下：〈玉津園特弓賜弓箭例物口宣三・內侍梁彬〉，葉二十七下：〈淳熙三年・回程平江府賜御宴〉，葉三十二上：〈淳熙四年・回程盱眙軍賜御宴・內侍梁彬〉，葉三十七上：卷一百七十二〈思陵錄上〉，葉七十下：卷一百七十三〈思陵錄下〉，葉十九下至二十上：陳傳良（1127～1203）：《止齋集》，文淵閣《四庫全書》本，卷二十二〈繳奏內侍張安仁轉官第二狀〉，葉三下至五上。

〔註42〕　《宋會要輯稿》，第一冊，〈后妃一・皇后皇太后・成肅謝皇后、恭聖仁烈楊皇后〉，頁 254～255；〈后妃二・皇后皇太后雜錄三・皇后雜錄〉，頁 300；第三冊，〈禮三十・歷代大行喪禮下・孝宗・光宗〉，頁 1373～1374，1399；〈禮三十七・帝陵〉，頁 1570；《全宋文》，第二百八十九冊，卷六五七六〈蔡幼學七〉，〈繳結絕成肅皇后主管喪事所祔廟推賞指揮狀〉，頁 286～287；《宋史》，卷三十八〈寧宗紀二〉，頁 745；卷二百四十三〈后妃傳下・孝宗成肅謝皇后〉，頁 8652～8653；樓鑰（1137～1213）：《攻媿集》，文淵閣《四庫全書》本，卷四十八〈閤仲續康伯修奉欑宮傳宣撫問並賜銀知茶藥及唱賜一行官吏等犒設口宣〉，葉四上。

及俗務，言不及世態」，只是勸勉嘉王爲善，教他「日不輟廢誦讀，閒暇必規於孝謹之道」，並「令親詩書，致王修飾肅謹」，總之要讓嘉王做到一個賢王的榜樣。徽宗對他教導愛子之方法，自然大爲滿意，故鄭每次謁見徽宗，都得到嘉賞。曹勛指出，鄭景純對徽宗「每有寵數，每辭之。公智思凝遠，絕人數等」。

鄭的智思還可從其處理人事問題看到，曹勛引述曾有嘉王府屬有才而不得見用者，鄭景純就向嘉王密陳此人的文章及行誼，並說自己當居於此人之下。此人因此得到陞遷，後來知道是鄭所推薦，就要向鄭當面道謝，鄭拒而不見。鄭「甄別士類，不收私恩」的原則，正是其智慧所在。〔註43〕

鄭景純不像董仲永篤信佛陀，而是「居家力學不倦，書史爲樂，日親士大夫，講說大義，凡經籍隱奧與古人成敗，無不該通。自少及長，敦尚儒素」，儼然一個儒生。他不以權勢傲人，而喜與士人交游。食客雖不斷前來拜謁，他仍精神奕奕，了無倦色。生活檢樸，「凡追逐綺靡，畋游狗馬之好，一切未始經意」。如前文所提到，他喜書畫，擅於鑑賞。據曹勛所記，有人送他一幅雪滿群山的圖畫，他命座中客題名。客人都想討好鄭，希望擬一個好名字，故此遲疑不決。鄭隨口說道：「卻暑圖可乎？」舉座都讚嘆命名之妙。〔註44〕

曹勛在墓銘中又盛稱鄭景純教子有方，其子均卓犖不群，其中次子鄭开（苑使公）「雅繼父風，入侍玉華，兼領要務，以廉謹稱」；三子鄭朋（宣贊公）「束帶立朝，多被掄選。館客入覲，持禮出疆，洊受付委，爲時聞人」。曹勛又稱他們兄弟和睦相處，同居而無間，受到搢紳的稱許。考諸二人可見之事蹟，鄭开在紹興十三年被指收受賄賂而被重責，倘不是遭人陷害，就與廉謹之名不符；至於鄭朋在紹興二十七年十二月被選出使金國，倒是符合「多被掄選」之語。〔註45〕

曹勛願意爲鄭景純撰寫墓誌銘的原因，是因鄭开的泣求。據曹所述，一日鄭开拿著鄭景純的履歷來見他，說：「先公嘗與子之先君〔曹組〕有同契之誼，今者誌文，非子尙誰屬？」曹勛以他昔日在朝廷，熟悉鄭景純的行事，故此爲他寫墓誌銘實爲義不容辭的事。在鄭景純的墓誌的結尾，曹勛寫了以下的四言銘文頌揚鄭的一生：

〔註43〕 《松隱集》，卷三十六〈鄭司門墓銘〉，葉十四上至十四下。
〔註44〕 《松隱集》，卷三十六〈鄭司門墓銘〉，葉十三下至十四下。
〔註45〕 《松隱集》，卷三十六〈鄭司門墓銘〉，葉十四下。關於鄭开與鄭朋之事蹟，參見注34。

於皇徽考，乃聖乃神。在帝左右，必惟其人。偉矣鄭公，名藹搢紳。

問學之富，首被選掄。維公秉德，中外樂易。所以造道，博約申止。

事上則忠，睦族日悌。攝職從政，廉以行己。殿閣禁嚴，揚歷方崇。

亟擢東扉，遂裨天聰。旦夕顧問，侃然納忠。有猷有爲，方付委公。

胡爲不淑，弗假以壽。帝曰惜哉，所用未究。令子克紹，新阡方茂。

千載視石，尚慶厥後。〔註46〕

與董仲永相比，鄭景純與曹勛的私交沒有董與曹那麼深，而鄭又早死，故此在曹勛文集，沒有看到其他有關鄭景純的記載。不過，曹仍肯爲鄭寫墓誌銘，一方面是鄭开的交情，另一方面也是敬重鄭景純人品所致。在鄭的墓誌銘中，對一些政治敏感的事情，如嘉王與欽宗儲位的競逐、徽宗與欽宗的參商，以及高宗初年明受之變，曹勛同樣諱莫如深。尤其爲何鄭景純歿後不能下葬，要等到二十多年後才入土立碑寫銘？鄭景純的子婿，包括屬於韓世忠（1089～1151）部將的劉綱在內，在鄭歿後的十多年一直鬱鬱不得志，甚至被削官編管，要到紹興二十三年（1153）前後才稍得任用，更要到紹興二十七年鄭景純入土時，才算得上出頭。原因何在？令人狐疑，曹勛卻一字不提。是否與秦檜當權，他們受到逼迫有關？這些問題，均值得思考。

此外，鄭氏內臣家族，從太宗的鄭守鈞到鄭邦美兄弟，綿延六代，從北宋初至南宋中期逾二百年，他們雖非眞有血緣關係的家族，但作爲宋代內臣的案例，實在是一個很不凡的內臣世家，值得研究宋代家族問題的學者注意。

四、楊良孺事蹟考

據楊的墓誌銘所記，楊良孺字子正，里籍不詳。他卒於隆興二年（1164）四月戊辰（十四），得年五十四。上推年歲，則其當生於徽宗政和元年（1111）。在董、鄭、楊三人中，楊年齡最幼。他也是出身於內臣世家，曾祖父楊懷憫，累官金吾衛上將軍。曾祖母馬氏，封安康郡夫人。祖父楊元卿（？～1079），墓誌銘記他累官至供備庫副使，但據《長編》所記，他最後官至莊宅副使。他在神宗（1048～1085，1067～1085 在位）熙寧十年（1077）四月辛卯（十二），在邕州永平寨主（今越南高諒省祿平）、供備庫副使任上，與知欽州（今廣西欽州市）、西京左藏庫副使劉初（？～1077 後），以招降廣源、蘇茂州首

〔註46〕《松隱集》，卷三十六〈鄭司門墓銘〉，葉十五上至十五下。

領有功，各遷七資。楊元卿在元豐元年（1078）閏正月前後，擔任廣南西路經略司勾當公事，曾經拒絕接收交趾李乾德（李仁宗，1066～1127，1072～1127在位）向宋請和的奏表。神宗在同月丁酉（廿二），命他速受表附奏以聞。令人貢使發遣赴闕，至於畫定疆界和送還人口的事，就別聽宋廷處分。楊後來擔任靠近交趾的順州（即廣源州，今越南高平省廣淵縣）都監，陞為莊宅副使。他在元豐二年（1179）十月前在順州任上逝世。宋廷恩恤，給他官一子。楊元卿死前曾上遺表，宋廷特准其請，楊良孺之父楊延宗（？～1116後）大概因此得以出仕，其妻張氏也封秀容郡夫人。〔註47〕楊良孺的的母親彭氏，封恭人。楊延宗雖然官位不高，在政和、宣和年間只做到由三班使臣擔任的麟府路走馬承受，但曹勛對他大大稱許，說「宣政間近衛多名公賢者，往往賦性凝遠，識度絕人，臨事不苟，為一世效」，楊延宗就是其中表表者。楊延宗最可稱道的事，就是能在行伍中識拔張俊（1086～1154）和韓世忠。據說楊延宗對二人以殊禮相待，又教他們守紀，勸勉二人為善，又暗中加以賙濟。他勉勵二人精習戎事，立志建功，他日必可建立非常的功勳，切勿因貧窮而自暴自棄。據曹勛所記，二人自此遵照楊延宗之教誨，盡棄市井陋習，改行

〔註47〕《松隱集》，卷三十六〈幹辦內東門司楊公墓誌銘·乾道元年三月〉，葉十六上至十六下；《宋會要輯稿》，第七冊，〈職官四十一·走馬承受公事〉，頁4067；第十六冊，〈蕃夷四·交趾〉，頁9793；《長編》，卷二百八十一，熙寧十年四月辛卯條，頁6891；卷二百八十七，元豐元年閏正月丁酉條，頁7033；卷三百，元豐二年十月丁未條，頁7310～7311。順州是神宗所謂荒遠瘴癘之地，宋廷每年戍兵三千人，十損五六，而所築的堡寨，深入在交趾境內，糧運阻絕。在順州死於任上的官員除了楊元卿外，還有權發遣廣南西路都監張吉、權管勾廣南路經略司機宜文字劉子民，疑都是染上瘴癘而病死的。宋廷權衡利害後，在這年十月放棄順州，以其地給交趾。又據司馬光（1019～1086）所記，皇祐四年（1052）七月，余靖（1000～1064）受命討儂智高（？～1053後），余募人能擒儂智高，有孔目官楊元卿及進士石鎮等十人皆獻策請行。余靖一一問之，以楊元卿之策最善。他說西山諸蠻凡六十族，都依附儂智高，而他本人知其中一族，願意去說該族來降，若一族歸附，使之諭其他各族，若都聽命，儂智高則失助成擒。余靖即命他攜黃牛與鹽出往說之。其中二族果然隨楊元卿來降。余靖都補二族首領為教練使，慰勞犒宴，厚賜遣之。於是諸族轉相說諭，稍稍來降。這個孔目官楊元卿似乎很熟悉這一地區的蠻情和地理，皇祐四年距熙寧十年有二十五年，這個楊元卿有一點可能與楊良孺祖楊元卿是同一人。惜司馬光沒有說助余靖的楊元卿後來授甚麼官以及其他事蹟。參見司馬光（撰），鄧廣銘（1907～1998）、張希清（校注）：《涑水記聞》（北京：中華書局，1989年8月），卷十三，第370條，「獲儂智高母」，頁263。

仁義之道。三十年後，張、韓二人果然立下大功，並得封王。後來二人見到楊良孺，感念楊延宗的知遇之恩，都對他禮敬不已，並說：「知人之鑑，無若阿父。我輩非公教養，何得致身如此！」〔註48〕

　　楊良孺建炎初年入仕，墓銘說他「日侍清禁，備著勤績」。當時烽火不息，軍務繁忙，所謂「赤白囊封，無日不至」。他供職儀鸞司，扈從應奉於高宗左右，做到「略無闕失」。他又兼供職於內廷的殿閣，早晚聽召，故常常不能歸家，卻越見恭勤，因而得到高宗的寵信，二十年間凡五遷至幹辦內東門司。他在內東門司供職兩年，以疾求罷，最後得到高宗允許，並加武功大夫，出為提舉佑神觀。據曹勛的說法，他得到高宗的信用，原因是他「少時尚氣節，奉宸之外，與世寡偶」，閒暇時就只喜歡彈琴弄阮，或讀詩書作文辭，即是說他不群不黨。楊當官任事，很有原則，「苟一決於心，雖群議紛然，莫能撼也」。他又「勤職奉法，守正嚮公」，故此高宗一直讓他留在儀鸞司，不易他人。〔註49〕

　　曹勛記楊良孺罷職出居宮觀後，過著優游自在的生活。平時整治居所，種植松竹花木，又與親朋飲酒賦詩，據說時有佳句，為同輩所稱許。聽到遠方有道的人，就不畏路途遙遠，也不管寒暑，親身前往尋訪。曹勛讚嘆他「物外之性，尤超然自得，殆將與造物者遊於無何有之鄉。人徒見其尋訪高勝，遠適名山，不知其寓興所在，實趣名教中樂地」。若說董仲永是大德居士，鄭景純接近一純儒，則曹勛筆下的楊良孺就是一個道家的追慕者。據曹勛所記，楊良孺中年開始，「放懷交遊，孜孜雅道，日有課程，惟恐不逮」。退休宮觀後，就「多作善緣」。他與甚麼有名的高士往來，曹勛沒有記載，但他肯定敬仰道家之旨。至於是否進一步信奉道教，暫無可考。〔註50〕

〔註48〕　考楊延宗在公務上很認真，《宋會要輯稿》記他在政和六年（1116）四月甲子（初一），以麟府路走馬承受公事向樞密院申報公事，云：「伏覩《走馬敕》，諸稱帥司者，謂經略、安撫、都總管、鈐轄司，又令帥司被受御前發下朱紅金字牌。因季奏齎赴樞密院送納。契勘有知府折可大并似此等處，遇有躬受到御前發下朱紅金字牌，合與不合計會齎赴朝廷送納？」宋廷詔並令走馬承受齎擎赴闕送納，諸路似此去處依此。考在政和六年七月甲辰（十三），宋廷改諸路走馬承受公事為廉訪使者，故曹勛在墓誌銘稱楊延宗為陝右廉訪。參見《松隱集》，卷三十六〈幹辦內東門司楊公墓誌銘‧乾道元年三月〉，葉十五下至十六下。

〔註49〕　《松隱集》，卷三十六〈幹辦內東門司楊公墓誌銘‧乾道元年三月〉，葉十六下至十七上、十八上。

〔註50〕　《松隱集》，卷三十六〈幹辦內東門司楊公墓誌銘‧乾道元年三月〉葉十七下。

楊良孺在隆興二年四月戊辰（十四）無疾而終，得年才五十四。曹勛記其逝世，很有道家的味道。據載他本來打算在是年的秋天，往訪桐柏山的異人。他在逝世前數日，忽然計算起這年收支的多寡，又將箱篋所存的財產登錄在簿籍上，並且對隨從說：「人生貴在知足，知足則不辱，樂在自適，自適則心逸。儻營為不止，且老境見逼，歲不我與，吾將曷以哉？所欲惠遺兒曹者，既足養吾身者又備，尚安所事？」隨從都不解他這番好像交待後事的話。四月戊辰（十四），他吃過早飯，散步消食後，就回房稍歇。家人不覺得他有甚麼疾病，也看不到他有何異樣，就如平時睡眠一樣。僕從到了平時叫他起床的時候，才發覺他已無疾而終，好像道家「奄然脫去」。當時識與不識的人，都很悼惜，慨嘆其壽不永，而其材未有盡用。曹勛說：「非涉道者，疇克爾？」因楊平素待親友以誠，待骨肉以信，待人接物以誠，故此士人喜與他過從，而交口稱譽。楊的家人在乾道元年三月庚申（十一），將他葬於錢塘縣方家塢其母的祖塋，送葬者絡繹不絕。〔註51〕

楊良孺與董仲永、鄭景純一樣，娶妻養子。其妻彭氏，封宜人。養子二人，長子楊震（？～1171後），曹勛稱許他「受性中和，樂於為善，過庭筮仕，綽有父風」。正是他泣求曹勛，稱「公嘗與先人游處，多得平日行事」，而請得曹為其父撰寫墓誌銘。楊震後來也在入內內侍省任使臣之職。據《宋會要輯稿》所載，乾道七年（1171）十一月己亥（廿九），宋廷以他居於皇城之下而遺下頗大之火種，將他責降一官。他其後的事蹟不詳。從現有史料看，似乎曹勛對他是太褒獎了。次子名楊需，據稱「日親翰墨，不墜先世」。似乎沒有出仕，後來的事蹟也不詳。〔註52〕

曹勛也一樣為楊良孺寫下四言銘文，總結及稱揚他的功德：

　　猗嗟楊公，忠厚致身。持己以廉，及物以仁。密侍禁嚴，踰三十春。
　　夷險一節，惟忠與勤。眷顧日隆，職業逾新。領局幕帟，萬數新陳。
　　晨夕出納，條目其振。帝謂勤恪，渥授莫倫。峻遷異渥，超逸絕塵。

〔註51〕《松隱集》，卷三十六〈幹辦內東門司楊公墓誌銘·乾道元年三月〉，葉十七下至十八上。

〔註52〕《松隱集》，卷三十六〈幹辦內東門司楊公墓誌銘·乾道元年三月〉；《宋會要輯稿》，第四冊，〈儀制十一·武臣追贈·留後〉，頁2543；第五冊，〈瑞異二·火災之三十六〉，頁2643。考楊良孺的長子楊震與欽宗的宮僚、高級內臣安德軍節度留後、知入內內侍省，約卒於政和五年（1115）楊震（？～1115）同名。參見汪藻（1079～1154）（撰），王智勇（箋注）：《靖康要錄箋注》（成都：四川大學出版社，2008年7月），卷一，頁5，8，20。

序進東扉，習與德鄰。忽謂榮祿，豈宜久遵？ 抗章蕭辰，竟回萬鈞。

得就閒曠，藜杖幅巾。觴豆親友，寓意松筠。設醴情話，訪道求真。

性方天適，遽罹厥屯。有子嗣德，惟孝惟純。長湖之側，石廩藏神。

朋舊泣涕，瞻彼煙雲。過而式者，有感斯文。〔註53〕

五、從曹勛三篇內臣墓銘看宋代內臣制度

　　曹勛所撰的三篇內臣墓誌銘，除了提供董仲永等三人一生重要事蹟的珍貴記錄外，另一個重要的史料價值，是讓我們具體而微地知道宋代高級內臣的「家庭」結構狀況，那是《東都事略‧宦者傳》及《宋史‧宦者傳》所沒有記載的。宋代內臣容許收養兒子，傳宗接代，並以蔭補繼任內臣的職務，服事宋廷，這在過往已有學者做過相當研究。〔註54〕這三篇墓誌銘更進一步讓我們知道，和唐代內臣一樣，不少宋代內臣還有娶妻，而內臣家庭經常通婚，即內臣的妻子常常是其他內臣的養女或姊妹（包括血親的和非血親的）。內臣收養女兒，故此又有女婿。內臣的女婿既有內臣，也有像董仲永的長婿，屬趙宋宗室的趙伯駒，以及鄭景純的女婿，出身將家的武將劉綱。內臣的養子因育有養女孫，故又有孫女婿。總之，內臣的親屬既有內臣，也有非內臣。從這三個內臣個案，我們可以知道，不少宋代內臣透過養子的制度，用上同一個姓氏，一代一代的綿延下去，雖然他們並非血親。就好像董仲永三人，從曾祖父算起，一直到其孫兒，至少有六代內臣在宋廷服事，儼然內臣世家。〔註55〕本篇正好與本書所考論的兩個內臣世家藍氏與閻氏相互參照比較。〔註56〕

〔註53〕《松隱集》，卷三十六〈幹辦內東門司楊公墓誌銘‧乾道元年三月〉，葉十八下至十九上。

〔註54〕關於宋代內臣養子及蔭補制度，可參閱游彪：《宋代蔭補制度研究》，（北京：中國社會科學出版社，2001年9月），第九章〈宋代宦官養子及蔭補制度〉，頁248～268。

〔註55〕唐代內臣娶妻及養子的情況，可參閱陳弱水：〈唐代長安的宦官社群——特論其與軍人的關係〉，《唐研究》，第十五卷「『長安學』研究專號」（北京：北京大學出版社，2009年12月），頁185～188；王守棟：《唐代宦官政治》（北京：中國社會科學出版社，2009年8月），頁92～97。

〔註56〕順帶一談，研究唐代內臣的學者也從唐內臣墓誌銘所記載的內臣家庭狀況，注意到內臣世家的問題。可參閱景亞鵬：〈唐代後期宦官世家考略——讀唐吳德廕及妻女等墓誌〉，載《紀念西安碑林九百二十周年華誕國際學術研討會論文集》（北京：文物出版社，2008年10月），頁357～374。

　　董仲永等三人一生經歷了哲宗至孝宗五朝，出仕則在徽宗、欽宗、高宗和孝宗兩宋之際。墓誌銘紀錄了他們較詳細的仕歷，那正好給研究兩宋之際的內臣制度提供了例證。據《宋史・職官志》及《宋會要・職官》所載，政和二年改定入內內侍省及內侍省各級官職，其中拱衛大夫易昭宣使，供奉官易內東頭供奉官，左侍禁易內西頭供奉官，右侍禁易內侍殿頭，左班殿直易內侍高品；但到了欽宗靖康元年，又恢復舊稱。另政和二年同時更定武階官名，其中內殿崇班改為修武郎，內殿承制改為敦武郎，莊宅、六宅、文思使改武節大夫，皇城使改為武功大夫，西上閤門使改右武大夫，東上閤門使改為左武大夫。又靖康元年二月，欽宗恢復內臣寄資制度，徽宗朝高階的內臣，其武階官及遙郡均降等。〔註57〕董仲永的仕歷，正與上述的記載吻合。他在政和二年入仕，即好授改制後的入內內侍省左班殿直。重和元年九月，因撲滅宮火有功，晉為右侍禁。欽宗即位，恢復舊稱，他即轉為西頭供奉官。高宗即位，轉東頭供奉官，翌年轉武階官為修武郎，稍後再遷為敦武郎。紹興十三年以功遷武功大夫，然後再遷左武大夫。至於他的遙郡官，也完任符合通例，由刺史、團練使、觀察使，最後至承宣使，惟一失載的是他有否經防禦使一階。

　　至於鄭景純的仕歷，也與上述的制度吻合。他在政和後，任為供奉官。宣和初年，遷武節大夫領忠州刺史。三年，轉右武大夫、保信軍承宣使。七年，授拱衛大夫。靖康元年二月，請求恢復內臣寄資之制，降授為武節大夫、文州防禦使。高宗即位，回陞為武功大夫，遙郡不變。

　　楊良孺之仕歷，所記較簡略。他在高宗朝階至武功大夫，也符合南宋初年的內臣官制。董仲永等三人親屬的兩省官稱，包括董仲永次子董壽寧的入內內侍省高品，鄭景純長子鄭牲的入內西頭供奉官，次子鄭开的入內內侍省東頭供奉官，長婿楊興祖的寄資入內內侍省東頭供奉官，長孫鄭邦美的入內內侍省內侍高班，四孫鄭邦憲的入內內侍省內侍黃門，長孫婿梁彬的入內內侍省內侍高班，次孫婿續康伯的入內內侍省內侍高品，都符合高宗、孝宗朝的制度。

〔註57〕　《宋史》，卷一百六十八〈職官志六・入內內侍省內侍省〉，頁3939～3940；
　　　　卷一百六十九〈職官九・敘遷之制〉，頁4054～4057；《宋會要輯稿》，第七冊，
　　　　〈職官三十六・內侍省〉，頁3901。另參見註30。

對我們了解兩宋之際的內臣制度有參考價值的，還有董仲永三人所任的各種內廷差遣。他們三人都曾任幹辦內東門司，而鄭、楊的墓銘還冠以他們幹辦內東門司的官名。據《宋會要輯稿》所記，「內東門司，掌受機密實封奏牘，及取索庫務寶貨之名物貢獻之品數，市易之件直以納于內中，並給皇親賜衣節料之物，內中修造筵宴之事。舊止名內東門取索司，景德三年二月改今名，勾當官二人，以入內內侍充。」〔註58〕內東門司是入內內侍省中，地位及權勢僅次於御藥院的機構。《宋史・宦者傳》所收的兩宋重要內臣五十三人中，就有仁宗的高居簡、哲宗朝的陳衍，孝宗朝的甘昪，曾任幹辦內東門司。〔註59〕董仲永等三人任職內東門司的權勢地位的案例，正可補充《宋史》記載內東門司的不足。據熊克的記載，建炎二年七月戊子（初六）時任內東門司的內侍王嗣昌，被高宗交吏部問罪，罪名是「為門司，好大言國政，與邵成章為死黨，不可不斥」。又據《建炎以來繫年要錄》及《揮塵錄》的記載，王嗣昌知悉不少宮廷秘聞，包括隆祐孟太后（1073～1131）當年被廢的原因。〔註60〕我們從王嗣昌的案例，可以看到內東門司正是可以接觸到「國政」的內廷要署，高宗自然不能容忍被指「大言」的王嗣昌。董仲永等三人能得到委任幹辦內東門司，正因他們行事均小心謹慎、不群不黨所致。

董仲永在內廷的各樣差遣，還有幹辦延福宮、幹辦後苑、天章閣兼翰林司駝坊經奉、幹辦鈞容直、鈐轄教坊、提點德壽宮。其中他鈞容直及教坊的差遣的記載，可讓我們知道在南宋初年，宮廷教坊與軍樂的重組同時進行，而同由知音律的董仲永一人執掌，成效是「時樂府草創，公整齊鈞奏，綿蕝

〔註58〕《宋會要輯稿》，第七冊，〈職官三十六・內侍省・內東門司〉，頁3903～3904。

〔註59〕《宋史》，卷四百六十八〈宦者傳三・陳衍、高居簡〉，頁13650，13652；卷四百六十九〈宦者傳四・甘昪、董宋臣〉，頁13673，13675～13676。周密（1232～1298）的《齊東野語》曾記南宋末年權閹董宋臣（？～1263後）亦曾任內東門司，但《宋史》本傳卻失載。參見周密（撰），張茂鵬（點校）：《齊東野語》（北京：中華書局，1983年11月），卷七〈洪君疇〉，頁120～121。董宋臣的全銜是「入內內侍省東頭供奉官幹辦內東門司」。又高居簡、陳衍及董仲永在任幹辦內東門司後，再任權位更大的幹辦御藥院。

〔註60〕熊克：《皇朝中興紀事本末》，卷六，建炎二年七月戊子條，葉一下；《建炎以來繫年要錄》，卷十六，建炎二年七月戊子條，頁396；卷三十六，建炎四年八月庚辰條，頁813；王明清（1127～1204後）：《揮塵錄》（上海：上海書店出版社，2001年8月），〈後錄〉，卷一，第104條，「祖宗規模宏遠」，頁41；第116條，「曾布等議復瑤華本末」，頁44～48。按王明清注明這兩則掌故都是王嗣昌說的，而為李心傳及熊克所取。

慶禮，簫韶悉備，律呂和雅」。〔註61〕鄭景純在徽宗朝最重要的差遣是任嘉王府及蕃衍宅承受，他在任上可以推薦王府人事，可以規勸嘉王，儼然是王府的總管。對於了解宋代王府由內臣擔任承受官的職權，鄭景純的個案有參考價值。鄭景純又擔任幹辦龍圖、天章、寶文、顯謨、徽猷等閣的差遣。據墓銘所記，本來制度上內臣要先經幹辦延福宮及後苑兩階，才可幹辦龍圖、天章諸閣，鄭景純破格逕授幹辦龍圖諸閣。證諸董仲永的例子，董是先授幹辦延福宮，再授幹辦後苑，然後幹辦天章閣，一級一級遷轉，不似鄭景純跳了兩級差遣。鄭景純另一特別的差遣，是提點六宮事務，這當是不常設的差遣。至於楊良孺墓銘記他「公職儀鸞司，扈從應奉左右，略無闕失」，當是幹辦儀鸞司。考徽宗設殿中省，轄六尚局。欽宗即位，罷六尚局，以尚舍局歸儀鸞司，原本編制內的監官內臣四員，未有記載是否保留在儀鸞司內。楊良孺的例子可以旁證在南宋初年，儀鸞司仍由內臣出任監官。〔註62〕

董仲永等三人的內臣子婿，也擔任一些值得注意的差遣，例如董仲永的三子董壽祺和鄭景純的三子鄭朋均任幹辦御前忠佐軍頭引見司。鄭景純的長婿楊興祖，曾任實錄院主管諸司兼監門官，孫女婿梁彬以入內內侍省侍高班而帶「聽喚上名」的特別差遣。這都是少有的內臣差遣，值得研究宋代內臣制度的學者注意。

最後值得一提的是內臣與宗室通婚的問題：很難想像天潢貴冑的大宋宗室會和地位卑賤的內臣通婚，然而本文的宗室趙伯駒娶內臣董仲永女這案例，卻教人疑問，這是一個特例，還是規例早已不被嚴格遵守？在沒有更多的史料佐證下，我們對此只能存疑。〔註63〕

六、曹勛的三篇內臣墓銘所揭露的徽欽高三朝政事

董仲永三人以近侍內臣之身，經歷徽欽高孝四朝，理應知曉這四朝，特別是徽欽高三朝的許多重大事故，但當我們仔細閱讀這三篇墓誌銘，所揭露

〔註61〕 《松隱集》，卷三十六〈董太尉墓誌〉，葉六上至六下。

〔註62〕 《松隱集》，卷三十六〈幹辦內東門司楊公墓誌銘・乾道元年三月〉，葉十六下；《宋會要輯稿》，第六冊，〈職官十九・殿中省之二、三、六〉，頁 3547～3550。關於儀鸞司的職掌及編制，可參閱龔延明：《宋代職官辭典》，第五編〈元豐正名後中樞機構類之二・五、衛尉寺門〉，「儀鸞司」條，頁307。

〔註63〕 賈志揚專著的有關章節，並沒有考察這個問題，大概趙伯駒的特有例子未有受到注意。參見賈志揚：《天潢貴冑：宋代宗室史》，第七章〈居所與特權・婚姻與姻親〉，頁 157～162。

的秘聞隱事卻並不太多，許多關鍵的事情和人物，例如靖康之難、明受之變、紹興和議、金亮南侵等重大軍國大事，以及秦檜當國、岳飛（1104～1142）冤死等大事，曹勛不是輕輕略過，就是一字不提，給人諱莫如深的感覺。甚至如前文所提到的，爲何鄭景純死後二十年才得入土立碑？爲何鄭开在紹興十三年被罷廢？這些牽涉到墓主及其親屬的事，曹勛均不作任何解釋。當然，我們充分理解，曹勛撰寫這三篇墓誌銘時，秦檜雖死，高宗仍健在，秦的黨羽仍未盡去，倘若觸及那些政治敏感的人與事，對曹勛本人及三位內臣的親屬都是有害無益的。應人之請撰寫墓誌銘，本來就不能暢所欲言，只宜隱惡揚善，絕不能揭人私隱。不過，仔細閱讀這三篇墓誌銘，我們發現仍有數處地方，補充或提供了徽欽高三朝一些政事的新說法或旁證。〔註64〕

首先，董仲永的墓誌提到他在政和出仕後，曾在宮廷奮力救火而受大賞。此則說法旁證了僅見於《皇宋十朝綱要校正》及《文獻通考》所載，發生於重和元年那次據說徽宗剛好離宮微行的宮廷大火。其次，鄭景純的墓誌銘提到他任職嘉王府的一些作爲，以及他在欽宗即位後自動要求降階的做法，給人側面看到徽宗父子兄弟在這期間暗中角逐權力，導致臣下不求進取，只想明哲保身。第三，楊良孺的墓銘提及張俊與韓世忠仍在行伍時，既有「里巷之習」，又因家貧而頗欲自暴自棄，兼行不善之事，而需人「力加繩檢」。證諸韓世忠的墓誌銘及神道碑所載，韓「家貧無生產業，嗜酒豪縱，不治繩檢，間從人貰貸，累券千數。遇出戰，剛躍馬先登，捕首虜馳還，得金幣償之，率以爲常」。「少長，風景偉岸，能騎生馬駒。諸豪里中惡少年皆俛首不敢出氣，則爭爲之服役。或負債不償者，王輒爲償，負者後聞，亟持所償愧謝，里俗爲之一變。有冤抑，不以謁郡縣，而謁諸王，咸得其平。由是名聞關陝。嘗過米脂寨姻家會飲，日已夕而關閉，王怒，以臂拉門，關鍵應手而斷。」楊良孺墓銘所言，正與韓世忠墓銘合。張俊的神道碑則簡略地說他「既壯，負氣節，善騎射，里豪不能詘」，與楊良孺墓銘所記也沒有矛盾。至於二人與

〔註64〕曹勛子曹耜（1137～1197）在紹熙元年（1190）四月撰寫其父之《松隱集》後序，提到曹勛的仕途坎坷，說他在靖康之難，隨徽宗北狩，然後攜密旨南返，但隨後「遭權臣斥逐，坎壈嶔崎，垂二十年。守官溫陵，奉大母丘夫人甘旨。艱窘中作《荔子》、《蓁局傳》及古樂府等文，受知郡帥謝大參任伯，禮遇優厚」。曹勛晚年得到高宗及孝宗的眷寵，但他知足，未及年就請休致。曹勛因爲自身的經歷，行文謹慎，不觸及政治敏感的人與事，這是可以理解的。參見《全宋文》，第二百六十八，卷六零六四〈曹耜·松隱集後序〉，頁409～410。

楊延宗及楊良孺父子的深厚淵源，群書包括張、韓二人的神道碑、墓誌銘均沒有記載，惟有韓世忠的神道碑，稱「當時識者知王器量宏遠矣」。這個識者是否就是楊延宗？惟楊良孺墓誌銘所記，識拔韓世忠前程遠大的，就至少有楊延宗。《宋史》許多地方的記載，都稱南宋初年諸將與內臣不睦，好像高宗所寵信的內臣馮益便欺凌過張俊，而明受之變，就是起於內臣凌辱將校所致；〔註65〕但觀楊良孺的墓誌銘所載，也有個別的內臣與武臣交好。事實上，董仲永好幾個女婿都是武將，而鄭景純的次婿劉綱，更是韓世忠的得力部將。故此，我們可以推論，南宋初內臣與武將的關係有好有壞，不能一概而論。

《宋史‧宦者傳》評論南宋的內臣的人品時，曾概括地說：「南渡後，內侍可稱者惟邵成章與〔關〕禮云。」當然，《宋史‧宦者傳》僅著錄南宋內臣十一人，所謂內侍多不可稱，是基於有限的樣本，殊不可信。〔註66〕雖然曹勛撰寫董仲永三人的墓誌銘有溢美之嫌，但三人都是忠厚長者，從不濫權好貨，並且行事小心謹慎，安分守紀。他們也有相當的文藝修養，廣交善人士子，多行善事，這都是事實。高宗一朝的內臣，不盡是藍珪（？～1129）、康履（？～1129）、馮益、張去為這些王曾瑜斥之為「城狐社鼠」之輩，事實上也有王氏稱之為內臣君子的黃彥節（？～1142 後）及白鍔（？～1144後），〔註67〕以及本文所論的董仲永等三人。可惜，《宋史》編者對於南宋的內臣著墨太少，而《松隱集》的三篇完整的內臣的墓誌銘又罕為人注意，故令人錯以為南宋內臣多是小人。曹勛的三篇內臣墓誌銘與及本書第十篇孫覿的一篇內臣墓誌銘，正好補充《宋史》記載南宋內臣的嚴重闕漏，糾正了所謂南渡後內臣多不可稱的偏見。

〔註65〕 《宋史》，卷四百六十九〈宦者傳四‧馮益〉，頁 13679；《全宋文》，第一百六十一冊，卷三四九一〈孫覿七十四‧宋故揚武翊運功臣太師鎮南武安寧國軍節度使充醴泉觀使咸安郡王致仕贈通義郡王韓公墓誌銘〉，頁 50；《全宋文》，第二百四十一冊，卷五三九一〈趙雄二‧韓忠武王世忠中興佐命定國元勳之碑〉，頁 245～46；周麟之（？～1160 後）：《海陵集》，文淵閣《四庫全書》本，卷二十三〈張循王神道碑〉，葉一上至十一下。補充一點，鄧廣銘撰於 1942年的《韓世忠年譜》，旁徵博引，惟未有引用楊良孺墓誌銘中有關韓世忠早年事蹟的記載。參見鄧廣銘：《韓世忠年譜》（北京：三聯書店，2007 年 3 月），頁 1～16。

〔註66〕 《宋史》，卷四百六十九〈宦者傳四‧關禮〉，頁 13675。

〔註67〕 王曾瑜：〈城狐社鼠──宋高宗時的宦官與醫官王繼先〉，原載《四川大學學報》，1995 年第 2 期，收入王曾瑜：《岳飛和南宋前期政治與軍事研究》（開封：河南大學出版社，2002 年 10 月），頁 567～591。

七、餘論：傳世的宋代內臣墓銘爲何罕見

　　本文一開始就提出一個問題，爲何宋代傳世的內臣墓誌銘僅有曹勛和孫覿所撰的四篇？ 宋代印刷術發達，士大夫爲人撰寫碑銘成爲風尙，今日傳世的內臣墓誌銘竟只有這四篇，實在不成比例。與宋代同時的遼、夏、金傳世文獻，僅見的兩篇內臣墓誌銘就是遼高級內臣馮從順（967～1023）與李知順（975～1028）的墓誌銘。馮、李二人本爲宋的低級內臣，在宋眞宗（968～1022，997～1022 在位）初年先後爲遼軍所俘，後受到遼聖宗（972～1031，982～1031 在位）及遼承天蕭太后（953～1009）的寵信，久侍遼廷，並擢爲高級內臣。〔註68〕與遼、夏、金一樣由少數民族統治，一統中國的蒙元政權，同樣未見內臣墓誌銘。〔註 69〕相較之下，唐代及明代的情況，就與宋代大相逕庭。據王壽南《唐代的宦官》一書所徵引的唐內臣墓誌銘及神道碑，數量即超過四十種；而據陳弱水最近期的研究，收入《唐代墓誌彙編》和《唐代墓誌彙編續集》的唐代內臣及其家人的墓誌，也分別有二十八篇和五十七篇之多；另外《全唐文補遺》第三輯也收有許多內臣及其妻子的墓誌。至於梁紹傑的《明代宦官碑傳錄》，1997 年出版時已收入明代內臣墓誌銘及神道碑逾

〔註68〕　遼代傳世文獻方面，筆者檢索了：（一）陳述（1911～1992）（編校）：《全遼文》（北京：中華書局，1982 年 3 月）；（二） 向南（楊森，1937～2012）（編）：《遼代石刻文編》（石家莊：河北教育出版社，1995 年 4 月）；（三）向南、張國慶、李宇峰（輯注）：《遼代石刻文續編》（瀋陽：遼寧人民出版社，2010 年 1 月）。筆者在撰寫本文初稿時閱讀文獻有欠仔細，竟漏看了收在《遼代石刻文編》的〈李知順墓誌〉。2010 年 8 月 20～21 日，筆者參加在武漢舉行的中國宋史研究會年會，得便向遼史專家西北大學王善軍教授請教。王教授 指出在《遼代石刻文編》實收有一篇遼內臣墓誌銘。筆者在會議後返港，隨即從頭翻閱該書，果然找到收於〈遼聖宗編〉的〈李知順墓誌〉，於此謹向王善軍教授致謝。稍後筆者重新閱讀以上的遼代文獻，並參考宋人史料，考出同樣收錄於《遼代石刻文編》有墓誌銘傳世的馮從順，也是內臣。參見《遼代石刻文編》，〈聖宗編〉〈馮從順墓誌‧太平三年〉，頁 169～172；〈李知順墓誌‧太平八年〉，頁 187～90。至於西夏傳世漢文文獻方面，筆者檢索了韓蔭成（1919～2003）（編）：《党項與西夏資料匯編》（銀川：寧夏人民出版社，2000 年 6 月）。至於金代傳世漢文文獻方面，筆者檢索了：張金吾（1787～1829）（編纂）：《金文最》（北京：中華書局，1990 年 8 月），均無所獲。關於馮、李二人生平事蹟，可參見本書第二篇〈兩個被遺忘的北宋降遼內臣馮從順與李知順事蹟考〉，頁 35～54。

〔註69〕　負責編纂《全元文》的北京師範大學李軍教授賜告，元代文獻未見收錄元代的內臣墓誌銘。她指出，蒙古人不像漢人重男女之防，宮中差役不需像漢人宮廷必用閹人，故相對而言，元宮中閹人數量不如宋宮，故留下墓誌銘的機會也不高。

一百篇；而據梁教授後來相告，此書未有收錄及最近出土的明代內臣碑銘，尚有一百五十多篇，合共二百五十多篇。〔註70〕我們首先考察的，是否政治的因素影響了宋代內臣墓誌銘的撰寫？宋代內臣的權勢，除了徽宗一朝大爲膨脹外，整體而言是較唐、明爲薄弱，士大夫在多數時間並不需要討好內臣，或奉君命爲內臣撰寫墓誌銘。這很有可能造成士大夫並不主動去爲內臣撰寫墓誌銘。眞宗大中祥符四年（1011）六月，內供奉官張承素請爲他的亡父、曾在西邊有功的高級內臣內侍省左右班都知張崇貴（951～1001）立神道碑。眞宗當時的反應是「中官立碑，恐無體例，如李神福、竇神興曾立碑即聽」。〔註71〕此事下文如何，連李燾也不清楚，只在注文中說：「此見《會要》，李、竇立碑事，當考。」似乎宋廷並不熱衷於爲高級內臣立神道碑。至於朝臣爲內臣寫墓誌銘，宋廷可能也是既不反對，也不支持。曹勛爲董仲永等三人撰寫墓誌銘，看來純因個人交情，或者有共同宗教信仰，又或者同樣愛好詩文書畫律呂，特別是曹勛長期擔任內廷要職幹辦皇城司及樞密副都承旨，和董仲永等多有往來，並非泛泛之交；加上三人親屬的苦求，而董等三人都是內臣中的長者，值得曹勛表揚其才德，這才「義不容辭」。〔註72〕

　　從宋代士大夫的主流意見去看，他們都主張嚴屬約束內臣，態度上甚至鄙視內臣。〔註73〕我們可以推論，他們不會輕易爲內臣撰寫墓銘，故此傳世的內臣墓誌銘數量上就遠遠比不上唐明兩代。曹勛的個案當是一個特例。從曹勛的仕歷去看，他雖然獲賜進士第，但從靖康元年起，就以閤門宣贊舍人除武義大夫的武階官身份進入仕途。他隨徽宗入金廷，後來逃歸並帶回徽宗

〔註70〕　王壽南：《唐代的宦官》（臺北：台灣商務印書館，2004年8月），頁30～37，168～170；陳弱水：〈唐代長安的宦官社群——特論其與軍人的關係〉，頁171～174；梁紹傑（輯錄）：《明代宦官碑傳錄》（香港：香港大學中文系，1997年11月）。

〔註71〕　《宋會要輯稿》，第七冊，〈職官三十六·內侍省〉，頁3890；《長編》，卷七十六，大中祥符四年六月丙寅條，頁1727。

〔註72〕　據樓鑰爲曹勛子曹耜所撰的墓誌銘所描述，曹勛「奉佛老甚謹，即小石建精舍以延往來」；「出入禁中，手擅筆墨而謹畏無比，有萬石君之風。避遠權勢，辭謝寵榮」。參見樓鑰：《攻媿集》，文淵閣《四庫全書》本，卷一百三〈工部郎中曹公墓誌銘·代汪尚書〉，葉十上至十下。

〔註73〕　好像在紹興四年七月，內侍李廙在大將韓世忠家宴飲，他大概酒醉，竟誤傷了弓匠。事下大理寺，殿中侍御史魏矼上言：「內侍出入宮禁而狠戾發於盃酒，乃至如此，其於防微杜漸，豈得不過爲之慮。」魏矼指出在建炎三年曾禁內侍不得交通主兵官及預朝政，如有違以軍法處之。請高宗申嚴其制，以管束內臣。參見《皇朝中興紀事本末》，卷三十，紹興四年七月乙亥條，葉二下。

傳位高宗的手詔，以後兩度出使金廷，接回高宗生母韋太后及徽宗梓宮，得到高宗及孝宗的寵信，擔任樞密副都承旨、提舉皇城司的要職，其後步步高陞，直至建節加太尉晉開府儀同三司。他雖然工詩善文，但一生做的全是武官，與文官沾不上邊。〔註74〕另外值得注意的是，曹勛的文集共收墓誌銘九篇，除了三篇內臣墓誌銘外，三篇是外戚的墓誌銘，三篇是佛門大德的墓誌銘，〔註75〕並無為士大夫之家撰寫墓銘。雖然曹勛的交遊不乏士大夫，但在時人眼中，他並不屬於主流的士大夫官僚。因此他也就沒有士大夫的心理包袱，只依自己的意願，為相熟有交情的內臣撰寫墓誌銘。

梁紹傑教授見告，他發現多種明代嘉靖版的明人文集，比起萬曆版的同一部文集，竟然多出了不少內臣碑銘，換句話說，萬曆時的文集編纂者有意刪落舊本的內臣碑銘。據他猜測，萬曆時期的文臣對內臣的觀感變差，雅不願先人文集有為內臣撰寫墓誌銘的痕跡。宋代的情況是否與明代的情況雷同？文獻不足徵，難以斷定。首先，宋人文集傳世雖然數量很多，但不傳的更多，我們不能斷言，那些不傳的文集裡，特別那些聲名不響、社會地位不高的士人的文集裡，沒有收錄內臣的墓誌銘。此外墓誌銘不同於神道碑，它隨先人骸骨埋葬地下，若非後人發掘，不易為人所知，遑論拓錄行世。今日宋代人物墓誌銘時有出土，焉知未來不會發現數量可觀的內臣墓誌銘？董仲永三人的墳墓均葬在杭州所屬的錢塘縣履泰鄉和方家塢，似乎此處多有南宋內臣的墳塚。將來考古的新發現，也許能幫助我們了解宋代內臣墓誌銘撰寫的情況，增加我們對宋代內臣的整體認識。

最後，值得一提的是，據筆者目前所知，域外的越南漢喃文獻，倒保存了至少兩通與董仲永等三人約略同時的越南李朝內臣墓誌銘〈皇越太傅劉君墓誌〉及〈皇越太傅弟墓誌〉。它們的墓主是越南李朝神宗（李陽煥，1116～1138，1127～1138 在位）朝名位最高的內臣、入內內侍省都都知劉慶潭（1068

〔註74〕《宋史》，卷三百七十九〈曹勛傳〉，頁 11700～11701。

〔註75〕曹勛為外戚撰寫的三篇墓誌銘，分別為高宗吳皇后兩個親弟大寧郡王吳益（1124～1171）、新興郡王吳蓋（1125～1166），以及高宗唐婕妤的祖母永嘉郡太夫人唐氏（1066～1150）。而為佛門大德所寫的三篇墓誌銘，分別為道昌禪師（1090～1171）、證悟大師（？～1158）和海印法師（1094～1148）。參見《松隱集》，卷三十五〈大寧郡王吳公墓銘〉，葉一上至三下；〈新興郡王吳公墓銘〉，葉三下至六上；〈淨慈道昌禪師塔銘〉，葉六上至九下；〈天竺證悟智公塔銘〉，葉九下至十五上；〈華嚴塔銘〉，葉十五上至十八上；卷三六〈永嘉郡太夫人唐氏墓銘〉，葉一上至五上。

～1136）及其弟太傅劉慶波。據耿慧玲的研究，劉慶譚及劉慶波的墓誌石已不存，現存的是二人家鄉龍興府劉舍社（今越南太平省興河縣）的里長陳文轉與當地鄉紳於二十世紀抄寫的本子，收入遠東學院及漢喃研究院編《越南漢喃銘文匯編》第一集第二十號，以及國立中正大學及河內漢喃研究院編《越南漢喃銘文匯編》第二集。劉慶譚出身內臣家庭，生於越南李聖宗（李日尊，1023～1072，1054～1072 在位）龍章天嗣三年（即天貺寶象元年，亦即宋神宗熙寧元年，1068），卒於李神宗天彰寶嗣四年（宋高宗紹興六年，1136）。歷侍李仁宗（李乾德）及李神宗，以佐李神宗繼位而得賞高位。他得年六十九，最後的階勳爵邑及官職是「皇越光祿大夫、推誠佐理功臣、入內內侍省都都知、節度使同三司平章事、上柱國、開國公、食邑六千家、食封三千戶、遙受上源洞中江鎮、太尉加太傅」，幾乎全仿照宋朝的制度。至於劉慶波，因墓銘殘缺不全，生卒年均不詳。據另一傳世文獻〈二劉太傅神事狀〉（亦收入《越南漢喃銘文匯編》第一集）所記，他在李仁宗天符慶壽元年（1127）時任職內人火頭，相當於禁衛隊長。於李神宗天順初年（約 1127～1128），也以「翊贊功進太傅」，「後卒於官」。〔註76〕

　　筆者不熟悉越南的傳世漢文文獻，對於與宋代同時的高麗王朝的傳世漢文文獻所知也不多，暫難進一步論證高麗及越南這兩處漢化甚深的異域，其內臣墓誌銘撰寫的情況；不過，上面所引述與宋代同時的遼朝出土文獻〈馮從順墓誌銘〉與〈李知順墓誌銘〉，和越南李朝漢喃文獻中傳世的〈劉慶潭墓誌銘〉及〈劉慶波墓誌銘〉，已能從側面旁證宋代內臣墓誌銘並非絕無僅有，而是從北到南，從漢地到異域均有，只待我們進一步的發掘和探究。

附錄：劉綱事蹟考

　　鄭景純的二女婿劉綱世為泗州（今安徽泗州市）人，父為滁濠鎮撫使劉位（？～1130）。建炎三年（1129）十一月，劉綱與岳飛等統制官十七人將兵三萬與過江的金兵作戰。四年（1130）三月，以在淮河禦金兵來犯有功，自修武郎遷武德郎閤門宣贊舍人。六月戊寅（初八），其父被賊兵張文孝所殺，宋廷即以劉綱代知泗州。八月，他以泗州缺糧率兵奔溧陽（今江

〔註76〕　參見耿慧玲：〈越南李朝太傅劉氏兄弟墓誌考證及其歷史意義——中越政治文化比較研究〉，原載《朝陽學報》第 5 期（2000），收入耿慧玲：《越南史論——金石資料之歷史文化比較》（臺北：新文豐出版公司，2004 年 3 月），頁 3～63。

蘇常州市溧陽市）。九月庚子（初一），他以滁濠鎮撫使上言宋廷，稱本軍闕食，事在危急。宋廷急詔建康府（今江蘇南京市）賜米二千斛接濟其軍，但令他不得渡江。但這時劉綱已等不及，率所部自采石渡江，屯於溧陽。軍隊因為缺糧，就往往抄掠民間以自給。宋廷另外又接納他的請求，將泗州招信縣（今安徽滁州市明光市）割屬濠州（今安徽滁州市鳳陽縣），讓他繼續統領自招信縣招來的泗州民兵。在言官的嚴詞劾奏下，劉綱仍不肯率部赴滁濠本鎮。〔註77〕

紹興元年（1131）三月，宋廷再下令劉綱自建康府雨花臺率部返回滁濠本鎮，但他始終沒有成行。五月，他麾下的左軍統制王惟忠等以所部土人數千渡江北去，他只剩下淮北軍數千人。這時有劇盜王才據濠州之橫澗山為寨，縱兵剽掠，並殺權知滁州（今安徽滁州市）梅迪俊。劉綱見事不可為，就自請宋廷將他麾下的中軍牙兵數千人押赴行在，編入神武中軍。八月戊寅（十四），宋廷以劉綱違旨，沒率兵還鎮，罪本該誅，念其父忠勞，就將劉綱貶責為兩浙東路兵馬副鈐轄。〔註78〕

紹興三年（1133）四月，淮南宣撫使韓世忠以劉綱為淮泗土人，熟知地理，請宋廷將劉綱歸他麾下使用。劉綱遂改任淮南兵馬都監。五月，韓世忠請宋廷令劉綱率部兵五百人屯守泗上，而以統制官解元（1089～1142）以二千人守泗州。〔註79〕

〔註77〕 參見《宋史》，卷二十六〈高宗紀三〉，頁 479，482；《宋會要輯稿》，第十五冊，〈方域六・州縣陞降廢置二・泗州〉，頁 9386～9387；《建炎以來繫年要錄》，卷二十九，建炎三年十一月壬戌條，頁 672；卷三十二，建炎四年三月辛未條，頁 740；卷三十四，建炎四年六月戊寅條，頁 782；卷三十七，建炎四年九月庚子至甲辰條，頁 827～829。

〔註78〕 《建炎以來繫年要錄》，卷四十三，紹興元年三月己未條，頁 921；卷四十四，紹興元年五月丙午、癸亥條，頁 941，946～947；卷四十六，紹興元年八月戊寅條，頁 977；《三朝北盟會編》，下冊，卷一百四十六〈炎興下帙四十六〉，紹興元年四月十六日條，葉八下（頁 1064）。據《會編》所記，劉綱曾率自招信縣所募的軍兵，在雨花臺擊敗欲來建康府合軍、反覆無常的真揚鎮守使郭仲威，逼他返回揚州本鎮。他擊敗郭仲威的月日不詳，疑在紹興元年三月前。

〔註79〕 《宋史》，卷二十八〈高宗紀五〉，頁 532；《宋會要輯稿》，第十四冊，〈兵五・屯戍上〉，頁 8708；第十六冊，〈方域九・修城下・泗州城〉，頁 9449～9450；《建炎以來繫年要錄》，卷六十四，紹興三年四月丙申條，頁 1264；卷六十五，紹興三年五月己卯條，頁 1282。據《宋會要輯稿》所載，劉綱早在紹興三年十二月，已奏請調滁州民夫修泗州城，既得旨施行，但言者紛紛上奏以為此舉有妨農事，但高宗仍支持修城之議。

　　紹興四年五月甲子（十五），劉綱以閤門宣贊舍人添差浙東路兵馬都監，改充淮南東路兵馬鈐轄，駐劄泗州。十一月丙午（初一），宋廷委他權通判泗州，但此時泗州已爲金人所佔。金人退兵後，宋廷即以他知泗州，階官擢爲武功大夫。劉綱擅於守城，一再奏請宋廷許他發滁州民夫修建城池，雖然宋廷反對的人很多，但得到高宗的批准。六年（1136）正月乙酉（十七），劉綱祖母過世，他請解官守制，但州人上書挽留。五日後（庚寅，廿二），宋廷特許他免守制留任。七月，僞齊劉豫（1073～1146）在山東揭刊牓文，稱高宗寵信的內臣御藥馮益遣人收買飛鴿，因有不遜之語。劉綱將牓文交給大臣張浚上繳宋廷，張浚以此理由要求高宗斬馮益以釋謗。最後高宗將馮益遣出浙東。七年（1137）十月戊戌（初九），即鄭景純歿後兩月，劉綱率守軍擊退來犯的僞齊兵馬，泗州得保無虞。十二月乙亥（十八），京東路宣撫處置使司奏他守城有功，特授他遙郡文州刺史。〔註80〕

　　紹興九年（1139）宋金第一次議和後，劉綱被罷知泗州，出爲提舉台州（今浙江台州市）崇道觀。十年（1140）三月癸未（初八），宋金戰雲再起時，宋廷再次起用他，依舊以武功大夫文州刺史閤門宣贊舍人爲應天府路馬步軍副總管，統率忠銳第四軍。四月丙寅（廿二），命他知宿州（今安徽宿州市），階官晉爲貴州團練使。六月戊申（初五），他率兵至符離（今安徽宿州市東北），但守臣景祥以城叛，他無法制止宋軍南逃，只好退守泗州，但宋廷仍命他經畫宿州。十一年（1141）六月，他往鎮江府謁見岳飛，指出泗州在淮河之北，城郭不固，兵員及糧食均不足，倘金兵來犯，應該棄城還是堅守？　岳飛借詢問劉綱鎮江的別名，間接表示他不會放棄泗州。劉綱敬服而返。八月，以前知揚州（今江蘇揚州市）劉光遠失職，宋廷將劉綱自泗州調知揚州兼主管淮南東路安撫司公事總領節制本路諸州水寨民兵，這時他的階官已陞爲榮州團練使。同月，岳飛被罷樞密副使職。十月初一，泗州被金人攻陷。同月底，韓世忠罷樞密使職。十二月癸巳（廿九），岳飛父子以反對和議被冤殺。十二年（1142）正月，宋廷向金稱臣請和，泗州及唐州（今河南南陽市唐河縣）等

〔註80〕　《建炎以來繫年要錄》，卷七十六，紹興四年五月甲子條，頁1449；卷八十二，紹興四年十一月丙午條，頁 1549；卷九十七，紹興六年正月乙酉條，頁1854；卷一百十五，紹興七年十月戊戌條，頁2150；卷一百十七，紹興七年十二月癸未條，頁 2185～2186；《皇朝中興紀事本末》，卷三十八，紹興六年七月癸酉條，葉一上至一下；《宋會要輯稿》，第十五冊，〈兵十八·軍賞一〉，頁8996。

四州割予金人。劉綱大概心灰意冷，也許亦是明哲保身，於是年五月甲辰（十二）以疾請退。宋廷因授他提舉台州崇道觀。〔註81〕

劉綱投閒置散八載，直到紹興二十二年（1152）十一月才被重召，任爲江西馬步軍副總管，並且在二十三年（1153）二月癸未（廿四），以平定盜賊有功得遷二官。二十七年（1157）十二月，劉綱再遷爲左武大夫、貴州防禦使、兩浙東路馬步軍都總管。二十八年（1158）三月丙戌（廿六），他自左武大夫、和州防禦使兩浙東路馬步軍副總管知鼎州（今湖南常德市）。二十九年（1159）二月丁酉（十二），改任添差兩浙西路馬步軍副都總管，派往臨安府駐劄。癸丑（廿八），再調爲淮南西路馬步軍副都總管，兼權知淮南重鎮廬州（今安徽合肥市）。閏六月甲戌（廿二），宋廷給他以眞除之俸。十二月己卯（廿九），資政殿學士知潭州（今湖南長沙市）魏良臣向宋廷推薦劉綱，稱許他「臨戎果敢，馭眾嚴明」，高宗令樞密院記下他的姓名。這時劉綱在廬州招募淮西民近百萬，上奏宋廷他們皆可練爲精兵。〔註82〕

紹興三十年（1160）二月辛亥（初二），已遷爲左武大夫、洪州觀察使、淮南西路馬步軍副都總管兼權知廬州的劉綱，再官陞一級，改領武康軍承宣使知廬州。宋廷以他攝廬州帥事踰年而稱職，所以給他眞除帥職，並且遷官作爲賞功。二月丙子（廿七），他在兼主管淮南西路安撫司公事任上言，稱他被旨與逐路帥漕使臣，共同研究如何使兩淮、荊襄無曠土。他大力推許淮西運判張祁的良方，稱「近日淮西運判張祁遷民於近江之和州和無爲軍，修補圩土，濬治港瀆，起蓋屋宇，置辦牛具，分田給種，使之就耕，見招募遊呼之人，欲立地分，相繼開墾，若行之經久，必有成效」。他又指出張祁的做法

〔註81〕《宋史》，卷二十九〈高宗紀六〉，頁550～551；《建炎以來繫年要錄》，卷一百三十四，紹興十年三月癸未條，頁2507～2508；卷一百三十五，紹興十年四月丙寅條，頁2517；卷一百三十六，紹興十年六月戊申條，頁2542；卷一百四十一，紹興十一年八月丙寅條，頁2655；卷一百四十五，紹興十二年五月甲辰條，頁2733；《三朝北盟會編》，下冊，卷二百〈炎興下帙一百〉，紹興十年五月二十五日條，葉十二上（頁1445）；卷二百六〈炎興下帙一百六〉，紹興十一年六月十六日條，葉五上下（頁1484）；卷二百八〈炎興下帙一百八〉，紹興十二年正月十六日條，葉六上（頁1499）。

〔註82〕《建炎以來繫年要錄》，卷一六三，紹興二十二年十一月丁巳條，頁3112～3113；卷一六四，紹興二十三年二月癸未條，頁3119；卷一七九，紹興二十八年三月丙戌條，頁3431；卷一八一，紹興二十九年二月丁酉、癸丑條，頁3476，3479；卷一八二，紹興二十九年閏六月甲戌條，頁3515；卷一八三，紹興二十九年十二月己卯條，頁3545～3546。

與淮東運副魏安行向宋廷所請的墾田措施相近。宋廷接納他的建議。六月己未（十二），劉綱知揚州，但他未到任便在七月戊寅（初二）卒於左武大夫、武康軍承宣使新知揚州任上，高宗對劉綱有很高的評價，稱讚他「在淮西團結民社，措置有方」，可惜他「未到揚州已物故，深可傷憫」。宋廷於十月再賜其家銀絹二百疋兩（《宋會要輯稿》作一百疋兩），作為恩恤。〔註83〕

　　劉綱是南宋初年韓世忠麾下一員擅長守城的能將，與岳飛亦頗有淵源，而他是內臣鄭景純的女婿，是值得注意的事。《宋史》沒有為他立傳，未免可惜。

後記：

　　本文原刊於《中國文化研究所學報》第五十二期（2011 年 1 月），頁 33～63。當時失考孫覿的《鴻慶居士集》還收有一篇兩宋之際的內臣李中立（1087～1164）的墓誌銘，故本文舊題〈現存的三篇宋代內臣墓誌銘〉並不符事實，故本文相應修正題目為〈曹勛《松隱集》的三篇內臣墓誌銘〉。另本文初稿時尚未考出與李知順同樣有墓誌銘出土而傳世的馮從順亦為內臣，現亦加以修訂，並補入一些初稿未及引用之資料，以及修正初稿一些錯誤的地方。

〔註83〕《宋會要輯稿》，第三冊〈禮四十四・賻贈〉，頁 1705；第十冊〈食貨一・農田二〉，頁 5972；《建炎以來繫年要錄》，卷一八四，紹興三十年二月辛亥條，頁 3555；卷一八五，紹興三十年六月己未條，頁 3584；七月戊寅、己卯條，頁 3586。

宋火深世緒公像并

公諱勛字世緒以父組為床思敢
癘刺用思補承仕郎賜進士甲科
累官太尉開府儀同三司薨贈少
保危歲宗北狩復持御本音畫騎
高帝公都重抗發淳厚音勞劢故恩
榮始終公都重抗發淳厚音勞劢無
微世作物之隱以靜啟躬也言惟
諽而祟蹊妄行惟戲而去租踈明
以官理成忠入以善事成孝公以
忠孝從歲宗北狩意必將死蚊御
死斃百官死職士大夫死行列間
也公當曰富令劾音獻東者無美
皆碌碌竊取爵位者耳使我當一
面提數萬之兵必擒詗利以報天
子此公平日志也

資政殿大學士黃洽撰

像賛

國之道老時之清臣政教匠畫鳳族雅新富音不法
憲難真临神明其心始終厥迹

趙汝愚撰

曹勛像

浙江台州市臨海市西大喬村南喬山麓曹勛墓前石馬

曹勛所繪高宗出生至稱帝各種瑞異之《瑞異圖》

董仲永長婿趙伯駒所畫之《漢宮圖》

第十篇　兩宋之際內臣李中立事蹟考

一、前言

　　筆者數年前曾撰〈現存的三篇宋代內臣墓誌銘〉一文，當時誤以為現存宋人文集中僅有曹勛（1098～1174）的《松隱集》保存有這三篇內臣墓誌銘。〔註1〕後蒙蘇州大學丁義珏博士在 2014 年 1 月賜告，他的北大學弟曹杰先生在孫覿（1081～1169）的《鴻慶居士集》找到第四篇宋代內臣墓誌銘〈宋故武功大夫李公墓誌銘〉。筆者馬上檢閱該文集，細閱這篇長達 1962 字的內臣墓誌銘。〔註2〕筆者稍後詢問兩位後起之秀會否就該墓銘作一番考釋，丁、曹兩位隨即表示暫無打算。依筆者之見，此篇墓誌銘的主人李中立（字從之）（1087～1164），他在徽宗（1082～1135，1100～1125 在位）朝眾多權勢迫人的內臣群中，雖然名不見經傳，也無重大事功或過惡；惟據此墓銘考述其生平事蹟，特別他在兩宋之際的經歷，再可補充筆者前文的一些看法。特別是從岳珂（1183～1243）對孫覿撰寫李中立墓誌銘的批評，可以解釋宋代內臣墓誌銘所以寥

<hr>

〔註1〕 該文〈現存的三篇宋代內臣墓誌銘〉原刊於《中國文化研究所學報》，卷五十六（2011 年 1 月），頁 33～63。經修訂後現收入本書第九篇〈曹勛《松隱集》的三篇內臣墓誌銘〉，頁 297～339。

〔註2〕 參見孫覿：《鴻慶居士集》，文淵閣《四庫全書》本，卷三十九〈宋故武功大夫李公墓誌銘〉，葉十二下至十八下；曾棗莊、劉琳（編）：《全宋文》（上海：上海辭書出版社，2006 年 8 月），冊一百六十一，卷三四九五〈孫覿七八・宋故武功大夫李公墓誌銘〉，頁 116～120。按《全宋文》以常州先哲遺書本《鴻慶居士文集》、《宋孫仲益內簡尺牘》為底本，以《四庫全書》本、傅增湘校本等為校本，因版本較好，故本文採《全宋文》所錄之〈宋故武功大夫李公墓誌銘〉。

寥可數，其中一個原因是主流士大夫不以爲內臣撰寫墓誌銘爲是。另一方面，本文希望透過墓銘作者孫覿與李中立的關係，從另一角度略窺宋代士大夫與內臣的關係。雖然前人對孫覿的生平事蹟考述已不少，〔註3〕但孫、李二人關係頗密切，故本文在考述李中立事蹟之餘，也將孫覿在徽欽高孝四朝的仕宦經歷附於其後，以茲比較儒臣與內臣在兩宋之際的亂世其行事立身之道的異同。

二、李中立的家世及徽宗、欽宗朝仕宦經歷

孫覿所撰的〈宋故武功大夫李公墓誌銘〉沒有記載這位字從之的李姓內臣本名。筆者據李中立最後官至利州觀察使及後來復直睿思殿的線索，從與孫覿同時的周必大（1126～1204）的《文忠集》卷一百七十一〈乾道壬辰南歸錄〉及《宋會要・方域三》一條資料，考出李從之本名李中立。〔註4〕他籍隸開封府祥符縣（今河南開封市開封縣）。他在《東都事略・宦者傳》及《宋史・宦者傳》均無傳，生平事蹟亦不載於他書，賴孫覿這篇墓誌銘得以知其生平大概。他卒於宋孝宗隆興二年（1164）二月癸未（廿八），得年七十八。以此

〔註3〕 關於孫覿事蹟的研究，最近期的中文著作有孫覿紀念館（編）：《孫覿研究文集》（上海：上海古籍出版社，2006 年 9 月）。該書共收文章六十二篇及序五篇。其中陳曉蘭：〈孫覿生平及其文集評考〉，頁 52～91，與晏飛：〈孫覿年譜簡編〉，頁 565～571，最有參考價值。而英文著作有（1） Charles Hartman（蔡涵墨），"The Reluctant Historian: Sun Ti, Chu His and the Fall of Northern Sung", *Toung Pao*, LXXXIX（89）（2003）, pp. 100～148;（2） Lik-hang Tsui（徐力恆）, "Literati Networks in Song China as Seen From Letters: Preliminary Observations From Epistolary Sources by Sun Di"（conference paper, unpublished, 2010）. 按蔡涵墨一文的中譯〈無奈的史家：孫覿、朱熹與北宋滅亡的歷史〉（宋彥升譯），現收入蔡氏著：《歷史的桩：解讀道學陰影下的南宋史學》（北京：中華書局，2016 年 4 月），頁 217～267，514。另徐力恆在 2015 年在牛津大學提交的博士論文的第三章亦專門討論孫覿撰寫墓誌銘諸問題，惟徐氏沒有特別注意李中立的墓誌銘。參見 Lik-hang Tsui, *Writing Letters in Song China（960～1279）: A Study of its Political, Social and Cultural Uses,*（PhD Dissertation, unpublished, University of Oxford, 2015）, Chapter Three: "Letters as Communication about Life and Death: Epitaph Writing and Other Requests in Sun Di's Letters", pp. 71～105.

〔註4〕 〈宋故武功大夫李公墓誌銘〉，頁 118～119；周必大：《文忠集》，文淵閣《四庫全書》本，卷一百七十一〈乾道壬辰南歸錄〉，三月辛巳條，葉九下至十上；徐松（1781～1848）（輯），劉琳、刁忠民、舒大剛、尹波等（校點）：《宋會要輯稿》（上海：上海古籍出版社，2014 年 6 月），第十五冊，〈方域三・資善堂〉，頁 9311。

上推，他當生於哲宗元祐二年（1087）。他出身於內臣世家，其曾祖父（按：當爲養曾祖父，以下同）李言，官至入內內侍省東頭供奉官。祖父李舜俞，贈右監門衛將軍。父李鎮（？～1111 後），贈保信軍節度使。他的母親孫氏，封建安郡夫人。他在徽宗崇寧元年（1102）十六歲之時，以父任爲內黃門。墓誌稱他年少老成，「年甫十六歲，姿莊重有防畛，往來兩宮，目不忤視，進止有常處。」〔註5〕

值得一提的是，在政和元年（1111）至七年（1117）擔任翰林學士的慕容彥逢（1067～1117）在政和年間所撰的制文〈尚衣奉御李鎮可轉一官制〉的內臣李鎮，甚有可能就是李中立父李鎮。該制文云：

> 敕：具官某，爾職在尚衣，掌於晃服，夙夜祗事，勤恪可稱。序進厥官，惟以示勸。欽予時命，尚其勉哉！可。〔註6〕

慕容彥逢筆下的尚衣奉御李鎮，他「夙夜祗事，勤恪可稱」，就與下面所述的李中立相近，他當是李之父無疑。可惜制文沒有提到他進甚麼官。李中立能獲父任爲內黃門，則李鎮的官位似不太低。〔註7〕

〔註 5〕 李中立的祖父李舜俞，與神宗（1048～1085，1067～1085 在位）朝著名內臣、陣亡於元豐五年（1082）九月戊戌（二十）永樂城（今陝西榆林市東南上鹽灣鄉上鹽灣村）之役的內侍押班李舜舉（？～1082）名字相近。據《續資治通鑑長編》所載，李舜舉死後，宋廷恩卹他的家人，包括其子李充，其兄皇城使、惠州團練使提舉府界盜賊巡檢公事李舜聰（？～1083 後）和李舜欽，其姪李瑜等人。惟李舜俞與李鎮不在名單中。暫無其他記載證明李舜俞與李舜舉的關係。另在仁宗至和元年（1054）正月壬申（初七），有內臣李舜卿（？～1054 後）侍仁宗（1010～1063，1022～1063 在位），他是否出於李舜舉一族或與李舜俞一族也未能確定。另孫氏是否其生母？抑是養母，暫難確定。參見〈宋故武功大夫李公墓誌銘〉，頁 117；李燾（1115～1184）：《續資治通鑑長編》（北京：中華書局點校本，1979 年 8 月至 1995 年 4 月；以下簡稱《長編》），卷一百七十六，至和元年正月壬申條，頁 4248；卷三百三十，元豐五年十月乙丑條，頁 7955；卷三百三十一，元豐五年十一月庚辰條，頁 7968；卷三百三十四，元豐六年三月己丑條小注，頁 8034；卷三百四十，元豐六年十月癸巳條，頁 8191；《宋會要輯稿》，第八冊，〈職官六十六・黜降官三〉，頁 4839。

〔註 6〕 慕容彥逢：《摛文堂集》，文淵閣《四庫全書》本，卷七〈尚衣奉御李鎮可轉一官制〉，葉六下。按此制文的具體撰寫年月不詳，疑在政和五年前後。

〔註 7〕 據龔延明的考證，崇寧二年（1103）二月置尚衣局，隸殿中省，有管勾官一人，典御二人，奉御四人，掌供御衣服冠晃之事，以內臣充。參見龔延明：《宋代官制辭典》（北京：中華書局，1997 年 4 月），第四編〈元豐正名後中樞機構類之一・五、殿中省門〉，「尚衣局」條，頁 265。

　　他在宮中，先擔任徽宗日常起居進膳的直睿思殿之符寶郎，掌珍藏符寶，後擔任殿中省奉御。〔註8〕他顯然頗得徽宗的信任，孫覿說他「奉御出入禁闥踰二紀，未嘗以一昔挂吏議」，可見他行事小心謹慎。〔註9〕大概在宣和五年（1123），徽宗十三子華原郡王趙樸（按：群書亦寫作趙朴，1109～1124）出閣，徽宗問誰人可以侍奉華原郡王。當看到侍奉一旁的李中立時，就說「無以易卿矣」，即命李中立以入內武功大夫忠州刺史兼任華原府都監。〔註10〕不過，李中立侍奉的華原郡王卻享年不永，據《宋會要輯稿》所載，他在宣和

〔註8〕據《宋會要輯稿》所記，睿思殿造於神宗熙寧八年（1075）。徽宗效法神宗及哲宗故事，晝日不居寢殿，而以睿思殿時爲講禮及進膳之所。又徽宗在崇寧二年（1103）正月丁亥（初七），詔殿中省置六尚局，分別是尚食、尚藥、尚醞、尚衣、尚舍及尚輦。其中新置的尚醞局供御酒醴之事。蔡京（1047～1126）在崇寧三年（1104）上《修成殿中省六尚局供奉庫務勅令格式》並《看詳》。究竟李中立擔任殿中省哪一局的奉御？墓誌銘沒有清楚記載。《宋會要‧禮四十五》有一則記載，稱在政和五年（1115）九月戊寅（十二），殿中省上言，指東上閤門奏，該月甲戌（初八）集英殿宴，教坊未喝酒遍，卻有尚醞局奉御李彌，不合赴揭盞位失儀。殿中省提出檢視《殿中省通用敕》，所有應奉失設若稽緩者即杖八十；不過，以李彌從未經親近差遣，疑有別的緣故。宋廷接受殿中省的求情，只命李彌依法贖罰，然後換司圍奉御。考這次犯事的尚醞奉御李彌，同是李姓內臣，與李中立即賢與不肖有別。惟李中立所擔任的殿中省奉御，大概與這個李彌的尚醞奉御是相近的。參見《宋會要輯稿》，第三冊，〈禮四十五‧宴享〉，頁1730；第六冊，〈職官十九‧殿中省〉，頁3547；〈職官二十一‧光祿寺〉，頁3608；第十五冊，〈方域一‧東京雜錄〉，頁9274，9277。

〔註9〕〈宋故武功大夫李公墓誌銘〉，頁117。

〔註10〕據《宋史‧宗室傳》所記，徽宗有三十一子，後來追封儀王的華原郡王樸爲徽宗第十三子。據《宋會要輯稿》及《皇宋十朝綱要校正》所記，他生於大觀三年（1109）五月，八月賜名。授鎮洮軍節度使、檢校太尉，封雍國公。政和三年（1113）五月更定官制，改授檢校太保。到宣和五年（1123）二月丁酉（十三），改靜難軍節度使，加開府儀同三司，進封華原郡王。這年他十五歲，已達出閣之齡，封王就第，故徽宗命李中立爲華原府都監。又考華原郡王兄長肅王樞（1103～1127）在宣和四年（1122）三月上奏，他的王府都監內臣楊端及王襃，官職分別是入內武功大夫康州防禦使和入內武功大夫貴州刺史。與李中立的官職相同。李中立的階官，當也是入內武功大夫。參見脫脫（1314～1355）：《宋史》（北京：中華書局點校本，1977年11月），卷二十二〈徽宗紀四〉，頁411；卷二百四十六〈宗室傳三‧徽宗諸子〉，頁8725；李埴（1161～1238）（撰），燕永成（校正）：《皇宋十朝綱要校正》（北京：中華書局，2013年6月），下冊，卷十五〈徽宗‧皇子二十九‧華原郡王樸〉，頁394；《宋會要輯稿》，第一冊，〈帝系一‧皇子諸王五〉，頁28；〈帝系二‧皇子諸王雜錄〉，頁50。

五年十一月丁卯（十八）卒。〔註11〕而《靖康稗史·開封府狀》記，金人在靖康二年（1127）二月要開封府上呈宋宗室名單，將他們擄去塞北。開封府奏狀便說「邠王、儀王早先薨逝」，「儀王樸十九歲」。按《宋會要輯稿》稱華原郡王「薨，追封儀王」。可知儀王就是華原郡王。〔註12〕

華原郡王死後，值得注意的是，李中立又擔任時封康王（即高宗，1107～1187，在位 1127～1162）的宮僚。高宗在宣和二年（1120）正月庚申（十九）封廣平郡王。宣和三年（1121）十二月壬子（廿二）進封康王。宣和四年（1122）出就外第。李中立大概不是一開始就被委爲高宗的宮僚，要到華原郡王在宣和五年十一月死後，才轉任康邸。據墓誌銘所記，高宗後來委任他爲孝宗（1127～1194，1162～1189 在位）的宮僚時，就說李曾爲康邸舊臣。他這層淵源，故後來得到高宗的信用。〔註13〕

李中立在宣和初年也頗得當時的皇太子（即欽宗，1100～1161，1126～1127在位）的信任。據墓誌銘所記，在宣和中，河泛石隄，大水暴集於城下。徽宗命皇太子登上城樓視水，命李中立隨行。有申屠生等三十六人扣馬向欽宗說，只要用他的厭勝之法，就可以令水乾涸。但試之不驗，欽宗大怒，說「妄言無行之徒，僥倖水落以貪大功，以冒重賞。」打算奏上徽宗將他們誅殺。李中立從容諫勸欽宗，說：「罔上之罪，死有餘誅，而災變如此，宜加原貸，以塞大異。」欽宗納其言而沒殺這班江湖術士。可惜欽宗沒有吸收這次教訓，後來竟然相信江湖騙子郭京六甲神兵退敵的鬼話。孫覿後來評論此事時，感慨當金兵入寇，朝廷始議殺一二大臣之誤國者，他說當時將相逢欽宗之怒，無一言相救，此例一開，於是併及其黨。他說他們若知曉李中立當日勸諫欽宗不殺之風範，就應該慚愧了。其實孫覿本人在欽宗朝正是猛烈建言要誅誤

〔註11〕　《宋史》，卷二十二〈徽宗紀四〉，頁 413；《宋會要輯稿》，第三冊，〈禮四十一·親臨宗戚大臣喪〉，頁 1632。考《宋會要輯稿》記徽宗在宣和五年十二月壬寅（廿三）臨華原郡王喪，距《宋史》所記其逝一月有多，未知何故。疑《宋會要輯稿》記其喪日有誤。

〔註12〕　《宋會要輯稿》，第一冊，〈帝系一·皇子諸王五〉，頁 32；碻庵、耐庵（編），崔文印（箋證）：《靖康稗史箋證》（北京：中華書局，1988 年 9 月），《開封府狀箋證》，頁 89，96。按華原郡王（儀王）生於大觀三年，到靖康二年（1127），若不計他已死，虛齡可以說是十九歲，勉強吻合《開封府狀》十九歲的說法，他比高宗少兩歲。

〔註13〕　〈宋故武功大夫李公墓誌銘〉，頁 118；《宋史》，卷二十四〈高宗紀一〉，頁 439。

國大臣之言官；但他後來卻自食其果，被指為朋黨而遭貶。〔註14〕

李中立在徽宗一朝的仕歷，算是無風無浪，他侍徽宗二紀廿四年，最後累官武功大夫、忠州刺史，比起他許多得寵的同輩，說不上顯赫，不過也就逃過改朝換代遭受清算之劫。〔註15〕據孫覿的描述，李中立淡泊名利，一心向佛，「方少年時，給事宮省，固應酣豢酒池肉林富貴之樂，而澹然不受一塵之染。閒遇休沐，則從老師宿學問出世法，修無上道，布衣蔬食，不御酒肉，

〔註14〕 京城這場大水發生於宣和哪一年月？程民生教授考證在宣和年間只有在宣和元年（1119）夏京師曾發生大水。按是年夏京師因大雨而發生嚴重的水災。五月，「大雨。水驟高十丈，犯都城，自西北牟馳岡連萬勝門外馬監，居民盡沒」，「水至益猛，直冒安上、南薰諸門，城守凡半月。」按李中立墓誌稱水災發生於「宣和中」，宣和共有七年，一般「宣和中」指宣和三年至五年。但據程氏的考證，宣和三年至五年京師並沒有發生大水。故孫覿筆下這場大水，是否群書所記宣和元年夏這一場京師大水？按李中立墓誌銘稱欽宗為皇太子，欽宗冊為皇太子在宣和五年二月。但孫覿行文，稱欽宗為皇太子，不必一定指宣和五年二月之後的欽宗。另據蔡絛（？～1146後）《鐵圍山叢談》卷五所記，「宣和歲己亥夏，都邑大水，幾冒入城隅，高至五七丈，久之方退」；以及卷六所記：「宣和元年夏五月，都邑大水。未作前，雨數日連夕如傾」，「後十餘日，大水至」。據此，筆者認為孫覿筆下這場水災當是指宣和元年夏的一場罕見的水災。所謂「宣和中」疑是「宣和初」的訛寫或誤記。參見〈宋故武功大夫李公墓誌銘〉，頁119；程民生：《北宋開封氣象編年史》（北京：人民出版社，2012年5月），〈宋徽宗宣和元年己亥（1119年）〉，頁351～352；蔡絛（撰），馮惠民、沈錫麟（點校）：《鐵圍山叢談》（北京：中華書局，1983年9月），卷五，頁92；卷六，頁115。按蔡絛這兩則記載，蒙黃啓江學長賜告，謹此致謝。據黃學長之研究，這場大水，《賓退錄》繫於宣和元年十一月，而徽宗寵信的道士林靈素（1075～1119）以「厭勝」之術治水失敗，導致他失寵垮台。黃學長以《賓退錄》所記有誤，大水應在宣和元年五月。參見趙與時（1175～1231）（撰），齊治平（校點）：《賓退錄》（上海：上海古籍出版社，1983年8月），卷一，頁4～5；黃啓江：《泗水大聖與松雪道人：宋元社會菁英的佛教信仰與佛教文化》（臺北：學生書局，2009年3月），頁38～47。

〔註15〕 李中立從最低級的內黃門累遷武功大夫的具體年月不詳，武功大夫即政和二年（1112）九月改定官制前西班諸司使臣之首的皇城使。又宋廷在靖康元年二月壬子（十六）下詔：「內侍特旨令轉出或致仕者，並與換官，已轉出者改正。仍今後內侍並轉至武功大夫止，餘令條具聞奏。」是見宋廷在欽宗繼位後不輕易給內臣升官。這也許是李中立的階官止於武功大夫一級。參見汪藻（1079～1154）（撰），王智勇（箋注）：《靖康要錄箋注》（成都：四川大學出版社，2008年7月），上冊，卷二，頁337。關於宋廷改定官制的詔令，參見不著撰人（編）、司義祖（點校）：《宋大詔令集》（北京：中華書局，1962年10月），卷一百六十三〈政事十六、官制四・改武選官名詔・政和二年九月二十五日〉，頁620～621。

蓋五十八年。」而尤不可及的，他不像孫覿所說「政和、宣和時，北司諸貴更用事，本兵柄，執國命，或冠樞省，爲帝師，或位公孤，號隱相，士大夫操籌執贄，奔走其門，謂之捷徑。」即呼之欲出的權閹童貫（1054～1126）、梁師成（？～1126）那樣招權納勢，而是「畏遠權勢，不立爭地，侍帝側無私謁，出公門無外交，杜門卻掃，人莫見其面。」於是得到佛門同道有識之士的交口稱許，說「李公在家出家，住世出世，殆是過去佛僧也。」〔註16〕

宣和七年（1125），金人以宋敗盟爲借口，在十二月戊戌朔（初一）兩路南侵，庚申（廿三），徽宗禪位欽宗，退居太上皇。〔註17〕欽宗在翌年改元靖康。新君繼位後，徽宗所寵的近臣內侍很快便失勢，而曾遭打壓的舊黨臣僚就得到復職。與李中立有交的孫覿，在宣和七年三月與另外五人，被人劾奉元祐之學，並罷守宮祠。才九個月，便在靖康元年正月戊辰（初二）自國子司業除侍御史。而在翌日（己巳，初三）惡名昭著、被太學生陳東（1086～1127）指爲「宣和六賊」之一的內臣翊衛大夫、安德軍承宣使李彥（？～1126）就首被欽宗開刀賜死，並籍其家財。〔註18〕李中立的主子徽宗在心腹近臣的慫恿下，當金兵渡過黃河後而尚未兵臨開封城下前，就在初三夜與太上皇后、皇子帝姬等，在蔡攸（1077～1126）、童貫、高伸（？～1026）、高俅（？～1126）等心腹及內侍護衛下，率勝捷軍及禁軍各三千出通津門離京南逃。〔註19〕

〔註16〕〈宋故武功大夫李公墓誌銘〉，頁116～117。按太學生陳東（1086～1127）在宣和七年十二月甲子（廿七）上書，便指責專權任事的梁師成，說他「外示恭謹，中存險詐，假忠行佞，藉賢濟奸，盜我儒名，高自標榜，要立名號，眾稱爲『隱相』，與結爲姻親的童貫等內外相結。另蔡京之子蔡絛在他的《鐵圍山叢談》卷六也歷數徽宗一朝宦官，以梁師成及童貫爲首之過惡，並言文臣皆依附宦者以晉身。不過，蔡絛卻沒有說其父一樣勾結宦官，反說蔡京力過宦官勢力。參見楊仲良（？～1184後）：《通鑑長編紀事本末》，收入趙鐵寒（1908～1976）（主編），《宋史資料萃編》，第二輯（臺北：文海出版社，1967年11月），卷一百四十八〈欽宗皇帝‧誅六賊〉，葉一上至九下（頁4457～4474）；蔡絛：《鐵圍山叢談》，卷六，頁109～111。按蔡絛此條資料，亦爲黃啓江學長賜告，謹此致謝。

〔註17〕《皇宋十朝綱要校正》，下冊，卷十八〈徽宗〉，頁538～539。

〔註18〕《靖康要錄箋注》，上冊，卷一，頁74～75，86～87；《皇宋十朝綱要校正》，下冊，卷十八〈徽宗〉，頁536；卷十九〈欽宗〉，頁559～560；《通鑑長編紀事本末》，卷一百四十八〈欽宗皇帝‧誅六賊〉，葉五下至六下（頁4466～4468）。

〔註19〕《靖康要錄箋注》，卷一，頁93～96；《皇宋十朝綱要校正》，下冊，卷十九〈欽宗〉，頁560；李心傳（1167～1244（編撰），胡坤（點校）：《建炎以來繫年要錄》（以下簡稱《要錄》（北京：中華書局，2013年12月），卷一，頁12。

　　李中立並沒有隨徽宗南逃，他留在人心惶惶的京師。當時朝臣分做兩派，大部份宰執主張遷都以避金人之鋒，以太常少卿李綱（1083～1140）為首的朝臣則主張堅守京師以待勤王軍入援。欽宗受徽宗南逃的影響，對堅守京師毫無信心。據《靖康要錄》的記載，當李綱與宰執在欽宗前爭論是否遷都時，有領京城所在的一名內侍陳良弼從內殿走出，對欽宗奏稱「京城樓櫓刱修百未及一二，又城東樊家岡一帶濠河淺狹，決難保守」。欽宗即命李綱與同知樞密院事蔡懋（？～1134）及陳良弼前往新城（即外城）東壁遍觀城壕，然後回奏。蔡懋回奏城濠淺狹不可守，李綱卻認為雖然樓櫓未備，但城壁高，不必樓櫓亦可守。至於濠河雖淺，但若以精兵強弩據守亦可保無虞。欽宗給李綱說服，同意堅守待援。並且任李綱為兵部侍郎尚書右丞親征行營使，負責京師四壁守具。宋廷「以百步法分兵備禦。每壁用正兵萬二千餘人，修樓櫓，掛氈席，安砲坐，設弩床，運磚石，施燎炬，垂樋木，備火油，凡防守之具無不畢備。」京師四壁各以侍從官、宗室、武臣為提舉官，而諸門皆有內臣、大小使臣分地以守。據載從正月辛未（初五）至癸酉（初七），治戰守之具粗畢。〔註20〕

　　正月癸酉（初七），金兵已兵臨開封城下，至京城西北，屯牟馳岡天駟監。金兵當晚已進攻宣澤門。甲戌（初八），金人遣使議和，欽宗派同知樞密院事李梲、駕部員外郎鄭望之等使金軍議和。乙亥（初九），金人攻通天、景陽門甚急。又攻陳橋、封丘、衛州門。李綱登城督戰，自卯時至未、申時，報稱殺敵數千（當然是誇大其辭），金兵乃退。另金兵又攻西水門，以火船數十隻順汴河相繼而下。宋軍募敢死士二千人列布於城下，擊破火船。但城北守將河東河北路制置使何灌（1065～1126）卻戰死。〔註21〕

　　丙子（初十），欽宗派皇弟康王（高宗）及少宰張邦昌（1081～1127）使金議和，庚辰（十四）二人始行。〔註22〕作為高宗宮僚的李中立並沒有隨行。據李中立墓誌銘所記，李中立在靖康初受命「分治京城樓櫓守禦之具」，而後以功進某州團練使。〔註23〕李中立在徽宗末年已官武功大夫、忠州刺史。以

〔註20〕《靖康要錄箋注》，卷一，頁97～99，106，112～113。

〔註21〕《靖康要錄箋注》，卷一，頁112～113，117-～118；《皇宋十朝綱要校正》，下冊，卷十九〈欽宗〉，頁560。二月辛丑（初五），以太學生上書，欽宗一度罷內侍守城。

〔註22〕《皇宋十朝綱要校正》，下冊，卷十九〈欽宗〉，頁561；《宋史》，卷二十三〈欽宗紀〉，頁423。

〔註23〕〈宋故武功大夫李公墓誌銘〉，頁117。

他的官位，他奉命守城，應擔任四壁提舉官。他立了甚麼戰功而可以陞一級為團練使？墓誌銘沒有說清楚。是不是他在正月初九這場攻防惡戰立功受賞？宋廷在三月癸未（十七），因知樞密院事李綱奏，將京城四壁提舉守禦官以下計八百八十三人等第推恩。〔註24〕李中立很有可能就是在此時獲賞功陞授遙領的團練使。

關於內臣監造樓櫓守禦之具的問題，時任國子祭酒大儒楊時（1053～1135）卻在靖康元年正月兩度上書欽宗，切論不可復用內臣。在他第二通書奏，他點了兩名內臣梁平與李彀（？～1127後），嚴厲指出：

> 梁平、李彀之徒，皆持權自若，氣焰復熾，未識陛下亦嘗察其所以然否乎？臣謹案梁平嘗為大理寺、開封府承受，結為陰獄，殺無罪之人不可數計。罪盈惡貫，人所切齒，陛下之所知。今復處之御藥院，果何意邪？李彀嘗管幹京城，監造軍器，奸欺侵蠹，無所不至。
> 近興復濠之役，調夫數萬，減剋口食，殘虐百端，役夫至于殍踣，逃亡亦不可勝計。近在國門之外，陛下其亦聞之乎？」〔註25〕

從楊時的奏狀看，被宋廷委任治守城器具的內臣不少，與李中立同姓李的內臣、李憲（1042～1092）子李彀便是負責管幹京城城濠的人，但是像李中立那樣盡心守城有功的內臣不多，而像李彀乘機以權謀私的人卻是多數。楊時提出省臺寺監百執事其實並不乏人，為何要用這些內臣而蹈徽宗朝的覆轍？他指出內臣如邵成章（？～1129後）者，雖人或稱之，以他賢於其徒，但他

〔註24〕《靖康要錄箋注》，卷四，頁513。

〔註25〕楊時：〈上欽宗論不可復近奄人・第二狀・靖康元年正月上〉，載趙汝愚（1140～1196）（編），北京大學中國中古史研究中心（校點整理）：《宋朝諸臣奏議》（上海：上海古籍出版社，1999年12月），上冊，卷六十三〈百官門・內侍下〉，頁704～705；《靖康要錄箋注》，卷十三，頁1347；《要錄》，卷十一，建炎元年十二月庚午條，頁290。李彀是神宗朝著名內臣李憲的養子，在宣和末官檢校少保、慶遠軍節度、醴泉觀使直保和殿。他後來在靖康元年秋末又奉命閱兵城外的劉家寺，他取兵器、砲坐、砲石置於寺中，卻不數算。閏十一月癸巳（初二），金兵攻佔劉家寺，盡取李彀存放的軍用物資。己亥（初八）宋廷將他除名勒停。楊時當日奏劾他可說有先見之明。他後來在高宗即位後，在建炎元年十二月庚午（十五）又獲復用為內客省使、保慶軍承宣使、添差入內內侍省都知，高宗將他改名為李志道。但右諫議大夫衛膚敏（1081～1129）上言指他在徽宗朝用事最久，其弄權怙寵，勢可炙手。一時達官貴人多出其門。又說他撓法害政，以亂天下，認為其惡不在童貫、譚稹及梁師成之下，反對復用他。高宗最後接受衛之勸諫，在同月癸酉（十八）收回成命。李憲父子的事蹟，筆者不久將有專著考論。

認為「此曹縱賢，亦不可用，但使之服掃除，通詔令可也。」楊氏之論，代表主流朝臣的意見。故此，欽宗在二月辛丑（初五）下詔罷內侍守城。〔註26〕在宋廷反對內臣的氣氛下，李中立即使曾立功，也不獲重用。

勤王軍在正月甲申（十八）陸續抵達，欽宗堅守京師的信心大增，特別是素著威名的宿將种師道（1051～1126）率陝西路涇原、秦鳳兵號稱二十萬及時趕到。甲午（廿八），太學生陳東再上書請誅蔡京（1047～1126）等六賊。欽宗早在戊寅（十二）令於內侍之家包括童貫之家取銀五百萬兩、金一百萬兩，並將徽宗最寵信的內臣、六賊之一的梁師成責授彰化軍節度副使、華州（今陝西渭南市華縣）安置。乙未（廿九），欽宗將他賜死於八角鎮。〔註27〕

二月丙午（初十），金兵在收取宋人給予金銀及答允割太原府、中山府（即定州，今河北保定市真定市）及河間府（即瀛州，今河北滄州市河間市）三鎮等苛刻條件後退兵。〔註28〕賊過興兵，宋廷將矛頭指向宣和六賊尚存的另外四人。身為御史的孫覿在二月甲寅（十八）、壬戌（廿六）、三月丁卯（初一）先後多番上奏，嚴劾蔡京、蔡攸父子及童貫等人。欽宗准奏，三人均被重貶。權傾一時的蔡太師蔡京在七月甲申（二十）死於潭州（今湖南長沙市）。辛卯（廿七），童貫被誅於吉陽軍（今海南三亞市）貶所。九月，蔡攸也被賜死於永州（今湖南永州市）。徽宗朝三大權閹李彥、梁師成及童貫到這時已先後被誅；〔註29〕不過，行事剛猛，對宣和六賊窮追猛打的孫覿，卻因言太學生伏闕事開罪了少宰吳敏（？～1132）。三月庚午（初四），他以妄論太學生伏闕上書事，被罷侍御史職，責知和州（今安徽巢湖市和縣）。癸未（十七），他被勒令馬上離開京師。六月戊戌（初三），當其政敵李綱罷知樞密院事，出為河北河東宣撫使，率兵援救被金兵包圍多時的太原（今山西太原市）後兩月，再因吳敏罷相，而主和派新任中書侍郎唐恪（？～1127）等上台後，孫覿

〔註26〕同上文，頁705；《皇宋十朝綱要校正》，下冊，卷十九〈欽宗〉，頁562。

〔註27〕《靖康要錄箋注》，卷一，頁140～143，191；《皇宋十朝綱要校正》，下冊，卷十九〈欽宗〉，頁561；《通鑑長編紀事本末》，卷一百四十八〈欽宗皇帝・誅六賊〉，葉七下至八下（頁4470～4472）。

〔註28〕《靖康要錄箋注》，卷二，頁294。

〔註29〕《通鑑長編紀事本末》，卷一百四十八〈欽宗皇帝・誅六賊〉，葉八下至九下（頁4472～4474）；《皇宋十朝綱要校正》，下冊，卷十九〈欽宗〉，頁562～563；《宋史》，卷四百七十二〈姦臣傳二・蔡京〉，頁13727；《靖康要錄箋注》，卷三，頁386～387，391～393，424～425。在靖康元年二月辛酉（廿五），另一權閹梁方平也以黃河失守之罪被誅。

獲召回朝，並在八月丁巳（廿四）復職侍御史。他這時又專附和議，並晉至中書舍人。在宋人筆下，孫覿爲人反覆投機，他在這段日子與李中立有否交往，就史所不載。〔註30〕

　　因欽宗君臣處事乖張，進退無方，並且不能選派眞的有能力的大將統兵救援重鎮太原。七月甲戌（初十），金兵便攻克太原，東西兩路會師。當金兵已過汜水關（即虎牢關或武牢關，在洛陽以東，今河南省滎陽市市區西北部16公里的汜水鎮境內），即將兵臨開封城下時，宋廷派兵設防。孫覿這時上言應接受金人條件，放棄三關故地，以抒一時之急。他的進言卻激怒了宰相唐恪，將他斥責。是月壬午（廿一），令他擔任東壁提舉官，他麾下共統兵三萬人及使臣部將數百員。金兵第一次圍城時有份治守城械具的李中立，這次有否獲委以守城之任，則未見載。乙酉（廿四）金兵再臨開封城，閏十一月癸巳（初二），孫覿被劾守東壁時支軍糧及賞賜不平，自中書舍人降三官爲承務郎罷職，由王時雍（？～1127）代之。孫有自知之明，兩天後上書宰相何㮚，稱「某以眇然一書生，豈可使之駕御群黥，守衛城壁？」宋軍苦守一月，欽宗君臣竟相信江湖騙子郭京聲稱可以「六甲神兵」破敵的妖言，開門迎戰，金兵得以輕易破城，宋守軍全面潰敗。閏十一月丙辰（廿五），開封終於失陷。十二月壬戌（初一），孫覿奉命草擬降表，向金人求和稱藩。但金帥完顏宗翰

〔註30〕《靖康要錄箋注》，卷一，頁77；卷三，頁440～441；卷四，頁508；卷五，頁599；卷七，頁811；卷八，頁861，866；卷十，頁1042，1049；《宋會要輯稿》，第六冊，〈職官十八・秘書省一〉，頁3481；第八冊，〈職官六十一・對換官〉，頁4713；第九冊，〈選舉四・貢舉雜錄二〉，頁5321；〈選舉十二・宏詞科〉，頁5498；第十冊，〈選舉二十・試官〉，頁5635；《宋史》，卷二十三〈欽宗紀〉，頁424；《全宋文》，第一百五十八冊，卷三四二五〈孫覿八・侍御史論太學諸生伏闕箚子・靖康元年〉，頁466～467；第一百五十九冊，卷三四二六〈孫覿九・辯受僞官狀・建炎元年六月〉，頁17。據《宋會要輯稿》的記載，孫覿在大觀三年（1109）登進士第，政和四年（1114）三月試詞學兼茂科，考入次等授秘書省正字，七年（1117）時任秘書省校書郎。當時提舉秘書省的正是他後來痛劾的蔡攸。孫在宣和六年（1124）正月以朝奉郎都官員外郎獲任貢舉點校試卷官。孫在靖康元年二月戊戌（初二）在金人圍城而宋軍戰敗，李綱被罷御營使時，太學生伏闕請留李，孫覿卻劾李綱要君，又危言太學生將再伏闕爲變。吳敏等宰執以他所言不實。三月庚午（初四）以妄言太學生伏闕，於癸未（十七）黜知利州（今四川廣元市），後以監察御史胡舜陟（1083～1143）上奏才獲召還。他在建炎元年（1127）六月上奏自辯受僞官時，便稱自「靖康元年八月和州召還，十月蒙恩召試中書舍人兼侍講資善堂撰文官。十二月初三日權直學士院」。

（1080～1137）不納。未幾，徽宗、欽宗及宗室數百人盡被金人擄去。孫覿也在被擄之列。〔註31〕

三、李中立在高宗、孝宗朝之事蹟

　　金人在靖康二年（即建炎元年）正月丁巳（廿七），在軍前取內侍五十人（一說四十五人），各問其職掌後，晚上遣還三十六人，並聲稱只索取徽宗所任用的內臣。二月甲戌（十四），金人再索取內侍、司天臺、僧道及各樣奉侍人等，至庚辰（二十）方暫止。〔註32〕李中立居然僥倖未被金人選中，較早前被亂兵所殺的內侍梁揆十七人中，也沒有他的份兒。大概在金人退兵北還後，李中立與家人遁出危城，逃難南方，最後隱於蘇州（今江蘇蘇州市）附近之太湖洞庭山（今太湖東南）。他在蘇州，自號皎然居士。劫後餘生，據其墓誌所記，他本來有北歸之意；但宋室一直無法匡復中原，故終其一生，他無法重返開封故里。〔註33〕值得我們注意的是，李中立與其家人在何年何月，是城破前抑城破後逃離京師？另外，李家又怎樣攜同偌大的家財南逃至蘇州並隱於洞庭山？這一重要事實，孫覿在李的墓誌銘卻並沒有交待，是否諱莫如深？

　　孫覿本來被拘禁金營。三月乙巳（十五），被金人立為楚帝的張邦昌向金人請求將他釋回。八天後（癸丑，廿三）孫獲釋返京城。四月辛酉（初二），張邦昌命他直學士院。四月丁卯（初八），他與謝克家（1063～1134）秉張邦昌命奉傳國寶往南京應天府（今河南商丘市）迎立高宗。五月庚寅（初一），高宗繼位。〔註34〕孫覿留任中書舍人，然是月甲午（初五）李綱拜相。孫自知不容於李綱，癸丑（廿四），就自請罷舍人職。高宗因授他徽猷閣待制出知

〔註31〕《皇宋十朝綱要校正》，下冊，卷十九〈欽宗〉，頁569～575；《通鑑長編紀事本末》，卷一百四十九〈欽宗皇帝・二聖北狩〉，葉一上至七上（頁4475～4487）；《靖康要錄箋注》，卷九，頁911～912；卷十三，頁1284～1285，1326；1387～1393；卷十四，頁1437～1438；《要錄》，靖康元年十二月壬戌朔條，頁19～20；辛丑條，頁26～27；甲辰條，頁28～29；《全宋文》，第一百五十九冊，卷三四二六〈孫覿九・辯受偽官狀・建炎元年六月〉，頁17；卷三四三〇〈孫覿十三・上何丞相箚子一・靖康元年閏十一月四日〉，頁68～69；《宋會要輯稿》，第八冊，〈職官六十九・黜降官六〉，頁4913。據載內侍輩尤其相信郭京的六甲神術可破金兵。在城破時，內侍黃經臣躍入火中而死。

〔註32〕《通鑑長編紀事本末》，卷一百四十九〈欽宗皇帝・二聖北狩〉，葉六上下（頁4485～4486）。

〔註33〕〈宋故武功大夫李公墓誌銘〉，頁117。

〔註34〕《靖康要錄箋注》，卷十五，頁1463；卷十六，頁1661，1701，1752，1763，1791，1822。

秀州（今江蘇嘉興市）。六月癸亥（初五），李綱追究張邦昌僭逆之罪，孫以曾在僞廷供職，被責安置歸州（今湖北宜昌市秭歸縣）。〔註35〕不過，李綱很快便罷相，他的政敵殿中侍御史張浚（1097～1164）在十月甲子（初八）上奏論李綱之罪，其中一罪就是杜塞言路，把臺諫官包括孫覿在內的言官罷斥。十一月庚寅（初四），孫覿因張浚的進言，自降授承務郎充徽猷閣待制復朝奉郎試中書舍人。建炎二年（1128）正月乙巳（二十），因孫覿的要求，高宗授他充顯謨閣待制知平江府（即蘇州）。他有自知之明，兼且爲自己屢受攻擊自辯，就向高宗申述他在靖康中先後劾奏蔡京、蔡攸父子罪狀，劾奏蔡行父子棄官而去，奏論李綱不知兵，以及論太學諸生誘眾伏闕爲亂等事，聲稱之前受到他劾奏的人或其黨，爲了報復，就以他爲打擊目標。故此，他選擇離開朝廷以避禍。不過，他熱中功名，並沒有眞的想引退。他出守平江府才半年，七月乙未（十三），被貶爲提舉杭州洞霄宮的謝克家上疏自辯，力稱他並未附從張邦昌，又自表奉國寶至濟州獻高宗之功。高宗接受繼任宰相的黃潛善（1078～1130）、汪伯彥（1069～1141）的推薦，孫覿得以因人成事，與謝克家同被召赴行在。不過，兩天後（丁酉，十五），殿中侍御史馬伸（？～1128）看不過眼，奏劾二人「趨操不正，姦佞相濟，小人之雄者也者」，又指責二人在靖康年間，與李㰚、王時雍等七人結爲死黨，附耿南仲倡和議，若有人不主和議，就群起而辱罵之，並威嚇要將不順從的人執送金營，故人皆畏其險。馬伸又說孫覿接受金人女樂，於是草降表時極其筆力以媚金人。馬伸痛劾謝、孫二人是負國之賊，宜加遠竄，請高宗不要再用二人，但奏入不報。八月戊午（初六），孫覿以顯謨閣待制試給事中。馬伸在庚申（初八）再上奏反對孫的任命，但仍然疏入不報。馬伸在九月癸未（初二）因以上言劾黃、汪二人，先被罷御史職，再被責降奉議郎監濮州酒務，並被促上路而貶死道中。〔註36〕

〔註35〕《宋史》，卷二十四〈高宗紀一〉，頁445；《要錄》，卷五，建炎元年五月辛卯條，頁134；甲午條，頁137；癸丑條，頁154；卷六，建炎元年六月癸亥條，頁168～170；《宋會要輯稿》，第八冊，〈職官七十‧黜降官七〉，頁4916。

〔註36〕《要錄》，卷十，建炎元年十月甲子條，頁265～266；十一月庚寅條，頁273；卷十二，建炎二年正月乙巳條，頁315；卷十六，建炎二年七月乙未至庚戌條，頁397～399；卷十七，建炎二年八月戊午至庚申條，頁404～406；甲戌條，頁408；九月癸未條，頁410；卷二十，建炎三年二月乙亥條，頁473～474。據《宋史》所載，孫覿與謝克家本來都是蔡攸所引用，後來孫覿反過來奏劾蔡。參見《宋史》，卷三百七十九〈陳公輔傳〉，頁11693；卷四百五十五〈忠義傳十‧馬伸〉，頁13366。

孫覿繼續獲得高宗重用，十月壬戌（十一），因他的上奏，加上黃潛善的推薦，高宗詔他以給事中與翰林學士葉夢得（1077～1148）、中書舍人張澂（？～1143）討論常平法，條具取旨。十一月丙戌（初六），孫再擢爲試吏部侍郎仍權直學士院。建炎三年（1129）三月辛巳（初三），孫再晉試戶部尚書。〔註37〕

當孫覿在朝中得意時，才不過四十餘歲、正當盛年的李中立在建炎初年沒有歸朝，而是南遷至洞庭山。他出家資，在洞庭東山稍北之處營建墓壙，買地二十畝，親手植松柏環繞之。又在旁建一佛寺，寺中「重門步廊，穹堂奧殿、齋庖、宿廬、庾庫之屬僅萬礎」，寺內塑有佛菩薩像數十座，又建窣堵波塔高三百尺。他又營建一大經藏，收藏佛經五千四十八卷，均是「寶匲鈿軸，納之匭中」。他作爲大檀越，在附近買田十頃，以收入供養僧俗千餘眾。他請得高宗賜其佛寺名「華嚴禪院」，選一時名僧主理之。按此寺規模不小，所費不菲，很有可能李中立早在開封城破前，已將資產轉移江南，不似許多內臣在開封城破前後被抄家籍沒財產。他知幾之舉，教他南遷後，能保有如此家當而可以經營此一禪寺。〔註38〕

李中立所隱居的洞庭山華嚴禪院在甚麼地方？據周必大所記，他在乾道壬辰（八年，1172）三月辛巳（十三），即李中立歿後八年，「粥罷，同鄉老下山行二里，觀韓王墳（按：即韓世忠在蘇州之墳），欲登舟過寶華，而天氣晴和，忽有遊杭塢之興。遂與大兄呼車往焉。約十里，度小硯嶺，入唐子明侍郎（按：指唐輝，？～1145）墳庵。又二、三里至白馬窟窿禪寺（後唐會昌六年置）。飯訖行數里，至夢里皇第宅，聯屬者豪民夏氏也，又數里過支塢嶺，遂至法華院，本皆荒山，中官利州觀察使致仕李中立造塋於此。」據此，可知李中立的墳墓，就是在蘇州（平江府）不遠的支塢嶺的法華院內。至於李中立墓誌銘所記李氏修建的華嚴禪院，與周必大所記李墳塋所在的法華院，

〔註37〕 《要錄》，卷十八，建炎二年十月壬戌條，頁 418；十一月丙戌條，頁 424；卷二十一，建炎三年三月辛巳條，頁 482；《宋會要輯稿》，第五冊，〈職官一‧三省〉，頁 2964；第六冊，〈職官八‧吏部一〉，頁 3236；第七冊，〈職官四十三‧提舉常平倉農田水利差役〉，頁 4119。建炎三年四月庚申（十三），宰相呂頤浩（1071～1039）上奏，以奉旨將元祐中司馬光（1019～1086）等建請併省奏狀，召侍從赴都堂，限當日參詳。呂請以時任戶部尚書的孫覿等九員臣僚參詳，以確定可否遵行。孫覿在同日回奏，稱參詳併省，內六曹吏部郎官三選各一員，司勳、司封、考功各一員，吏人則減三分之一。
〔註38〕 〈宋故武功大夫李公墓誌銘〉，頁 117。

是否在同一地方待考。據周必大所記，李中立「捐家貲數千萬，創精舍，十年而成。四山環抱，宛若化城三門，為閣七間，華麗擬宮闕，其間棟宇瓦砌種植，皆稱是主僧慶深聚徒數十，富足無求，亦清福也。門外數百步，即太湖，極目彌天之浸。」周必大記他在此「徘徊不忍去，飲茶於塔院，登李侯（即李中立）之丘，讀孫仲益（即孫覿）所為銘。主僧具飯，投宿客館。」〔註39〕據此可知，李中立經營其近蘇州而面向太湖的精舍，所費極多，以他一個中等官階的內臣，卻能有偌大家財，亦可旁證徽宗朝內臣勢力之大。孫覿沒有說李中立為官如何清廉，只是李中立較為安份，不像童貫、李彥、梁師成等如此招搖，後來給欽宗通通抄家而已。〔註40〕孫覿在建炎二年正月至

〔註39〕《淳祐玉峰志》卷中所記，「唐輝子明，禮部侍郎」，即周必大所稱的唐子明侍郎。唐輝，字子明，登政和五年進士第。在紹興四年（1134）六月己卯（初一）已官左諫議大夫，七月庚戌（初三）試給事中兼侍講。十月己丑（十四）已自禮部侍郎權兵部侍郎，十一月癸亥（初六）高宗幸平江府，他又以權禮部侍郎自崑山（今江蘇崑山市）入見，他請令沿江守令調恤淮南士民渡江者，仍許借官舍以住，得到高宗同意。十二月丁丑（初三），他又以禮部侍郎與另外數人同班入見，以敵騎臨江故。紹興五年（1135）三月丁丑（初四），他以禮部侍郎兼侍講上言論酒稅太高。他罷職後在紹興十五年（1145）八月甲戌（初一）以徽猷閣直學士提舉江州太平觀卒。他最後官至禮部侍郎，故周必大稱他為唐侍郎。參見周必大：《文忠集》，卷一百七十一〈乾道壬辰南歸錄〉，三月辛巳條，葉九下至十上；《要錄》，卷七十七，紹興四年六月己卯朔條，頁1455；卷七十八，七月庚戌條，頁1469；卷八十一，十月己丑條，頁1534；卷八十二，十一月癸亥條，頁1558；卷八十三，十二月丁丑條，頁1571；卷八十七，紹興五年三月丁丑條，頁1659～1660；卷一百五十四，紹興十五年八月甲戌條，頁2907。項公澤（？～1241後）（修），凌萬頃、邊實（纂）：《淳祐玉峰志》，載中華書局編輯部編：《宋元方志叢刊》第一冊（（北京：中華書局，1990年5月），卷中〈進士題名・政和五年榜〉，葉十五下（頁1072）。又關於法華院的可能所在地，參見註53的考證。

〔註40〕李彥的不知收斂的事，據王明清（1127～1204後）在紹興初年聽一個邢鈐轄與一個老內臣趙舜輔言及徽宗朝在延福宮的故事。據說有一次主管京師西城所的李彥過門，向坐於延福宮門下的譚稹與梁師成敬禮。譚問梁早來有否聽徽宗的玉音，是否可畏？梁對在旁的趙舜輔說，剛才見李彥於榻前納西城所羨餘的三百萬緡。徽宗警告李彥說：「李彥，李彥，莫教做弄。一火大賊來，斫卻你頭後怎奈何。」結果，不數年，在欽宗即位後，李彥便以橫斂被誅。關於這個老內侍趙舜輔，《宋會要・職官六十九》記他在宣和三年（1121）八月庚子（初八），以內侍省祗候內品、揚州建隆寺章武殿香火使臣，被言官劾他強買民田和干預政事，被宋廷革其職。據《要錄》，他在建炎元年十二月甲子（初九）以入內高品，與揚州兵馬都監徐洪被言官劾他進讒而被詔監押出都門。據此可見趙舜輔在徽宗朝雖是一個地位不高的內臣，但有一點權便聚斂，而到高宗朝也一樣不安份。參見王明清：《揮塵錄》（上海：上海

七月知平江府，他在這半年有否與蘇州相距不遠的洞庭山的李中立往來，墓誌銘未有記載。

就在李中立努力經營其在太湖旁的精舍時，宋廷卻面臨重大危機。首先在建炎三年三月癸未（初五），就在孫覿陞官兩天後，扈從的禁軍統制苗傅（？～1129）及劉正彥（？～1129）因不滿新除的簽書樞密院事王淵（1077～1129）及高宗寵信的入內內侍押班康履（？～1129），發動兵變，先殺王淵，再迫高宗退位並殺康履以下專權內臣多人。叛軍逼高宗禪位其年方三歲的獨子元懿太子（1127～1129），而由隆祐孟太后（1073～1131）聽政，改元明受，史稱明受之變或苗劉之變。孫覿在兵變中奉宰相朱勝非（1082～1144）之命與叛軍周旋。亂事在七月辛巳（初五）以苗、劉二人伏誅，高宗復位後平定。然十天後（丁亥，十五），被冊為太子的元懿太子卻夭亡，稍後，金人又大舉南侵。〔註41〕壬寅（廿六），因金人即將南侵，高宗先請孟太后從杭州率六宮先往洪州（今江西南昌市）。閏八月壬寅（廿六）高宗從建康府（今江蘇南京市）出發前往浙西，經鎮江府（今江蘇鎮江市）往平江府。孫覿在苗劉之亂平後，以龍圖閣直學士出知平江府。九月己未（十四），言官卻劾孫在平江拘催民間崇寧以來青苗積欠，民苦其擾。又劾他曾建議行王安石常平聚斂之法。高宗於是將他罷職，改由資政殿學士李邴（1085～1146）代知平江府。高宗在十月戊寅（初三）離開平江，壬辰（十七）抵越州（今浙江紹興市）。〔註42〕

據李中立墓誌所記，高宗駐會稽（即越州），即遣使召其藩邸舊人李中立來見。使者見到李中立時，李正「被短褐，雜庸保，持鉏蒔藥圃中」。高宗有召，雖然非李所願，但也即日更衣就道。高宗見到他後，即命他供奉殿

書店，2001 年 8 月），《揮麈後錄》，卷十一，第 298 條，「譚稹、梁師成言及早來玉音可畏」，頁 171～172；《宋會要輯稿》，第八冊，〈職官六十九・黜降官六〉，頁 4901；《要錄》，卷十一，建炎元年十二月甲子條，頁 287～288。

〔註41〕《要錄》，卷二十一，建炎三年三月壬午至甲申條，頁 483～490；卷二十二，四月戊申朔條，頁 539；卷二十五，七月辛巳條，頁 587；《宋史》，卷二十五〈高宗紀二〉，頁 462～467；《皇宋十朝綱要校正》，下冊，卷二十一〈高宗〉，頁 584。

〔註42〕《皇宋十朝綱要校正》，下冊，卷二十一〈高宗〉，頁 617；《宋史》，卷二十五〈高宗紀二〉，頁 467～469；卷二百四十六〈宗室傳三・高宗元懿太子〉，頁 8730；《要錄》，卷二十七，建炎三年閏八月戊寅條，頁 614；卷二十八，十月戊寅條，壬辰條，頁 656～657。

廬，盡復其舊職。先高宗離開行在的孟太后，在十一月壬子（初八），因金兵來犯洪州，就在辛酉（十七）經吉州（今江西吉安市），乙丑（廿一）再連夜乘舟南走，前往虔州（今江西贛州市）。因金人追趕得急，原護衛孟太后的兵將都潰散，孟太后與元懿太子母潘賢妃（？～1148）以農夫肩輿而行才抵虔州。而高宗也在是月己巳（初一）離開越州往明州（今浙江寧波市）。十二月初，高宗抵明州，甲申（十二），高宗乘船出海逃避金兵。建炎四年（1130）三月甲子（廿二）金兵退後，高宗才自溫州（今浙江溫州市）返回明州，四月癸未（十二），返回越州並駐蹕於此。高宗遣御營司都統辛企宗（？～1145後）、帶御器械潘永思將兵萬人迎孟太后東歸。〔註43〕據李中立墓誌銘所記，高宗以孟太后幸江表久不得問，有旨擇使。這時金騎雖退，暫時不再渡江，但仍據有兩淮，道路仍難行。李中立即慨然請行，乘一軺車，「間關兵火盜賊中，山行水宿，馳二千里，得平江之報還奏。」據《建炎以來繫年要錄》及《宋史》所記，高宗一度失去了孟太后等人的消息，在建炎四年（1130）正月己酉（初六）「詔遣使自海道至福建虔州，問隆祐皇太后艤舟所在。上慮太后徑入閩、廣，乃遣使問安焉。」「遂命中書舍人李正民（？～1151）來朝謁」。相信李中立就是高宗所選派打探孟后等人行蹤的使者之一。〔註44〕高宗安返越州後，范宗尹（1100～1136）拜相，以赦書加恩給被貶諸臣自李綱以下，七月乙丑（廿五），孫覿自朝奉郎復職為徽猷閣待

〔註43〕〈宋故武功大夫李公墓誌銘〉，頁117～118；《皇宋十朝綱要校正》，下冊，卷二十一〈高宗〉，頁583～584，617～620；《要錄》，卷二十九，建炎三年十一月辛酉條，頁672；乙丑條，頁674；《宋史》，卷二十六〈高宗紀三〉，頁477；卷二百四十三〈后妃傳下‧高宗潘賢妃〉，頁8648；卷二百四十六〈宗室傳三‧高宗元懿太子〉，頁8730。考《宋史》以高宗派辛企宗奉迎孟太后東歸在三月甲寅（十二）。又潘賢妃為開封人，父潘永壽為翰林直醫局官，高宗在康邸時納之。建炎元年六月辛未（十三），她為高宗在南京應天府誕下他一生惟一的兒子趙旉。九月己亥（十二），高宗封趙旉為檢校少保、集慶軍節度使魏國公。高宗本來在這時想將潘氏立為皇后，但尚書右丞呂好問（1064～1131）諫止之，高宗因封她為潘賢妃。趙旉於三年七月丁亥（十五）夭亡，高宗追封為元懿太子。潘賢妃曾從孟太后於江西。這次高宗派去迎接她們回來的潘永思，很有可能是她的叔父輩。

〔註44〕〈宋故武功大夫李公墓誌銘〉，頁118；《宋史》，卷二十六〈高宗紀三〉，頁475；卷二百四十三〈后妃傳二‧哲宗昭慈聖獻孟皇后〉，頁8636～8637；《要錄》，卷三十一，建炎四年正月己酉條，頁706；乙丑條，頁711。按高宗在建炎四年正月乙丑（廿七），派中書舍人李正民為兩浙湖南江西撫諭使，詣孟太后問安。

制。稍後又有言者稱孫覿曾草降表，罪不當赦。高宗乃詔俟一赦後再取旨。
〔註45〕

八月庚辰（初十），孟太后一行返抵高宗駐蹕的越州（紹興府）。〔註46〕高宗翌年改元紹興（1131），四月庚辰（十四），孟太后崩於越州，六月壬申（初七），高宗追冊她為皇太后曰昭慈獻烈。壬午（十七）權攢於越州。八月丁丑（十三）祔神主於溫州太廟。〔註47〕從迎接孟太后返越州行在的慶典，到她崩逝所舉行的喪禮，李中立大概都有參預。當大禮完成後，李中立次子李疇派往閩中任官，李對兒子說「此行不可失」，原來他想借兒子外放福建的機會求退。他隨即向高宗求請祠職，高宗允准，特授他提舉西京崇福宮。高宗在紹興二年（1132）正月丙午（十四）從越州抵杭州（臨安府）後，自此以杭州為都。李中立求祠職，相信在高宗定都杭州之後。李中立陪同兒子赴福建之任，據載他「扶策褰衣，上天姥峰，徑天台，抵雁蕩。遊覽殆遍，遂次莆田。穿雲涉水，窮日夜不厭。閒遇幽棲絕俗之士，談禪問法，樂而忘歸。又將束裝問番禺路。」據上文所提的莆田，李氏父子當是前往興化軍的莆田（今福建莆田市）。〔註48〕

孫覿早在紹興元年二月前已以龍圖閣待制知臨安府。他與李中立有否在杭州見面？暫無可考。這年二月辛巳（十四），從金國歸來的秦檜（1091～1155）拜參政，孫覿以啟相賀，有曰：「盡室航海，復還中州，四方傳聞，感涕交下。漢蘇武節旄盡落，止得屬國；唐杜甫麻鞋入見，乃拜拾遺。未有如公，獨參大政。」秦檜看了大怒，認為孫在譏諷他。〔註49〕孫也不為宰相呂頤浩（1071～1039）所喜，結果他在十月甲子朔（初一）被罷職為提舉江州太平觀。呂、秦二人卻不放過孫，他們利用吏部侍郎李光（1077～1159）先前上疏劾孫覿知臨安府時，盜用助軍錢四萬緡之事，將孫下大理寺，並落龍圖閣待制。獄成，

〔註45〕《要錄》，卷三十五，建炎四年七月乙丑條，頁 802；《宋史》，卷三百六十三〈范宗尹傳〉，頁 11325。

〔註46〕《要錄》，卷三十六，建炎四年八月庚辰條，頁 813。

〔註47〕《宋史》，卷二十六〈高宗紀三〉，頁 487～488，490；《要錄》，卷四十三，紹興元年四月庚辰至丙戌條，頁 928～930；卷四十四，五月己亥條，頁 936～937；癸卯條，頁 939；卷四十五，六月壬申條，頁 952；己卯條，頁 955；壬午條，頁 957；卷四十六，七月己酉條，頁 969。

〔註48〕〈宋故武功大夫李公墓誌銘〉，頁 118；《宋史》，卷二十七〈高宗紀四〉，頁 495。

〔註49〕《要錄》，卷四十二，紹興元年二月辛巳條，頁 903；《全宋文》，第一百五十九冊，卷三四四二〈孫覿二十五·與秦參政會之帖二〉，頁 252。

孫覿以眾證坐以經文紙箚之類饋過客，計值千八百緡。有司論孫覿自盜當處死。高宗詔免死及決刺，除名象州（今廣西來賓市象州縣）羈管，所過發卒護送，連坐流徒者三十餘人。孫在象州被流放了兩年，他在紹興四年（1134）上書申訴其枉得直，高宗下刑部重議，刑部言孫覿所犯未嘗置對，只是據眾證定罪，於法意人情實在未盡。高宗接納刑部的意見，在八月戊寅朔（初一），詔釋孫覿，並任他自便居住。據《桂勝》一書的記載，他在十月北歸經過桂州（今廣西桂林市），桂州一班地方官自經略安撫劉彥適、提點刑獄董芬、轉運副使陳兗、轉運判官趙子巖等於是月丁亥（十二）與之同遊七星山，壬辰（十七），又餞孫於獨秀山蒙亭。丙申（廿一），孫返常州（今江蘇常州市）前，眾人又於伏波山八桂堂爲他餞行。孫覿還在桂州七星山留下五言古詩兩首以抒被貶南方的懷抱。〔註50〕

　　孫覿赦還不久，九月乙丑（十九），金兵與劉豫（1073～1146）的僞齊已議入寇，金、齊的騎兵自泗州（今安徽宿州市泗縣）攻滁州（今安徽滁州市），步兵自楚州（今江蘇淮安市淮安區）攻承州（今江蘇高郵市）。宋廷震恐，臣僚有勸高宗他幸，惟新任宰相趙鼎（1085～1147）力持不走他方。壬申（廿六），金、齊聯軍分道渡淮。十月丙子（初一），高宗下旨親征。面對金兵的攻勢，宋兵總算尚能應付，大將韓世忠（1089～1151）在十月戊子（十三）敗敵於大儀鎮（今江蘇揚州市儀徵市大儀鎮）。解元也敗金兵於承州。但金兵在丙申（廿一）攻佔濠州（今安徽滁州市鳳陽縣），十一月丙午朔（初一）又攻克泗州，戊午（十三）再克滁州。宋軍堅持抵抗，金兵終於在十二月癸卯（廿九）撤出佔領已四十七日的滁州，而在翌年（紹興五年，1135）正月乙巳朔（初一）撤出濠州。二月壬午（初八），高宗一行從平江府返抵臨安府。總算度過一場危機。孫覿也在閏二月乙巳朔（初一）獲敘左奉議郎。〔註51〕

〔註50〕《要錄》，卷四十八，紹興元年十月甲子朔條，頁1001；卷五十三，紹興二年四月丁酉條，頁1099；卷七十九，紹興四年八月戊寅朔條，頁1488；李光：《莊簡集》，文淵閣《四庫全書》本，卷十一〈論孫覿箚子〉，葉十五下至十七上；《宋史》，卷二十七〈高宗紀四〉，頁497；張鳴鳳（？～1552後）（編），杜海軍、閻春（點校）：《桂勝》（與《桂故》合本）（北京：2016年12月），卷一〈獨秀山・題名〉，頁16；卷五〈伏波山・題名〉，頁69；卷六〈七星山・詩・題名〉，頁84，101，105。考《桂勝》卷六記桂州眾官吏於紹興四年七月己未（十二）與孫覿同遊於七星山，疑七月是十月之訛。

〔註51〕《要錄》，卷八十，紹興四年九月乙丑條，頁1512～1514；壬申條，頁1518；卷八十一，十月丙子朔條，頁1523；戊子條，頁1531；己丑條，頁1534；丙

　　孫覿在李中立墓誌銘曾記載這次金兵南犯時，他和李中立的情況。他記：「紹興初，胡馬數萬屯宿、泗，淮海大震。吳人懲建炎暴屍喋血之禍，爭具舟車，徙避深山大澤曠絕無人處。」這時已獲赦而歸隱太湖的孫覿，則說：「予亦詣洞庭西山訪尋佛舍，得水月院，僑寓其中。當是時，觀察李公（按指李中立）臥東山，築室鑿井，若將終焉。予嘻曰：中貴人入則侍帷幄，依日月之光，出則持梁齧肥，享玉食華屋之奉。一旦決焉舍去，練布梲杖，與漁樵農圃為伍，而自肆於山水間，此高蹈一世之士。」孫覿說他也想「攝衣起從之，而東、西二山塊湖中，徒步不能達，至是聲問始相聞。」而他說李中立也欣然有招隱之意，但未幾宋金議和，而兩淮皆安堵，竟無緣見到李中立，以為大恨。〔註52〕孫覿集中有〈洞庭西山小湖觀音教院靈泉贊〉一文，顯然孫在墓銘提到的水月院即是洞庭西山的觀音教院。而李中立所居的就是周必大所提的東山法華院附近。〔註53〕

　　為何孫覿說竟不能在洞庭東山見到李中立？墓誌銘說「而上遣金字牌趨還，復直睿思殿兼持侍官。今上（按：孝宗）出閣日，一詣資善堂，太上皇（按：高宗）曰：『宮僚當得老成詳練有德有言之士，藩邸舊臣如華原府都監李某，此其選也。』又兼資善堂幹辦官。諸臣方悟上召公之意」。《宋會要·方域三·資善堂》記：「（紹興五年）五月二十三日，詔：已建資善堂，提點

　　　　申條，頁1539；卷八十二，十一月丙午朔條，頁1549；戊午條，頁1556；卷八十三，十二月癸卯條，頁1583；卷八十四，紹興五年正月乙巳朔條，頁1587；卷八十五，二月壬午條，頁1610；卷八十六，閏二月乙巳朔條，頁1633。
〔註52〕據周必大所記，孫覿在「紹興而後遭口語，斥居象郡。久之，歸隱太湖上，捨蜑蠻而狎鷗鷺，去茅葦而友松菊。於是繙北堂萬卷之鈔，袖明光起草之手，默觀物化，吟咏情性。烟波萬頃，納之胸次，風雲變態，日接於前，如是二紀。」可知他遇赦而歸隱太湖。參見〈宋故武功大夫李公墓誌銘〉，頁116；周必大：《文忠集》，卷五十三〈孫尚書鴻慶集序〉，葉五下至六上。
〔註53〕《全宋文》，第一百六十冊，卷三四八四〈孫覿六十七·洞庭西山小湖觀音教院靈泉贊〉，頁435；周必大：《文忠集》，卷一百七十一〈乾道壬辰南歸錄〉，三月辛巳條，葉十上。據范成大（1126～1193）《吳郡志》卷三十四所記，洞庭西山小湖觀音教院，在吳縣西南一百五十里，即舊小湖院。而范成大在同卷所記，在吳縣西七十里洞庭東山，有大中祥符五年（1012）自祗園改名的法海寺，另外又有在長洲縣（今江蘇蘇州市吳中區）西北七里綠雲橋西的半塘法華院，寺中有雄兒塔。按法華院在紹興七年重修，吻合李中立墓誌銘所記李在紹興七年致仕後開始營建佛寺的記載。這座法華院是否周必大所記李中立墓塋所在的法華院，待考。參見范成大（撰），陸振嶽（校點）：《吳郡志》（南京：江蘇古籍出版社，1986年10月），卷三十四〈郭外寺〉，頁509～511。

官差主管講筵所邵諤，幹辦官差睿思殿祗候使臣李中立」。據此兩條記載，可以知道是年已四十九歲的李中立在紹興五年五月被高宗急召還朝，擔任年方九歲的孝宗的宮僚。這也從側面看到高宗揀選孝宗為嗣的苦心，連他身邊的內臣也特別找可靠的擔任。〔註54〕

　　李中立可不戀棧宮中侍奉，過了一段時間，在紹興六年（1136），趁著奏事殿中，就對高宗泣求說：「臣齒髮缺壞，重以足疾不可治，不復侍左右矣。願賜骸骨以畢餘年。」高宗聽後惻然，大概李中立這時真的身體不好，高宗見他去意甚堅，就除授他提舉台州崇道觀，罷宮中職務。李中立在紹興七年（1037）更上書告老，高宗許他守本官武功大夫致仕，這年他才五十一歲。他獲准退休後，置家於湖州吳興縣（今浙江湖州市吳興區）和德清縣（今浙江湖州市德清縣）境上，然後返回他在洞庭呂山舊廬，以誦佛書及供養僧徒為事。他又喜歡收藏良藥，以給有需要的人。他施藥數年，許多人一早便登門求藥。李中立因此說：「吾不忍此一方疾痛呻吟之感吾耳，吾製方藥療之。」因他頗知醫理，有見從其他各州縣來求藥的越來越多，李中立乾脆經營一藥肆，「凡山區海聚、殊方絕域金石草木之英、象、犀、龍、麝之珍，雞首、豨苓、牛溲、馬勃之賤，皆聚而有之」。他僱用徒眾數百人，按古醫方書炮製烹煉之法數百種，合成各種藥劑。他計費取值，不求贏利。據稱從浙東至兩淮二江數十州的眾多病人，得到他所製之藥，一飲而見效。孫覿稱許他「殆是仁人用心，固自有物以相之耶。」〔註55〕李中立用他的偌大家財，設肆製藥，以惠民眾，與他建禪寺養僧徒之作為，可以說是他修行的一體兩面。好像李中立以經營藥肆來布施積福，在宋代內臣中可說是罕見一例。李中立從何學得經

〔註54〕《宋會要輯稿》，第十五冊，〈方域三‧資善堂〉，頁 9310～9311；〈宋故武功大夫李公墓誌銘〉，頁 118；《要錄》，卷八十九，紹興五年五月辛巳條，頁 1713；己亥條，頁 1727～1728；卷九十，六月己酉條，頁 1736。高宗在紹興五年五月辛巳（初八），詔擇日晉封孝宗自防禦使為節度使、封國公，並出就資善堂聽讀。高宗諭宰相趙鼎以下他選立孝宗之意，稱許孝宗天資特異，在宮中儼如成人，由他親自教導。高宗又稱許孝宗極強記。孝宗在五月己亥（廿六）自貴州防禦使為保慶軍節度使，封建國公。高宗特別挑選宗正少卿兼直史館范沖（？～1141）為資善堂翊善，起居郎兼侍講朱震兼資善堂贊讀。關於高宗選立孝宗的問題，何忠禮教授的一篇近作，充份論證高宗的思慮周到。參見何忠禮：〈略論宋高宗的禪位〉，載姜錫東（主編）：《宋史研究論叢》，第十三輯（保定：河北大學出版社，2012 年 12 月），頁 114～125。

〔註55〕〈宋故武功大夫李公墓誌銘〉，頁 118。

營藥肆之道，惜孫覿沒有詳言。〔註56〕徽宗朝權傾朝野的內臣梁師成號「隱相」，但梁的「隱」與李中立的「隱」可說是大異：前者是隱身在朝堂後操縱朝政的權閹，後者卻是隱於山野，後來開設藥肆周濟百姓，有點大隱隱於市的大德。

　　孫覿曾經開罪的秦檜從紹興七年正月復任為樞密使，到紹興八年（1138）晉拜右僕射同平章事仍兼樞密使。當他兩大政敵張浚及趙鼎相繼罷相遠貶後，秦檜就一直獨相至紹興二十五年（1155）十月卒。〔註57〕孫覿在秦檜當政時不獲召用，雖然他交結眾多權貴，包括與秦檜為姻親的外戚信安郡王孟忠厚（？～1157），但並未得到以主和議而得以當權的秦檜的起用。他在給孟忠厚的第七帖說他「辭去十五六年，曳居王門者眾矣，衰老獨無一跡。今茲暫愒里中，尤欲及公未還政路，汲汲圖一見」，隱見他那種不甘寂寞之情。〔註58〕比起李中立自請致仕，歸隱田園，就人各有志了。

〔註56〕據杜正賢的研究，南宋時期的藥局有官辦與私人兩種，由政府經營的太平惠民局，承自北宋開封的制度。近年在杭州發現兩處南宋的製藥坊的遺址，一處為1996年2月在杭州市上城區惠民路北側發現的惠民路製藥作坊遺址，一處為2005年在杭州市第四人民醫院附近的白馬廟巷製藥作坊遺址。據杜氏的考證，白馬廟製藥作坊距離不遠的嚴官巷，曾有為孝宗治療痢疾的醫師嚴防禦（授防禦使）。為獎勵他，孝宗將御醫用來研藥的金杵臼賜予嚴，於是後世稱嚴防禦的藥鋪為「金杵臼嚴防禦家」，嚴官巷也因此得名，杜氏認為白馬廟製藥作坊遺址處於嚴官巷一帶，與嚴防禦的藥鋪可能存在一定關係。另此兩藥坊大概建於孝宗時。李中立要開設藥肆，他可能參考開封或杭州這些有規模的藥坊來開設其藥肆。參見杜正賢：《南宋都城臨安研究——以考古為中心》（上海：上海古籍出版社，2016年12月），下冊，第十一章第二節〈南宋製藥作坊遺址〉，頁516～523。

〔註57〕《皇宋十朝綱要校正》，下冊・卷二十三〈高宗〉，頁665，667～668；卷二十四〈高宗〉，頁702。

〔註58〕孟忠厚是隆祐孟太后兄子，奉孟太后命持書迎立高宗，故深獲高宗信任寵用，封信安郡王。紹興十二年（1142）九月乙未（初六）拜樞密使。他雖與秦檜為友婿，但秦實心忌之。是月秦不欲任徽宗之山陵使，就於丙申（初七）改薦孟充任。到十一月庚戌（廿二）山陵事畢，秦使言官以故事論列，就奏請按典故罷孟樞職，令他出判福州（今福建福州市），十二月庚午（十二）改建康府，後再改紹興府。到秦檜死，孟才被召還。孫覿在文集中收有二十二通與孟之通信。其中第一通云：「使聞制除出殿京口」，考《宋史・孟忠厚傳》記孟在紹興九年判鎮江府。則孫覿第一通與孟忠厚帖當寫於紹興九年。第十三帖云：「某去歲迎拜梓宮於城東三十里外，執事舟楫在焉。望見前驅，冀得伏闕道左。」可知孫在紹興十三年再修書孟忠厚。參見《宋史》，卷四百六十五〈外戚傳下・孟忠厚〉，頁13585～13587；《要錄》，卷一百四十六，紹興十二年九月乙未至丙申條，頁2765；卷一百四十七，十一月庚戌條，頁2784；十二月庚午條，頁2786；《全宋文》，第一百六十冊，卷三四六二〈孫覿四十五〉〈與信安郡王孟少傅〉（一至廿二帖），頁84～91。

　　孫覿以秦檜當政，畏禍深居二十餘年。他在紹興十三年（1133）以郊恩得到復敘爲奉議郎。但在紹興二十年（1150）八月己未（十六），當秦檜進呈前侍從見在謫籍人時，高宗表示孫覿及莫儔（1089～1164）等尚在近地，說應該令他們遠去，以言官嘗論之，認爲他們是姦臣逆子，應當屏跡。紹興二十五年（1155）十二月甲申（十一）高宗召回與孫有交情的孟忠厚，並令孟押百官班。這大概給孫一大希望。不過，紹興二十六年（1156）正月戊午（十六），孟出判平江府，沒有留在朝中。孫覿要等到五月戊申（初八），當新任宰執沈該（？～1166）、万俟卨（1083～1157）及湯思退（1117～1164）等進呈御史台詳看責降及事故的前宰執并侍從官十五人情犯，請或敘復職名，或給還致仕恩澤。高宗同意，將趙鼎以下給予恩典時，孫就上書自訴。六月壬午（十二），宋廷給他復官左朝奉郎。他仍不滿足，在十一月辛巳（十三）再上書自訴，宋廷就復他右文殿修撰、提舉江州太平興國宮。孫隨即對沈該、万俟卨及湯思退等宰執多人卑詞致謝。直至紹興三十年（1160）四月丁卯（十九），他才上書告老，宋廷復他敷文閣待制致仕，惟三日後又不行。直至紹興三十一年（1161）八月癸卯（初三），孫才取得以敷文閣待制致仕，是年他已八十。翌年（紹興三十二年）二月戊申（十一），高宗路過常州荊溪館（今江蘇無錫市宜興縣城區西南隅），孫覿獲召入見。〔註59〕

〔註59〕《宋會要輯稿》，第九冊，〈職官七十六·追復舊官〉，頁5134；《要錄》，卷一百六十一，紹興二十年八月己未條，頁3056；卷一百七十，紹興二十五年十二月甲申條，頁3238；戊申條，頁3250；卷一百七十一，紹興二十六年正月戊午條，頁3257；卷一百七十二，五月戊申條，頁3296；卷一百七十三，六月壬午條，頁3306～3307；卷一百七十五，十一月辛巳條，頁3357；卷一百八十五，紹興三十年四月丁卯條，頁3573；卷一百九十二，紹興三十一年八月癸卯條，頁3719；卷一百九十七，紹興三十二年二月戊申條，頁3873；《宋史》，卷三十一〈高宗紀八〉，頁584～586，593。孫覿在紹興二十六年連續寫了多通書啓向宰相沈該、万俟卨、樞密使湯思退、參政程克俊、張綱（1083～1166）、同知樞密院事陳誠之等多人，感謝他們給他復官。到紹興三十年，他獲除敷文閣待制致仕，又向在九月甲午（十九）已擢爲左僕射的湯思退寫信致謝。參見《全宋文》，第一五九冊，卷三四三五〈孫覿十八〉〈復官謝沈相啓·紹興二十六年〉，頁149～150；〈謝万俟相啓·紹興二十六年〉，頁150～151；〈謝湯樞密啓·紹興二十六年〉，頁151～152；〈謝程參政啓·紹興二十六年〉，頁152～153；〈謝張參政啓·紹興二十六年〉，頁153～154；〈謝陳樞密啓·紹興二十六年〉，頁154～155；〈謝韓尚書啓·紹興二十六年〉，頁155；卷三四三六〈孫覿十九·復修撰宮觀謝沈相啓〉，頁163；〈謝左相除敷文閣待制致仕啓〉，頁174～175。

　　李中立依舊隱於呂山。紹興二十八年（1158），其三子李畯升朝官，剛遇到十一月己卯（廿三）高宗合祀天地於圜丘大典而行的大赦。李中立於是從遙領的團練使官授正任吉州刺史。翌年（紹興二十九年，1159）正月丙辰朔（初一），以韋太后（1080～1159）的八十大壽，高宗詣慈寧殿行慶壽禮，因加恩群臣，李中立再進果州團練使。紹興三十一年（1161）九月辛未（初二），高宗祀徽宗於明堂以配上帝，並大赦天下。李中立再以恩典進和州防禦使。紹興三十二年（1162）當金主亮（1122～1161，1150～1161）南侵失敗，高宗在六月丙子（十一）禪位孝宗。孝宗登位後大赦天下，李中立又以恩典遷利州觀察使。這是他一生最最高的官位。而其三子李畯也在九月辛丑（初八）自武經郎，以修製奉上高宗所居的德壽宮冊寶，而獲轉一官。〔註60〕

　　隆興二年（1164）二月癸未（廿八），據說當天李中立感微疾，命人揭西方佛像於前，他潔手焚香，瞑然而逝，得年七十八。四月庚午（十六），他的兒孫奉他的靈柩，祔葬於平江府吳縣（今江蘇蘇州市吳中區）南宮鄉覺城山、其續配郭夫人之墓旁，據說這是他自卜的墓地，亦是數年後周必大經過的法華院李氏墓地。相信是他在世最長的第三子、武義大夫監南嶽廟李畯，請得孫覿為其父撰寫墓誌銘，然後下葬。〔註61〕

　　據李中立墓誌銘所載，他雖是內臣，仍有妻子作配。元配封恭人宋氏，續配封令人郭氏。他有四子，當然都是養子：長子出家為僧，法號「法空」，

〔註60〕〈宋故武功大夫李公墓誌銘〉，頁118～119；《宋史》，卷三十一〈高宗紀八〉，頁590～591，602，611；《要錄》，卷一百八十一，紹興二十九年正月丙辰朔條，頁3471；周必大：《文忠集》，卷九十七〈掖垣類稿四・成忠郎安知和、楊繼勳，秉義郎曹輔，武功郎江昌朝，武經郎李畯，秉義郎張士堅，並該修製奉上德壽宮冊寶賞，各轉一官・紹興三十二年九月八日〉，葉十四下至十五上。按武經郎屬諸司副使八階列，政和二年九月由西京左藏庫副使改，紹興定為入品武階之第四十階，從七品。李畯轉一官，應是從內園副使及洛苑副使等改的武略郎。參見龔延明：《宋代職官辭典》（北京：中華書局，1997年4月），第十一編〈階官類・七、武官階門之三：政和以後武選官階〉，「武略郎、武經郎」條，頁595。

〔註61〕〈宋故武功大夫李公墓誌銘〉，頁117，119。據王謇（1888～1969）《宋平江城坊考》所記，李中立墓所在的吳縣南宮鄉是吳縣二十都之一，在吳縣之西，其治的新安里，在縣西長沙山。惟覺城山所在待考。參見王謇（撰），張維明（校理）：《宋平江城坊考》（南京：江蘇古籍出版社，1986年11月），〈附錄・鄉都〉，頁267，271～272。又據明王鏊（1450～1524）《姑蘇志》的記載，「利州觀察使李立（按：脫去中字）墓在法華院，孫覿銘」，可旁證周必大的記載無誤。參見王鏊：《姑蘇志》，文淵閣《四庫全書》本，卷三十四〈塚墓〉，葉二十二下。

次子李疇，官至秉義郎閤門祗候，二人皆早世。三子李畯，李中立卒時官武義大夫、監潭州南嶽廟。四子李善，官奉議郎、知徽州績溪縣（今安徽宣城市績溪縣）事。李中立有女二人，長適武經大夫、閤門宣贊舍人藍師虁，次適承節郎馮暉。他有孫男八人：長曰李作朋，官右承節郎、嚴州桐廬縣（今浙江杭州市桐廬縣）尉；次曰李作舟，官保義郎監婺州（今浙江金華市）都稅務，次曰李作肅，官保義郎監嚴州淳安縣（今浙江杭州市淳安縣）稅；次曰李作霖，官保義郎監行在翰林門司；次曰李作乂、李作哲，應進士舉，再次李作成、李作德尚幼。他有孫女二人：適黃訥、史紹祖。另有曾孫男女五人。〔註62〕

　　李中立來自內臣世家，他的養子養孫，依照宋代內臣收養子之習慣，可以是閹子，也可以是普通人。從他們的官職，除了孫李作霖官行在翰林門司，似是內臣外，其他不易判斷是否內臣。其中擔任文官的四子李善及長孫李作朋，肯定不是內臣。而兩個應舉的孫兒李作乂和李作哲，也肯定不是內臣。李的兒孫女婿的事蹟均無考，都不是有事功的人物。幸有這篇傳世的墓誌銘，才把他們的姓名記錄下來。另給研究宋代內臣家族的學者，提供第四份（若加上降遼的內臣馮從順和李知順，就是第六份）完整的內臣家族成員資料。

〔註62〕武經大夫屬諸司正使八階列，政和二年九月由西京左藏庫使改，紹興時定爲入品武階五十二階的第二十階，位次武略大夫，正七品。武義大夫則由西京作坊使、東西染院使、禮賓使改。紹興時定爲入品武階五十二階之第二十一階，位次於武經大夫，正七品。李畯兩年前才擢爲武略郎的諸司副使階列，現時所領的武義大夫，已位列諸司正使，算是超擢，可能因李中立之恩恤所得。至於秉義郎則由西頭供奉官改，紹興時定爲入品武階五十二階之四十六階，從八品。而保義郎由右班殿直改，爲入品武階之五十階。承節郎由三班奉職改，爲入品武階之五十一階，從九品。至於屬文階官的奉議郎則由太常、秘書、殿中丞及著作郎改，爲文臣寄祿官三十階之第二十四階。又劉一止（1078～1160）的文集收有藍師虁除閤門宣贊舍人制文一道，按劉一止任中書舍人在紹興年間，即藍師虁在紹興中已任此職，直至李中立逝世。按閤門宣贊舍人在政和六年（1116）八月由閤門通事舍人改，以武臣擔任，屬於橫行五司官屬的差遣。藍師虁以武經大夫任閤門宣贊舍人，是武臣的優選，惜藍師虁以後的事蹟不詳。參見劉一止：《苕溪集》，文淵閣《四庫全書》本，卷三十六〈藍師虁除閤門宣贊舍人〉，葉五下；龔延明：《宋代官制辭典》（北京：中華書局，1997年4月），第七編〈皇宮京城禁衛侍奉機構類‧二、皇城司與橫行五司門〉，「閤門宣贊舍人」條，頁423；第十一編〈階官類‧三、文階官門之二：元豐新制文臣寄祿官階〉，「奉議郎」條，頁572；〈階官類‧七、武階官門之三：政和以後武選官階〉，「武經大夫、武義大夫、秉義郎」條，頁594，596。

四、結論：儒臣與內臣

　　爲李中立撰寫墓誌銘的孫覿，按照爲人寫墓誌銘的習慣，對墓主李中立稱譽備至，除了稱許李中立「持心忠恕，事君親，交僚友，待族姻，御使卒，惟有一誠。寡言笑，一語出而終身可復」外，在墓銘總結李中立生平則云：

> 權門眾趨，薨薨聚蚊。暴醫鍛翮，卒徇以身。哀樂相因，如屈伸肘。
> 塹谷潭潭，門上生莠。富貴於我，視空中雲。得馬失馬，孰爲戚欣？
> 猗歟李公，高蹈一世，人勉而天，不見慍喜。靖共一德，歷踐四朝，
> 如砥柱立，不震不搖。進直殿盧，爲中常侍。退處山林，作大居士。
> 乘應舍栰。汎不繫舟。現自在身，得逍遙游。國忠粗報，能事已畢。
> 乞身而去，以全吾璧。覺城之原，萬木蒼蒼。公歸在天，體魄所蕩。
> 既善吾生，亦善吾死，死而不忘，以永千祀。〔註63〕

關於孫覿爲李中立撰寫墓誌銘之事，抗金名將岳飛（1103～1142）的孫兒岳珂在其筆記《桯史》有一段很有意思的評論，岳珂注意到孫覿這一則特別的墓誌銘：

> 孫仲益覿鴻慶集，大半銘誌，一時文名獵獵起，四方爭輦金帛請，
> 日至不暇給。今集中多云云，蓋諛墓之常，不足咤。獨有武功大夫
> 李公碑列其間，乃儼然一瑞矣，亟稱其高風絕識，自以不獲見之大
> 恨，言必稱公，殊不怍於宋用臣之論謚也。其銘曰：「靖共一德，歷
> 踐四朝，如砥柱立，不震不搖。」亦太侈云。余在故府時，有同朝
> 士爲某人作行狀，言者摘其事，以爲士大夫不忍爲，即日罷去，事
> 頗相類，仲益蓋幸而不及於議也。〔註64〕

岳珂在這則評論指出，孫覿爲李中立撰寫墓誌銘，當不是爲李的親屬的豐厚潤筆金而像他一貫的作風，隨便爲墓主歌功頌德，而是確爲李之高風所感而爲文；不過，岳珂卻將孫頌讚李中立之論，比作宋神宗（1048～1085，1067～1085 在位）朝權閹宋用臣（？～1100）在徽宗初年卒時所獲過當之論謚，而甚不同意孫覿的做法。〔註65〕岳珂提到他有同僚曾爲某人（當也是內臣）

〔註63〕〈宋故武功大夫李公墓誌銘〉，頁 119～120。

〔註64〕岳珂（撰），吳企明（點校）：《桯史》（北京：中華書局，1981 年 12 月），卷六〈鴻慶銘墓〉，頁 70。

〔註65〕宋用臣字正卿，開封人。《宋史》本傳稱他爲人有清思彊力，神宗建東西府及築京城，建尚書省，起太學，立原廟，導洛水通汴河，大小工役，都由他負責。他性敏給而善傳詔令，故神宗多訪以外事，其同列均靠他以進，而朝士

作行狀，卻被言者攻擊，說士大夫不忍爲此，因而導致此一朝士被罷去。岳說此事與孫爲李作墓誌銘頗類似，只是孫覿幸運地沒被言者議論。依岳珂所言，孫覿爲內臣作墓銘，是冒著被朝士攻擊的風險的。大概宋廷主流士大夫認爲不值得爲這些刑餘之人撰寫墓誌銘，更不應爲他們說好話。孫覿爲李中立撰墓誌銘而被岳珂批評的事，也許可以提供另一旁證，爲何宋代內臣墓誌銘如此罕見於宋人文集。當然，眾所周知，岳珂對孫覿有極大成見，既因孫覿爲有份誣殺其祖岳飛的万俟卨撰寫墓誌銘，「以諛墓取足雖，貿易是非，至以得不償願，作啓譏罵，筆於王明清之錄，天下傳以爲笑」，更爲了孫寫韓世忠墓誌時，把岳飛寫爲「跋扈」，比之爲在靖康之難中降敵而殺害忠良的悍將范瓊（？～1129）。這就難怪岳珂對孫覿爲李中立寫墓誌銘，也要大加批評了。〔註66〕當然，朝臣中好像爲孫覿文集寫序的周必大，卻和孫覿一樣，對李中

沒有廉節的，都諂媚依附他，權勢震赫一時，積勞至登州防禦使加宣政使。元祐初年，他被舊黨大臣斥爲內臣四凶之一，被貶官奪職，但哲宗親政後，他在紹聖初年又召爲內侍押班。徽宗即位，遷入內副都知蔡州觀察使爲永泰陵修奉鈐轄，卒於修陵上，贈安化軍節度使，諡傳敏。當時諡議稱宋用臣爲「廣平宋公」，有「天子念公之勞，久徙于外」之語。御史中丞豐稷（1033～1108）論奏，以爲凡稱公的皆須耆宿、大臣與鄉黨有德之士，所謂「念公之勞，久徙于外」，乃古周公之事，於宋用臣實非所宜言。徽宗納之，只令賜諡，論者是之。岳珂評論孫覿爲李中立作墓銘，開口稱公，閉口稱公，即引宋用臣之事以非之。參見《宋史》，卷四百六十七〈宦者傳二・宋用臣〉，頁13641～13642。

〔註66〕岳珂爲祖父辨誣時，就指熊克（？～1188後）修《中興小曆》時，有關万俟卨所上劾奏岳飛之兩道奏疏，都出於孫覿爲万俟卨所寫的墓誌。他對孫覿批評其祖父跋扈，而比之爲范瓊尤其不能接受。他嚴厲批評孫覿，說「夫人之賢不肖，天下固有公論，而非一人之私可以臆決也。」他說「夫呂頤浩之元勳，而呂惠卿之誤國，莫儔之附豦，其爲人皆不待言而見。而覿之序惠卿，則謂魁，名碩實，爲世大儒，而自願託名其文。誌莫儔則惜其投閒置散，老死不用，而謂朝堂爲非。是其識固可想矣。至於頤浩則直指爲山東噉棗果一眠，是豈復有是非之公哉！覿之取舍如此，則誣先臣以跋扈，固無怪者。」他批評孫覿「以苟拚万俟卨之惡而筆之，（熊）克以輕信孫覿之誌而述之」，於是造成岳飛山陽之誣。他恨惡孫覿可謂溢於辭表。參見岳珂（編撰），王曾瑜（校注）：《鄂國金佗稡編校注》（北京：中華書局，1989年2月），卷二十三〈籲天辨誣卷三・山陽辨〉，頁1061～1062。又關於孫覿爲人作墓誌，得潤筆甚富，所以家益豐的情況，王明清引述翟無逸的說法，記孫爲他原籍的一個晉陵主簿之父作墓銘，此人先派人向孫覿致意，說「文成，縑帛良粟，各當以千濡毫也。」於是孫覿忻然落筆，且大大溢美其人之父。墓銘寫好，這個晉陵主簿卻食言，只以紙筆、龍涎香、建茶代其數，並作啓多謝孫。孫極爲不堪，就以四六詞報之，其略云：「米五斗而作傳，絹千匹以成碑，古或有

立崇敬之餘，又「登李侯之丘，讀孫仲益所爲銘」，〔註67〕可見朝臣中對內臣態度並非鐵板一塊。

孫覿與李中立一爲儒臣，一爲內臣。在兩宋亂離之際，他們均難得享高壽，孫得年八十九，而李享壽七十八。他們都篤信佛陀，前者號鴻慶居士，〔註68〕後者號皎然居士。爲此因緣，他們結爲知己。二人在宋室南渡後，均退隱深山。不過李中立是知幾棄官而去，孫覿卻是畏禍逃亡深山。李中立在徽宗朝，雖然不比梁師成、童貫、李彥以至楊戩（？～1121）、譚稹（？～1126後）那些權勢薰天的同僚得寵，但他的安份守己與治事才幹，仍爲徽宗所賞，委爲近侍的睿思殿祗候，並先後委爲華原郡王趙楃的王府都監，以及高宗的藩邸臣屬。因他的安份與知幾，在欽宗繼位後，他沒有像梁師成等成爲文臣清算的對像，當宣和諸權閹相繼被誅及抄家後，他還可以帶著偌大的家財與家人安然逃往江南，建立他在深山的安樂窩。孫覿爲他寫墓誌銘時，歌頌讚揚他樂善好施，供僧建寺，經營藥肆；卻沒有說明李的財富從何而得。從李中立的個案，可以看到在徽宗朝有權勢的內臣無不廣積財寶，只是童貫之流倒台得快，搜括來的財富成爲欽宗以及金人的戰利品而已。

因李中立曾爲高宗的藩邸舊臣，當高宗一批信任寵信的內臣如康履等被苗劉叛軍所殺，李殼被言官痛劾而不獲高宗復用後，高宗就想起他的藩邸舊

之，今未見也。立道旁碣，雖無愧詞；諛墓中人，遂爲虛語。」岳珂所云王明清之錄，就是指此事。可見當時宋人將孫覿爲人寫碑以求財，作爲笑談。參見王明清：《揮塵錄》，《揮塵後錄》，卷十一，第276條，「孫仲益作墓碑」，頁165。又孫覿所撰万俟卨墓銘記万俟卨劾奏「岳飛議棄兩淮地，專守大江以南」，「飛提重兵十餘萬，無橫草之勞，但言棄兩淮以動朝廷，此不臣之漸」的重話，以及其撰韓世忠墓銘時，稱「岳飛、范瓊蕈皆以跋扈賜死」一語，可參見《全宋文》，第一百六十一冊，卷三四九零〈孫覿七三〉〈宋故特進觀文殿大學士河南郡開國公致仕贈少師万俟公墓誌銘〉，頁44；卷三四九一〈孫覿七四〉〈宋故揚武翊運功臣太師鎮南武安軍節度使充醴泉宮使咸安郡王致仕贈通義郡王韓公墓誌銘〉，頁54。

〔註67〕周必大：《文忠集》，卷一百七十一〈乾道壬辰南歸錄〉，三月辛巳條，葉十上。

〔註68〕周必大：《文忠集》，卷五十三〈孫尚書鴻慶集序〉，葉七上。據周必大所記，孫覿生於元豐辛酉（四年），因曾以龍圖閣學士提舉南京鴻慶宮，故自號鴻慶居士。他在孝宗朝，嘗命編類蔡京、王黼（1079～1126）等事實上之史官。周必大在乾道丁亥（三年，1167）還在陽羨（今江蘇宜興市）見到他，孫當時已八十七。他語及前朝舊事，還健論滔滔。據《文獻通考》所記，他卒於乾道己丑（二年），得年八十九。參見陳振孫（1179～1262）（撰），徐小蠻、顧美華（點校）：《直齋書錄解題》（上海：上海古籍出版社，1987年12月），卷十八〈別集類下‧鴻慶集四十二卷〉，頁527。

人、能幹而安份的李中立。知道他的下落後，就徵他入朝，委以重任，包括後來打探隆祐太后下落的任務。他一度求退，可高宗仍要急召他回來，擔任他選定的繼承人孝宗的宮僚。若李中立熱中功名，以高宗對他的信任，他大可留在宋宮中執事，成為入內都知。但他選擇退隱，以疾為由求致仕，他才過半百，後來享年七十八，當日稱疾告退，不過是借口。他沒有像不少內臣在杭州大造園林，〔註69〕他寧可回到隱居之洞庭山，經營他的藥肆，以及參禪唸佛，而得以脫離宮廷政治的漩渦。

　　他這番用心，孫覿在其墓銘中都能含蓄地表達出來，然而諷刺的是，孫覿經歷靖康之難的慘痛，以及徽欽高三朝人事更替時文臣之間的激烈傾軋，他還是多次不甘寂寞，退了又復出，出了又被迫退下，當秦檜死後，他就一再上書申訴，要求宋廷恢復他的官職。在宋人筆下，他除了熱中外，還是一個甚有爭議的人物。朱熹（1130～1200）對他所撰的欽宗朝歷史甚有意見，認為後來洪邁（1123～1202）修欽宗紀多本於孫覿所記，附耿南仲而惡李綱，實所紀失實，而不足取，對他修欽宗降表之媚詞更是不能接受。〔註70〕我們看他的文集中保存的大量與權貴來往的信件，可以看出他一直心有不甘，希望重新回到權力的前台。他到七十九歲，為官五十二年後才上表請致仕，翌年，以「年逾八十，尚玷吏籍，疾病衰殘，耳目昏瞶，犬馬之力不復自效」，才願意致仕。〔註71〕他並沒有像他筆下的內臣李中立一樣，五十一歲便請告退。李刻意遠離政治，孫卻不思引年求退，仍汲汲於仕進。賢與不肖，自有公論。

　　就在李中立歿後二年，在乾道二年（1166）四月丙戌（十三），殿中侍御史王伯庠嚴劾孫覿，痛斥他：

〔註69〕據鮑沁星的研究，在杭州有（1）掌管皇家園林的內侍蔣氏建造的蔣苑使園，（2）宋孝宗、光宗（1147～1200，1189～1194在位）朝內侍陳源（？～1194後）所造的適安園、瓊花園，（3）內侍張知省（即知入內內侍省事，應即張去為，？～1179後）所造的總宜園，（4）宋理宗（1205～1264，1224～1264在位）內侍盧允升所造園，（5）高宗內侍裴禧所造的裴園，（6）孝宗朝入內押班甘昇（？～1189後）所造的湖曲園。參見鮑沁星：《南宋園林史》（上海：上海古籍出版社，2016年12月），第五章〈南宋私家園林〉，頁178～182。

〔註70〕《宋史》，卷三百七十三〈洪邁傳〉，頁11574；朱熹（撰），郭齊、尹波（點校）：《朱熹集》（成都：四川教育出版社，1996年10月），卷七十一〈雜著‧記孫覿事〉，頁3690。

〔註71〕《全宋文》，第一五八冊，卷三四二四〈孫覿七〉，〈乞致仕狀〉、〈乞致仕箚子〉，頁448～449。

靚在宣和間，被遇徽宗皇帝，浸階通顯；欽宗皇帝擢授中書舍人，蒙恩最厚。及京城失守，車駕出城，靚於時不能盡主辱臣死之節，乃背恩賣國，取媚虜酋。撫其事實，臣子所不忍言。太上皇帝擴天地覆載之恩，拭拭試用，位至尚書，授以方面。而靚天資小人，不能自改，又以贓罪除名勒停，竄斥嶺外。遇赦放還，累經敘復，不帶左字。爲靚者自當屏跡人間，豈敢復施顏面見士大夫，而蠅營狗媚，攀援進取，既復修撰，又復待制。如靚之背君賣國，不忠不義，而處以侍從，可乎？乞降睿旨，將靚落職遠貶，以爲人臣不忠不義之戒。

孝宗准奏，將孫靚落敷文閣待制職，只是未將他遠貶。〔註 72〕孫靚在李中立的墓銘，一再表揚李的淡泊功名的高節；諷刺的是，他卻被人嚴劾戀棧功名。他曾自稱「交舊委作墓誌、行狀數十家，不受一金之餽」；但宋人都說他靠爲人撰寫充滿諛詞的墓誌及行狀致富。〔註 73〕孫靚是一代的儒臣，然從人品和識見上，依筆者之見，反而不及這一位靠他所撰的墓銘才爲我們所知的內臣李中立。

就像筆者在本書第九篇所考述的三位內臣董仲永（1104～1165）、鄭景純（1091～1137）及楊良孺（1111～1164）一樣，李中立是一位在兩宋之際評價正面，而生平事蹟罕有在正史記載的內臣。他的生平事跡以及家族資料有幸靠著文集所錄的墓誌銘得以保存下來。爲他撰寫墓誌銘的孫靚，偏偏是備受爭論的儒臣。似乎只有非主流的文臣，才願意爲文臣所輕視的內臣撰寫墓誌銘，而且加以表揚，而非帶有偏見的醜化。

最後值得一提的是，王曾瑜教授最近（2015）所撰的〈宋徽宗時的宦官群〉一篇力作，給本文提供了極佳的參考資料，它除了析論徽宗縱容寵信內臣的禍害外，更分別考述童貫、梁師成、李彥、楊戩、梁方平、譚稹、李轂、邵成章等三十名徽宗朝內臣的事蹟。〔註 74〕也許李中立在徽宗朝的事蹟不

〔註 72〕《宋會要輯稿》，第八冊，〈職官七十一・黜降官八〉，頁 4954。

〔註 73〕《全宋文》，第一五九冊，卷三四二八〈孫靚十一・與侍御書〉，頁 34。

〔註 74〕王曾瑜：〈宋徽宗時的宦官群〉，載《隋唐遼宋金元史論叢》，2015 年，頁 141～186。考王氏所考的徽宗朝內臣，以論童貫生平最詳，次爲梁師成。童梁等八人外，所論內臣尚有郝隨（？～1109）、劉友端（？～1113 後）、藍從熙（？～1119 後）、童師敏（？～1115 後）、賈詳（？～1116 後）、李轂、何訴（？～1118 後）、王仍（？～1126）、鄧文誥（？～1119 後）、張見道（1091～？）、王珣、張佑（？～1113 後）、楊球（？～1126）、李琮（？～1137 後）、梁平（？～1126 後）、鄧珪（？～1127 後）、李遘、馮浩（？～1120）、石如岡（？

顯，且沒有明顯過惡，他雖有墓誌銘傳世，但仍不在王教授所論之徽宗內臣
之列。

　　近來學界不少人倡導「問題意識」，認爲理論架構至爲重要，重視宏觀的
論述，這自然是治史的一途；但宋代內臣直接的史料像墓誌銘、行狀的太少，
要透過內臣個案研究、微觀論述，以作爲宏觀論述的基礎，實在不易。希望
未來能有機會在文集，特別是出土文獻發現更多內臣墓誌銘資料，以嚴謹的
史事考證功夫，讓我們對宋代內臣種種有更堅實及深入的認識。

修訂後記：

　　本文原刊《新亞學報》，第三十三卷（2016 年 8 月），頁 129～163。除了
增補一些新資料，也改正一些錯別字。修訂本文時，蒙香港大學朱銘堅博士
賜告，筆者在初稿提到與孫覿多有書信往還的李主管（字舉之），並非李中立，
而是李擢之子李益能。因據此而刪去該條。

　　～1126）、黃經臣（？～1126）、王若沖（？～1127 後）、盧公裔（？～1135
後）、白鍔（？～1143 後）等二十二人。他們不少人在南宋尚在，而當中如邵
成章還有君子之譽，而黃經臣則殉難而死，不全是貪惡之徒。不過，王氏失
考李遵其實是李毅的訛寫。

參考書目

（一）史源

1. 房玄齡（579～648）：《晉書》（北京：中華書局點校本，1974 年 11 月）。

2. 魏徵（580～643）、令狐德棻（583～666）（撰）：《隋書》（北京：中華書局，1973 年 5 月）。

3. 釋贊寧（919～1001）（撰），范祥雍（1913～1993）（點校）：《宋高僧傳》（北京：中華書局，1987 年 8 月）。

4. 樂史（930～1007）撰，王文楚等（點校）：《太平寰宇記》（北京：中華書局，2007 年 11 月）。

5. 錢儼（937～1003）：《吳越備史》，文淵閣《四庫全書》本。

6. 錢若水（960～1003）（修），范學輝（校注）：《宋太宗皇帝實錄校注》（北京：中華書局，2012 年 12 月）。

7. 呼延邈（？～1024 後）：〈皇宋故金紫光祿大夫檢校刑部尚書左羽林大將軍致仕兼御史大夫輕車都尉□□戶楊府君墓誌銘并序〉《大宋金石錄》網，http://blog.sina.com.cn/s/blog_de5296c70101pabk.html。

8. 王曾（978～1038）（撰），張劍光、孫勵（整理）：《王文正公筆錄》，載朱易安、戴建國等（編）：《全宋筆記》第一編第三冊（鄭州：大象出版社，2003 年 10 月）。

9. 夏竦（985～1051）：《文莊集》，文淵閣《四庫全書》本。

10. 范仲淹（989～1052）（撰），李勇先、王蓉貴（校點）：《范仲淹全集》（成都：四川大學出版社，2002 年 9 月）。

11. 錢彥遠（994～1050）：〈宋故彭城錢府君墓誌銘〉，《新出吳越錢氏墓誌》，《大宋金石錄》網，http://blog.sina.com.cn/s/blog_de5296c70101pabk.html。

12. 包拯（996～1062）（撰），楊國宜（整理）：《包拯集編年校補》（合肥：黃山書社，1989 年 12 月）。

13. 宋庠（996～1066）：《元憲集》，文淵閣《四庫全書》本。

14. 胡宿（996～1067）：《文恭集》，文淵閣《四庫全書》本。

15. 曾公亮（998～1078）（編）：《武經總要》（北京：解放軍出版社據明金陵書林唐富春刻本影印，1994 年 6 月）。

16. 文瑩（？～1060 後）（撰），鄭世剛、楊立揚（點校）：《湘山野錄》（與《續湘山野錄》、《玉壺清話》合本）（北京：中華書局，1984 年 7 月）。

17. 歐陽修（1007～1072）（撰），李逸安（點校）：《歐陽修全集》（北京：中華書局點校本，2001 年 3 月）。

18. 郭若虛（？～1074 後）（撰），鄧白（注）：《圖畫見聞志》（成都：四川美術出版社，1986 年 11 月）。

19. 韓琦（1008～1075）（撰），李之亮、徐正英（箋注）：《安陽集編年箋注》（成都：巴蜀書社，2000 年 10 月）。

20. 趙抃（1008～1084）：《清獻集》，文淵閣《四庫全書》本。

21. 范鎮（1008～1089）（撰），汝沛（點校）：《東齋記事》（與《春明退朝錄》合本）（北京：中華書局，1980 年 9 月）。

22. 龔鼎臣（1009～1086）：《東原錄》，文淵閣《四庫全書》本。

23. 宋敏求（1019～1079）（撰），誠剛（點校）：《春明退朝錄》（與《東齋記事》合本）（北京：中華書局，1980 年 9 月）。

24. 曾鞏（1019～1083）（撰），陳杏珍、晁繼周（點校）：《曾鞏集》（北京：中華書局，1984 年 11 月）。

25. 曾鞏（撰），王瑞來（校證）：《隆平集校證》（北京：中華書局，2012 年 7 月）。

26. 王珪（1019～1085）：《華陽集》，文淵閣《四庫全書》本。

27. 司馬光（1019～1086）（撰），王亦令（點校）：《稽古錄》（北京：中國友誼出版公司，1987 年 12 月）。

28. 司馬光（撰），鄧廣銘（1907～1998）、張希清（校注）：《涑水記聞》（北京：中華書局點校本，1989 年 9 月）。

29. 司馬光（撰），李之亮（箋注）：《司馬溫公集編年箋注》（成都：巴蜀書社，2009 年 2 月）。

30. 司馬光（撰），李文澤、霞紹暉（校點）：《司馬光集》（成都：四川大學出版社，2010 年 2 月）。

31. 高承（？～1085 後）（撰），金圓、許沛藻（點校）：《事物紀原》（北京：中華書局，1989 年 4 月）。

32. 孫逢吉（？～1086 後）：《職官分紀》，文淵閣《四庫全書》本。

33. 吳處厚（？～1089 後）（撰），李裕民（點校）：《青箱雜記》（北京：中華書局點校本，1985 年 5 月）。

34. 蘇頌（1020～1101）（撰），王同策等（點校）：《蘇魏公集》（北京：中華書局，1988 年 9 月）。

35. 王安石（1021～1086）（撰），李之亮（箋注）：《王荊公文集箋注》（成都：巴蜀書社，2005 年 5 月）。

36. 鄭獬（1022～1072）：《鄖溪集》，文淵閣《四庫全書》本。

37. 王存（1023～1101）（撰），王文楚、魏嵩山（點校）：《元豐九域志》（北京：中華書局，1984 年 12 月）。

38. 范純仁（1027～1101）：《范忠宣集》，文淵閣《四庫全書》本。

39. 劉摯（1030～1097）（撰），裴汝誠、陳曉平（點校）：《忠肅集》（北京：中華書局，2002 年 9 月）。

40. 沈括（1031～1095）：《長興集》，文淵閣《四庫全書》本。

41. 王闢之（1031～1097 後）（撰），呂友仁（點校）：《澠水燕談錄》（與《歸田錄》合本）（北京：中華書局，1981 年 3 月）。

42. 曾布（1036～1107）（撰），顧宏義（點校）：《曾公遺錄》，（北京：中華書局，2016 年 3 月）。

43. 王得臣（1036～1116）（撰），俞宗憲（點校）：《麈史》（上海：上海古籍出版社，1986 年 10 月）。

44. 范祖禹（1041～1098）：《范太史集》，文淵閣《四庫全書》本。

45. 陳次升（1044～1119）：《讜論集》，文淵閣《四庫全書》本。

46. 鄒浩（1060～1111）：《道鄉集》，文淵閣《四庫全書》本。

47. 慕容彥逢（1067～1117）：《摛文堂集》，文淵閣《四庫全書》本。

48. 李光（1077～1159）：《莊簡集》，文淵閣《四庫全書》本。

49. 汪藻（1079～1154）（撰），王智勇（箋注）：《靖康要錄箋注》（成都：四川大學出版社，2008 年 7 月）。

50. 孫覿（1081～1169）：《鴻慶居士集》，文淵閣《四庫全書》。

51. 佚名（撰），俞劍華（注釋）：《宣和畫譜》（南京：江蘇美術出版社，2007 年 6 月）。

52. 董卣（？～1120 後）：《廣川畫跋》，文淵閣《四庫全書》本。

53. 李攸（？～1134 後）：《宋朝事實》，《國學基本叢書》本（上海：商務印書館，1935 年 4 月）。

54. 王銍（？～1144）（撰），朱杰人（點校）：《默記》（與《燕翼詒謀錄》合本）（北京：中華書局，1981 年 9 月）。

55. 江少虞（?～1145 後）：《宋朝事實類苑》（上海：上海古籍出版社，1981年7月）。

56. 蔡絛（?～1146 後）（撰），馮惠民、沈錫麟（點校）：《鐵圍山叢談》（北京：中華書局，1983年9月）。

57. 周麟之（?～1160 後）：《海陵集》，文淵閣《四庫全書》本。

58. 錢世昭（?～1163 後）：《錢氏私志》，文淵閣《四庫全書》本。

59. 胡仔（1110～1170）（纂集），廖德明（校點）：《苕溪漁隱叢話》（北京：人民出版社，1981年5月）。

60. 吳曾（?～1170 後）：《能改齋漫錄》（上海：上海古籍出版社，1979年11月據中華書局1960年11月點校本重印）。

61. 李燾（1115～1184）：《續資治通鑑長編》（北京：中華書局點校本，1979年8月至1995年4月）。

62. 范成大（1126～1193）（撰），陸振嶽（校點）：《吳郡志》（南京：江蘇古籍出版社，1986年10月）。

63. 周必大（1126～1204）：《文忠集》，文淵閣《四庫全書》本。

64. 徐夢莘（1126～1207）：《三朝北盟會編》（上海：上海古籍出版社影印清光緒三十四年許涵度刻本，1987年10月）。

65. 陳傅良（1127～1203）：《止齋集》，文淵閣《四庫全書》本。

66. 王明清（1127～1204 後）：《揮塵錄》（上海：上海書店出版社，2001年8月）。

67. 朱熹（1130～1200）（撰），郭齊、尹波（點校）：《朱熹集》（成都：四川教育出版社，1996年10月）

68. 祖詠（?～1183 後）：《大慧普覺禪師年譜》，收入殷夢霞（編）：《佛教名人年譜》（北京：北京圖書館出版社，2003年1月）。

69. 楊仲良（?～1184 後）：《通鑑長編紀事本末》，收入趙鐵寒（1908—1976）（主編），《宋史資料萃編》，第二輯（臺北：文海出版社，1967年11月）。

70. 熊克（?～1188 後）：《皇朝中興紀事本末》（北京：北京圖書館出版社，2005年3月）。

71. 杜大珪（?～1194 後）：《名臣碑傳琬琰之集下》，文淵閣《四庫全書》本。

72. 趙汝愚（1140～1196）（編），北京大學中國中古史研究中心（校點整理）：《宋朝諸臣奏議》（上海：上海古籍出版社，1999年12月）。

73. 袁褧（?～1201 後）（撰），俞鋼、王彩燕（整理）：《楓窗小牘》，收入戴建國（主編）：《全宋筆記》，第四編第五冊（鄭州：大象出版社，2008年9月）。

74. 章如愚（？～1206 後）（編撰）：《山堂考索》（北京：中華書局影印明正德十六年（1521）建陽書林劉洪慎獨齋本，1992 年 10 月）。

75. 樓鑰（1137～1213）：《攻媿集》，文淵閣《四庫全書》本。

76. 崔敦詩（1139～1182）：《崔舍人西垣類稿》，叢書集成初編本（上海：商務印書館，1936 年 12 月）。

77. 徐自明（？～1220 後）（撰），王瑞來（校補）：《宋宰輔編年錄校補》（北京：中華書局，1986 年 12 月）。

78. 王栐（？～1227 後）（撰），誠剛（點校）：《燕翼詒謀錄》（與《默記》合本）（北京：中華書局，1981 年 9 月）。

79. 李壁（1157～1222）：《王荊公詩注》，文淵閣《四庫全書》本。

80. 李埴（1161～1238）（撰），燕永成（校正）：《皇宋十朝綱要校正》（北京：中華書局，2013 年 6 月）。

81. 王稱（？～1200 後）：《東都事略》，收入趙鐵寒（1908～1976）（主編）：《宋史資料萃編》，第一輯（臺北：文海出版社，1967 年 1 月）。

82. 王明清（？～1203 後）（撰）、汪新森、朱菊如（校點）：《玉照新志》（與《投轄錄》合本）（上海：上海籍出版社，1991 年 2 月）。

83. 張杲（1149～1227）：《醫說》，文淵閣《四庫全書》本。

84. 林駉（？～1232）：《古今源流至論續集》，文淵閣《四庫全書》本。

85. 李心傳（1166～1243）（編撰），胡坤（點校）：《建炎以來繫年要錄》（北京：中華書局，2013 年 12 月）。

86. 陳均（1174～1244）（編），許沛藻、金圓等（點校）：《皇朝編年綱目備要》（北京：中華書局，2006 年 12 月）。

87. 趙與時（1175～1231）（撰），齊治平（校點）：《賓退錄》（上海：上海古籍出版社，1983 年 8 月）。

88. 施諤（？～1252 後）：《淳祐臨安志》（與《乾道臨安志》合本，稱《南宋臨安兩志》）（杭州：浙江人民出版社，1983 年 1 月）。

89. 釋普濟（？～1252 後）（撰），蘇淵雷（1908～1995）（點校）：《五燈會元》（北京：1984 年 10 月）。

90. 陳振孫（1179～1262）（撰），徐小蠻、顧美華（點校）：《直齋書錄解題》（上海：上海古籍出版社，1987 年 12 月）。

91. 岳珂（1183～1243）（撰），吳企明（點校）：《桯史》（北京：中華書局，1981 年 12 月）。

92. 岳珂（編撰），王曾瑜（校注）：《鄂國金佗稡編校注》（北京：中華書局，1989 年 2 月）。

93. 姚勉（1216〜1262）（撰），曹詣珍、陳偉文（校點）：《姚勉集》（上海：上海古籍出版社，2012 年 3 月）。

94. 潛說友（1216〜1277）：《咸淳臨安志》，載《宋元方志叢刊》（北京：中華書局，1990 年 5 月），第四冊。

95. 葉隆禮（？〜1260 後）（撰），貫敬顏、林榮貴（點校）：《契丹國志》（北京：中華書局，2014 年 1 月）。

96. 馬光祖（？〜1269）（編）、周應合（？〜1275 後）（纂），王曉波（校點）：《景定建康志》，收入王曉波、李勇先、張保見、莊劍（點校）：《宋元珍稀地方志叢刊》甲編，（成都：四川大學出版社，2007 年 6 月）。

97. 趙道一（？〜1294 後）（編）、盧國龍（點校）：《歷世真仙體道通鑑續編》，卷三〈皇甫坦〉，收入張繼禹（主編）：《中華道藏》，第四十七冊〈洞真部紀傳類〉（北京：華夏出版社，2004 年）。

98. 王應麟（1223〜1296）：《玉海》，（上海：上海書店據清光緒九年浙江書本刊本影印，1988 年 3 月）。

99. 周密（1232〜1298）（撰），張茂鵬（點校）：《齊東野語》（北京：中華書局，1983 年 11 月）。

100. 確庵、耐庵（編），崔文印（箋證）：《靖康稗史箋證》（北京：中華書局，1988 年 9 月）。

101. 項公澤（？〜1241 後）（修），凌萬頃、邊實（纂）：《淳祐玉峰志》，載中華書局編輯部編：《宋元方志叢刊》第一冊（（北京：中華書局，1990 年 5 月）。

102. 馬端臨（1254〜1323）（撰），上海師範大學古籍研究所暨華東師範大學古籍研究所（點校）：《文獻通考》（北京：中華書局點校本，2011 年 9 月）。

103. 俞希魯（？〜1334 後）（編纂），楊積慶等（點校）：《至順鎮江志》（鎮江：江蘇古籍出版社，1990 年 6 月）。

104. 佚名（編），汪聖鐸（校點）：《宋史全文》（北京：中華書局，2016 年 1 月）。

105. 脫脫（1314〜1355），劉浦江（1961〜2015）等（修訂）：《遼史》（北京：中華書局點校修訂本，2016 年 4 月）。

106. 脫脫：《金史》（北京：中華書局點校本，1975 年 7 月）。

107. 脫脫：《宋史》（北京：中華書局點校本，1977 年 11 月）。

108. 陶宗儀（1329〜1410）（編）：《說郭》，文淵閣《四庫全書》本。

109. 陳思（？〜1264 後）（編），陳世隆（？〜1364 後）（補）：《兩宋名賢小集》，文淵閣《四庫全書》本。

110. 鄭麟趾（1396～1478）等（撰），孫曉（主編）：《高麗史》，（重慶：西南師範大學出版社，2014 年 11 月據韓國奎章閣藏光海君覆刻乙亥字本及明景泰二年（1451）朝鮮乙亥銅活字本等標點校勘本）。

111. 王鏊（1450～1524）：《姑蘇志》，文淵閣《四庫全書》本。

112. 張鳴鳳（？～1552 後）（編），杜海軍、閻春（點校）：《桂勝》（與《桂故》合本）（北京：2016 年 12 月）。

113. 楊慎（1488～1559）：《升庵集》，文淵閣《四庫全書》本。

114. 楊慎：《丹鉛摘錄》，文淵閣《四庫全書》本。

115. 凌迪知（1529～1600）：《萬姓統譜》，文淵閣《四庫全書》本。

116. 馮琦：（1558～1603）：《經濟類編》，文淵閣《四庫全書》本。

117. 毛一公（？～1620 後）（撰）：《歷代內侍考》，載《續修四庫全書》（上海：上海古籍出版社據浙江圖書館藏清抄本影印，2002 年），第 517 冊，《史部‧傳記類》，卷十至十二，頁 98～129。

118. 吳任臣（1628～1689）（編）：《十國春秋》，文淵閣《四庫全書》本。

119. 傅澤洪（？～1725 後）（主編），鄭元慶（編輯）：《行水金鑑》，文淵閣《四庫全書》本。

120. 徐松（1781～1848）（輯），劉琳、刁忠民、舒大剛、尹波等（校點）：《宋會要輯稿》（上海：上海古籍出版社，2014 年 6 月）。

121. 吳廣成（？～1825 年後）（撰），龔世俊等（校證）：《西夏書事校證》（蘭州：甘肅文化出版社，1995 年 5 月）。

122. 張金吾（1787～1829）（編纂）：《金文最》（北京：中華書局，1990 年 8 月）。

123. 梁廷枏（1796～1861）（著），林梓宗（校點）：《南漢書》（廣州：廣東人民出版社，1981 年 5 月）。

124. 陸心源（1834～1894）（輯），吳伯雄（點校）：《宋史翼》（杭州：浙江古籍出版社，2016 年 1 月）。

125. 不著撰人（編），司義祖（點校），《宋大詔令集》（北京：中華書局，1962 年 10 月）。

126. 陳述（1911～1992）（輯校）：《全遼文》（北京：中華書局，1982 年 3 月）。

127. 金渭顯：《高麗史中中韓關係史料彙編》（臺北：食貨出版社，1983 年 3 月）。

128. 欒貴明（輯）：《四庫輯本別集拾遺》（北京：中華書局，1983 年 10 月）。

129. 韓蔭成（1919～2003）（編）：《党項與西夏資料匯編》（銀川：寧夏人民出版社，2000 年 6 月）

130. 傅璇琮（1933～2016）等編：《全宋詩》（北京：北京大學出版社，1993年9月）。

131. 向南（楊森，1937～2012）（編）：《遼代石刻文編》（石家莊：河北教育出版社，1995年4月）。

132. 中國文物研究所、陝西省古籍整理辦公室（編）：《新中國出土墓誌・陝西〔壹〕》（北京：文物出版社，2000年10月）。

133. 劉蔚華（主編）：《石頭上的儒家文獻——曲阜碑文錄》（濟南：齊魯書社2001年4月）。

134. 國家圖書館善本金石組編：《宋代石刻文獻全編》（北京：北京圖書館出版社，2003年6月）。

135. 曾棗莊、劉琳（編）：《全宋文》（上海：上海辭書出版社，2006年8月）。

136. 向南、張國慶、李宇峰（輯注）：《遼代石刻文續編》（瀋陽：遼寧人民出版社，2010年1月）。

137. 郭茂育、劉繼保（編著）：《宋代墓誌輯釋》（鄭州：中州古籍出版社，2016年2月）。

（二）專書及博碩士論文

1. 蔡東藩（1877～1945）：《宋史演義》（瀋陽：遼寧出版集團圖書部，2002年）。

2. 王謇（1888～1969）（撰），張維明（校理）：《宋平江城坊考》（南京：江蘇古籍出版社，1986年11月）

3. 鄧廣銘（1907～1998）：《韓世忠年譜》（北京：三聯書店，2007年3月）。

4. 柴德賡（1908～1970）：《史學叢考》（北京：中華書局，1982年6月）。

5. 謝稚柳（1910～1997）：《鑒餘雜稿》（上海：上海人民美術出版社，1989年5月）。

6. 前田正名（1921～1984）（著），陳俊謀（譯）：《河西歷史地理學研究》（北京：中國藏學出版社，1993年11月）。

7. 王德毅、昌彼得（1921～2011）等（編）：《宋人傳記資料索引》（臺北：鼎文書局，1974年10月至1975年12月）。

8. 金渭顯：《契丹的東北政策——契丹與高麗女眞關係之研究》（臺北：華世出版社，1981年5月）。

9. 王明蓀：《宋遼金史論文稿》（臺北：明文書局，1981年12月）。

10. 嚴杰：《歐陽修年譜》（南京：南京出版社，1993年11月）。

11. 何冠環：《宋初朋黨與太平興國三年進士》（北京：中華書局，1994年10月）。

12. 江天健：《北宋市馬之研究》（臺北：國立編譯館，1995 年 6 月）。

13. 习忠民：《兩宋御史中丞考》（成都：巴蜀書社，1995 年 11 月）。

14. 杜婉言：《中國宦官史》（臺北：文津出版社，1996 年 6 月）。

15. 項春松：《遼代歷史與考古》（呼和浩特：內蒙古人民出版社，1996 年 8 月）。

16. 龔延明：《宋代官制辭典》（北京：中華書局，1997 年 4 月）。

17. 烏成蔭：《漫話遼中京》（赤峰：內蒙古科學技術出版社，1997 年 5 月）。

18. 河南省文物考古研究所（編）：《北宋皇陵》（鄭州：中州古籍出版社，1997 年 8 月）。

19. 鄧廣銘：《北宋政治改革家王安石》（北京：人民出版社，1997 年 10 月）。

20. 梁紹傑（輯錄）：《明代宦官碑傳錄》（香港：香港大學中文系，1997 年 11 月）。

21. 沈松勤：《北宋文人與黨爭——中國士大夫群體研究之一》（北京：人民出版社，1998 年 12 月）。

22. 习忠民：《宋代臺諫制度研究》（成都：巴蜀書社，1999 年 5 月）。

23. 李之亮：《宋川陝大郡守臣易替考》（成都：巴蜀書社，2001 年 5 月）。

24. 李之亮：《宋兩湖大郡守臣易替考》（成都：巴蜀書社，2001 年 6 月）。

25. 漆俠（1923～2001）：《王安石變法》（增訂本）（石家莊：河北人民出版社，2001 年 9 月）。

26. 游彪：《宋代蔭補制度研究》（北京：中國社會科學出版社，2001 年 9 月）。

27. 羅家祥：《朋黨之爭與北宋政治》（武漢：華中師範大學出版社，2002 年 1 月）。

28. 陳守忠：《宋史論略》（蘭州：甘肅文化出版社，2002 年 2 月）。

29. 蓋之庸（編著）：《內蒙古遼代石刻文研究》（呼和浩特：內蒙古大學出版社，2002 年 5 月）。

30. 盧啓鉉（撰），金榮國（譯）、金龜春（譯審）：《高麗外交史》（延吉：延邊大學出版社，2002 年 7 月）。

31. 王曾瑜：《岳飛和南宋前期政治與軍事研究》（開封：河南大學出版社，2002 年 10 月）。

32. 何冠環：《北宋武將研究》（香港：中華書局，2003 年 6 月）。

33. 曾瑞龍（1960～2003）：《經略幽燕：宋遼戰爭軍事災難的戰略分析》（香港：中文大學出版社，2003 年 6 月）。

34. 耿慧玲：《越南史論——金石資料之歷史文化比較》（臺北：新文豐出版公司，2004 年 3 月）。

35. 李華瑞：《王安石變法研究史》（北京：人民出版社，2004 年 6 月）。

36. 王壽南：《唐代的宦官》（臺北：台灣商務印書館，2004 年 8 月）。

37. 張堯均：《韓琦研究》，載張其凡（1949～2016）主編：《北宋中後期政治探索》（香港：華夏文化藝術出版社，2005 年 1 月），卷二。

38. 張邦煒：《宋代政治文化史論》（北京：人民出版社，2005 年 10 月）。

39. 賈志揚（著），趙冬梅（譯）：《天潢貴冑：宋代宗室史》（南京：江蘇人民出版社，2005 年 11 月）。

40. 魏志江：《中韓關係史研究》（廣州：中山大學出版社，2006 年 5 月）。

41. 孫覿紀念館（編）：《孫覿研究文集》（上海：上海古籍出版社，2006 年 9 月）。

42. 吳曉萍：《宋代外交制度研究》（合肥：安徽人民出版社，2006 年 12 月）。

43. 李之亮：《趙宋王朝》（南京：江蘇文藝出版社，2007 年）。

44. 陳守忠：《河隴史地考述》（蘭州：甘肅人民出版社，2007 年 1 月）。

45. 李偉國：《宋代財政與文獻考論》（上海：上海古籍出版社，2007 年 7 月）。

46. 王德毅：《宋史研究論集》第二輯（臺北：新文豐出版股份有限公司，2008 年 6 月再版）。

47. 徐建融：《宋代繪畫研究十論》（上海：上海大學出版社，2008 年 8 月）。

48. 黃啓江：《泗水大聖與松雪道人：宋元社會菁英的佛教信仰與佛教文化》（臺北：學生書局，2009 年 3 月）。

49. 劉志華：《曹勛詩歌研究》（廈門大學碩士論文，2009 年 5 月）。

50. 王曾瑜：《絲毫編》（保定：河北大學出版社，2009 年 6 月）。

51. 田杰：《北宋宦官群體研究》（西北大學碩士論文，2009 年 6 月）。

52. 王守棟：《唐代宦官政治》（北京：中國社會科學出版社，2009 年 8 月）。

53. Nicola Di Cosmo（ed.）, *Military Culture in Imperial China,*（Cambridge, Massachusetts：Harvard University Press, 2009）.

54. 趙振華：《洛陽古代銘刻文獻研究》（西安：三秦出版社，2009 年 12 月）。

55. 王瑞來：《宰相故事：士大夫政治下的權力場》（北京：中華書局，2010 年 1 月）。

56. 汪聖鐸：《宋代政教關係研究》（北京：人民出版社，2010 年 5 月）。

57. 李裕民：《宋人生卒行年考》（北京：中華書局，2010 年 9 月）。

58. 王民信（1928～2005）：《王民信高麗史研究論文集》（臺北：臺大出版中心，2010 年 12 月）。

59. 程民生：《北宋開封氣象編年史》（北京：人民出版社，2012 年 5 月）。

60. 王茜：《遼金宦官研究》（吉林大學碩士論文，2012 年 5 月）。

61. 諸葛憶兵：《范仲淹傳》（北京：中華書局，2012 年 8 月）。

62. 程龍：《北宋糧食籌措與邊防——以華北戰區爲例》（北京：商務印書館，2012 年 10 月）。

63. 陳學霖（1938～2011）：《宋明史論叢》（香港：香港中文大學出版社，2012 年）。

64. 何冠環：《攀龍附鳳：北宋潞州上黨李氏外戚研究》（香港：中華書局，2013 年 5 月）。

65. 丁義珏：《北宋前期的宦官：立足於制度史的考察》，北京大學博士論文，2013 年 6 月。

66. 方新蓉：《大慧宗杲與兩宋詩禪世界》（北京：中華書局，2013 年 12 月）。

67. 林鵠：《遼史百官志考訂》（北京：中華書局，2015 年 1 月）。

68. 王瑞來：《知人論世：宋代人物考述》（太原：山西教育出版社，2015 年 8 月）。

69. Lik-hang Tsui（徐力恆）, *Writing Letters in Song China（960～1279）:A Study of its Political, Social and Cultural Uses,*（PhD Dissertation, unpublished, University of Oxford, 2015）.

70. 《安徽文化網》「閻士良等題名」。參見 http://www.ahage.net/bbs/read.php？tid～81062.html。

71. 何冠環：《北宋武將研究續編》（新北：花木蘭文化出版社，2016 年 3 月）。

72. 蔡涵墨（Charles Hartman）（著），宋彥昇等（譯）：《歷史的粧：解讀道學陰影下的南宋史學》（北京：中華書局，2016 年 4 月）。

73. 劉鳳翥：《契丹尋踪——我的拓碑之路》（北京：商務印書館，2016 年 8 月）。

74. 鮑沁星：《南宋園林史》（上海：上海古籍出版社，2016 年 12 月）。

75. 杜正賢：《南宋都城臨安研究——以考古爲中心》（上海：上海古籍出版社，2016 年 12 月）。

76. 王章偉：《近代社會的形成——宋代的士族與民間信仰》（新北：花木蘭文化出版社，2017 年 3 月）。

77. 史鳳春：《遼朝后族諸問題研究》（北京：人民出版社，2017 年 5 月）。

（三）期刊及論文集論文

1. 趙振績：〈宋代屯田與邊防重要性〉，原載《中國文化復興月刊》第三卷十一期，後收入宋史座談會（編輯）：《宋史研究集》，第六輯，（臺北：中華叢書編輯委員會，1971 年 12 月），頁 487～496。

2. 李逸友（1930～2002）：〈遼李知順墓誌銘跋〉，《內蒙古文物考古》（創刊號），1981 年 10 月，頁 84～86。

3. 楊惠南：〈看話禪和南宋主戰派之間的交涉〉，《中華佛學學報》第七期（1994 年 7 月），頁 187～209。

4. 周祚紹：〈論黃庭堅和北宋黨爭〉，《九江師專學報》（哲學社會科學版），1996 年第 2 期，頁 55～59。

5. 柳立言：〈以閹為將：宋初君主與士大夫對宦官角色的認定〉，載宋史座談會（編）：《宋史研究集》，第二十六輯（臺北：國立編譯館，1997 年 2 月），頁 249～305。

6. 任樹民：〈北宋西北邊疆質院、御書院略考〉，《西北民族研究》第 21 期（1997 年），頁 114～118。

7. 裴海燕：〈北宋宦官參預經濟活動述略〉，《河北大學學報》（哲學社會科學版），第 23 卷第 4 期（1998 年 12 月），頁 52～56。

8. 葉國良：〈遼金碑誌考釋十則〉，《臺大中文學報》第十一期（1999 年 5 月），頁 1～20。

9. 趙雨樂：〈宋初宦官制度考析〉，載漆俠（1923～2001）、王天順（主編）：《宋史研究論文集》（銀川：寧夏人民出版社，1999 年 12 月），頁 126～140。

10. 黃純艷：〈論北宋林特茶法改革〉，《上海師範大學學報》（社會科學版），第 29 卷第 1 期（2000 年 2 月），頁 18～24。

11. 屈守元：〈《文選六臣注》跋〉，《文學遺產》，2000 年第 1 期，頁 40～47。

12. 劉浦江（1961～2015）：〈《金朝軍制》平議——兼評王曾瑜先生的遼金史研究〉，《歷史研究》，2000 年 6 期，頁 166～172。

13. 游彪、劉春悦：〈宋代宦官養子及蔭補制度〉，《中國史研究》，2001 年第 2 期，頁 107～118。

14. 虞文霞：〈丁謂與真宗時期的茶法改革〉，《農業考古》，2001 年第 2 期，頁 261～265。

15. 張邦煒：〈靖康內訌解析〉，《四川師範大學學報（社會科學版）》，第 28 卷第 3 期（2001 年 5 月），頁 69～82。

16. 杜文玉：〈論墓誌在古代家族史研究中的價值——以唐代宦官家族為中心〉，載趙振華（主編）：《洛陽出土墓誌研究文集》（北京：朝華出版社，2002 年 3 月），頁 169～179。

17. 吳淑鈿：〈館下談詩探析〉，《復旦學報》（社會科學版），2002 年第 6 期，頁 115～121。

18. 王暢：〈趙匡胤祖籍與上世陵寢問題辨證〉，《河南教育學院學報》（哲學社會科學版），2003 年第 4 期（第 22 卷，總 86 期），頁 86～90。

19. Charles Hartman（蔡涵墨）, "The Reluctant Historian：Sun Ti, Chu His and the Fall of Northern Sung", *Toung Pao*, LXXXIX（89）（2003）, pp. 100～148.

20. 張邦煒：〈宋徽宗初年的政爭——以蔡王府獄爲中心〉，《西北師大學報》（社會科學版），第 41 卷第 1 期（2004 年 1 月），頁 1～6。

21. 黃潔瓊：〈蔡襄與宋代的改革〉，《哈爾濱學院學報》，第 25 卷第 6 期（2004 年 6 月），頁 103～106。

22. 孟憲玉：〈蕭撻覽之死深探〉，《樂山師範學院學報》，第 19 卷第 9 期（2004 年 9 月），頁 90～92。

23. 吳曉萍：〈宋代國信所考論〉，《南京大學學報》（哲學及人文社會科學版），2005 年第 2 期，頁 132～136。

24. 仝建平：〈童貫曾任宣撫使而非宣徽使〉，載《晉陽學刊》，2005 年 3 期，頁 121。

25. 程安庸：〈晏殊評說〉，《求索》，2005 年第 4 期，頁 149～151。

26. 羅煜：〈北宋與西夏關係史中的宦官群體淺析〉，《湖南第一師範學報》，2007 年第 3 期（2007 年 9 月），頁 98～101，154。

27. 楊果、劉廣豐：〈宋仁宗郭皇后被廢案探議〉，《史學集刊》，2008 年第 1 期，頁 56～60。

28. 陳金生：〈北宋向吐蕃徵質及其原因探析〉，《西藏民族學院學報》（哲學社會科學版），第 29 卷第 2 期（2008 年 3 月），頁 26～29。

29. 景亞鸝：〈唐代後期宦官世家考略——讀唐吳德鄘及妻女等墓誌〉，載《紀念西安碑林九百二十周年華誕國際學術研討會論文集》（北京：文物出版社，2008 年 10 月），頁 357～374。

30. 張邦煒：〈關於趙抃治蜀〉，載北京大學中國古代史研究中心（主編）：《鄧廣銘教授百年誕辰紀念論文集》（北京：中華書局，2008 年 11 月），頁 477～492。

31. 張國慶：〈遼代喪葬禮俗補遺——皇帝爲臣下遣使治喪〉，《遼寧大學學報》（哲學社會科學版），第 36 卷第 6 期（2008 年 11 月），頁 90～95。

32. 彭善國：〈遼慶陵相關問題芻議〉，《考古與文物》，2008 年 4 期，頁 76～78。

33. 李鴻淵：〈宋初宦官劉承規傳論〉，《西安電子科技大學學報》（社會科學版），第 19 卷第 4 期（2009 年 7 月），頁 100～104。

34. 陳弱水：〈唐代長安的宦官社群——特論其與軍人的關係〉，《唐研究》，第十五卷，《「長安學」研究專號》（北京：北京大學出版社，2009 年 12 月），頁 171～198。

35. 張顯運：〈淺析北宋前期官營牧馬業的興盛及原因〉，《東北師大學報》（哲學社會科學版），2010 年第 1 期（總第 243 期），頁 86～92。

36. 黃爲放：〈諸行宮都部署院初探〉《黑河學院學報》，第一卷第三期（2010 年 10 月），頁 88～98。

37. 張國慶：〈石刻所見遼代宮廷服務系統職官考——《遼史百官志》補遺之四〉，《遼寧工程技術大學學報》（社會科學版），第 12 卷 6 期（2010 年 11 月），頁 561～565。

38. 楊瑋燕：〈宋遼對峙時期河北路水運的開發〉，《文博》，2010 年第 5 期，頁 56～59。

39. 喬迅翔：〈宋代將作監構成考述〉，《華中建築》，2010 年 10 期，頁 160～162。

40. Lik-hang Tsui（徐力恆），"Literati Networks in Song China as Seen From Letters：Preliminary Observations From Epistolary Sources by Sun Di"（conference paper, unpublished, 2010）.

41. 張國慶、王家會：〈石刻所見遼代行政系統職官考——《遼史·百官志》補遺之五〉，《遼寧省博物館館刊》（2011），頁 97～108。

42. 李宇峰：〈《遼代石刻檔案研究》補正〉，《遼金歷史與考古》第三輯（2011），頁 337～345。

43. 張雲箏：〈童貫——北宋末年對外政策的思想者與執行者〉，《北京教育學院學報》，第 25 卷第 5 期（2011 年 10 月），頁 65～68。

44. 廖寅：〈宋琪與宋太宗朝政治散論〉，《北方論壇》，2011 年第 4 期（總第 228 期），頁 62～67。

45. 張明華：〈北宋宮廷的《長恨歌》——宋仁宗與張貴妃宮廷愛情研究〉，《咸寧學院學報》第 32 卷第 1 期（2012 年 1 月），頁 22～26。

46. 張國慶：〈石刻所見遼代中央行政系統職官考——《遼史·百官志》補遺之六〉，《黑龍江民族叢刊》（雙月刊），2012 年第 1 期（總 126 期），頁 98～104，128。

47. 王艷：〈宋代的章服賞賜〉，《史學月刊》，2012 年第 5 期，頁 53～62。

48. 何忠禮：〈略論宋高宗的禪位〉，載姜錫東（主編）：《宋史研究論叢》，第十三輯（保定：河北大學出版社，2012 年 12 月），頁 114～125。

49. 張國慶：〈遼與高麗關係演變中的使職差遣〉，《遼金歷史與考古》第四輯（2013 年），頁 150～163。

50. 孫偉祥：〈試論遼代帝王陵寢的營造〉，《內蒙古社會科學》，第 34 卷第 4 期（2013 年 7 月），頁 71～74。

51. 谷麗芬：〈碑志所見遼代高官喪葬述略〉，《遼金歷史與考古》（第五輯），2014 年，頁 312～316。

52. 陳俊達：〈遼對高麗的第一次征伐新探〉，《邢台學院學報》，第二十九卷第三期（2014 年 9 月），頁 104～107。

53. 孫偉祥：〈遼朝供奉官考〉，《地域性遼金史研究》，2014 年，頁 157～165。

54. 程民生：〈宋代御藥院探秘〉，《文史哲》，2014 年第 6 期（總 346 期），頁 80～96。

55. 李藝：〈聖宗時期遼與高麗的戰爭〉，《遼寧教育行政學院學報》，2015 年 4 月，頁 11～15。

56. 陳俊達：〈試析遼朝遣使高麗前期的階段性特點（公元 922～1038 年）〉，《齊齊哈爾大學學報》（哲學社會科學版），第四期（2015 年 4 月），頁 76～78。

57. 張林：〈元祐政治中的「仁宗之法」〉，《歷史教學問題》，2015 年第 3 期，頁 91～96。

58. 汪聖鐸：〈北宋滅亡與宦官──駁北宋無「閹禍」論〉，《銅仁學院學報》，第 18 卷第 1 期（2016 年 1 月），頁 115～126。

59. 聶麗娜：〈北宋中期宦官官僚化一例：論李憲的拓邊禦夏〉，載蔡崇禧等編：《研宋三集》（香港：香港研宋學會，2016 年 6 月），頁 25～45。

60. 高颺，〈宋遼瀛州莫州之戰研究〉（未刊稿）。

後　記

　　作者過去十餘年一直致力研究北宋武將，後來分兵兩路，同時研究宋代的內臣，緣起於作者獲邀參加幾次學術會議。2003 年 6 月 18 至 19 日，蒙家師陶晉生院士提議，學長東吳大學歷史系主任黃兆強教授及劉靜貞教授邀約，作者出席由東吳大學歷史系及宋史座談會合辦，於臺北東吳大學舉行的「宋代墓誌史料的文本分析與實證運用國際學術會議」。當時舊版的《全宋文》只出版了前五十冊，作者閱讀了前十冊，發現內中收載了不少著錄宋代內臣事蹟的碑銘史料，頗為罕有。當時已有念頭在宋代內臣問題上做一點探索性的研究，於是因應這次會議的主題，撰成本書第一篇原題為〈《全宋文》所收碑銘之宋初內臣史料初考〉的文章。在會上蒙宋代內臣研究的先驅王明蓀教授賜予寶貴意見，王教授對作者這篇初探式文章的取向一目了然，他評說「何先生長久以來對宋代的文官、武官等官制研究成果，有目共睹，如今他又將注意力放在比較不同的族群——宦官。他從史料，特別從碑銘史料下手，是很有利的開始，奠定了這方面的紮實基礎。」「作者有意由內臣的資料來探討或補充宦官其在宋代政、軍、社會中所扮演之角色，此種構想頗意義，期盼未來會有成果發表。」王教授的精切評論以及鼓勵，加強了作者在往後的日子研究宋代內臣的信心。該文後來便刊於《東吳歷史學報》第十一期（2004 年 6 月）。這是作者研究宋代內臣發表的第一篇文章。

　　作者於 2007 年 3 月 16 至 18 日，獲北京大學張希清教授邀請，參加在北京舉行，由北京大學歷史系暨北京大學中國古代史研究中心主辦的「鄧廣銘教授百年誕辰國際學術研究會議」。因配合會議的主題，作者想起由鄧

廣授教授及張希清教授合注的宋代最重要筆記小說《涑水記聞》內有多條
傳聞，司馬光記由內臣藍元震轉述自其父都知（鄧教授注明即藍繼宗）。作
者於是決定以此為出發點，以〈北宋內臣藍繼宗、藍元用、藍元震事蹟考〉
為題，詳考藍氏父子兄弟的事蹟，以個案研究的取向，探討這個甚有意義
的內臣家族的歷史。會上蒙陝西師範大學李裕民教授指正，也得到與會的
陶老師及陳學霖教授（1938～2011）肯定研究的方向。會後陳教授代表他
主編的《中國文化研究所學報》徵稿，經與張希清教授協議，這篇會議論
文經修改後，分拆成兩篇，關於藍元震部份，先刊於張希清教授主編的《鄧
廣銘教授百年誕辰紀念論文集》（北京：中華書局，2008 年 11 月），而藍繼
宗與藍元用部份則刊於《中國文化研究所學報》第五十期（2010 年 1 月）。
從此時開始，作者便兩線作戰，分別研究宋代的武將，特別是外戚武將，
以及宋代的內臣。

作者在 2011 年 11 月 15 至 16 日，參加在北京舉行，由北京師範大學古籍
與傳統文化研究院主辦，香港理工大學中國文化學系及中國社會科學院歷史
研究所合辦的「第二屆中國古文獻與傳統文化國際學術研討會」，會上宣讀了
以〈宋初內臣名將秦翰事蹟考〉為題的論文，翌年，蒙陳學霖教授採用，刊
於《中國文化研究所學報》第五十五期（2012 年 7 月）。

此後每逢參加學術會議，有機會及符合會議主題的，作者都會撰寫與宋
代內臣有關的文章。作者因閱讀宋人文集，發現曹勛的《松隱集》收入罕有
的三篇內臣墓誌銘，於是據現存有關史料，撰成〈現存的三篇宋代內臣墓誌
銘〉一文，後刊於《中國文化研究所學報》第五十二期（2011 年 1 月）。這
是作者以內臣墓誌銘考述內臣生平事蹟的第一篇。教人感傷的是，一直認可
作者宋代內臣研究的陳學霖教授卻於是年 6 月仙逝。

2012 年 12 月 18 日至 19 日，作者再蒙張希清教授邀請，參加在北京舉
行，由中國范仲淹研究會主辦及北京大學歷史文化研究中心協辦的「第四屆
中國范仲淹國際學術論壇」，便以范文正公早年捨命抗爭的對手大宦官入內
都都知閻文應為題，撰寫原題作〈嫉惡如仇：范仲淹與仁宗朝權閹閻文應之
交鋒〉，該文頗受好評，還獲大會評選為該屆優秀論文之一。該文後經修改
後，易名為〈小文臣與大宦官：范仲淹與仁宗朝權閹閻文應之交鋒〉，刊於
《中國文化研究所學報》第五十八期（2014 年 1 月）。因此次會議，作者便
繼研究藍氏內臣家族後，著力研究閻氏內臣家族。

　　作者從 2015 年開始，又陸續撰寫〈宋初高級內臣閻承翰事蹟考〉（刊於《中國文化研究所學報》第六十一期（2015 年 7 月），考述閻氏內臣世家起家人閻承翰的事蹟，2017 年 5 月，又撰成〈北宋閻氏內臣世家第三、四代人物閻士良與閻安〉一文，於 2017 年 6 月 9 日至 10 日由香港樹仁大學及新亞研究所合辦的「紀念孫國棟教授暨唐宋史國際學術研討會」上宣讀，考述閻氏內臣世家的第三代及第四代的代表人物閻士良及閻安父子的事蹟。與此同時，作者也據罕見的三篇內臣墓誌銘，撰成〈兩宋之際內臣李中立事蹟考〉、〈兩個被遺忘的北宋降遼內臣馮從順與李知順事蹟考〉兩文，刊於《新亞學報》第三十三卷（2016 年 8 月）及三十四卷（2017 年 8 月）。

　　本書的撰寫，從 2003 年開始至 2017 年，前後歷時十五年。另外，作者將會在不久將來，刊行另一本研究北宋中期內臣李憲的專著。

　　本書得以結集出版，十分感謝花木蘭文化事業有限公司總編輯杜潔祥先生與董事長高小娟女史再次支持。作者有幸在 2016 年 3 月蒙兩位接納出版拙著《北宋武將研究續編》，該書編印俱佳，同道好評如潮。今次再蒙接納出版是書，實感榮幸。

　　本書各篇的撰寫，得蒙家師羅球慶教授與陶晉生院士的關注與鼓勵，師恩浩大，自當加倍努力以報。學長何漢威教授與黃啓江教授長期協助作者搜集有關資料，對拙文不時賜予寶貴意見，也感謝不已。

　　本書一半篇章，原載香港中文大學的《中國文化研究所學報》，衷心感謝該刊執行編輯、好友朱國藩博士一直為拙文的文字潤飾，改正錯誤。

　　作者特別希望借此機會，衷心感謝二姐何合寬女史、三姐何添寬女史及四姐何添才女史多年來的愛護與啓迪。回憶作者在中學修習歐洲史時，得力於閱讀二姐所購的多冊以英文撰寫的歐洲史參考書。二姐思想開通，性情溫順，任職社工，和善而有耐心。愛女思齊的成長，常得到她的輔導。三姐早年移居美西。我留學美國時，常以三姐家為居停，三姐與三姐夫梁展奇先生對我照顧無微不至，而外甥正剛，好學不倦，與我均熱愛書卷，甚慰我心。四姐與我年齡相近，自幼一同成長，我們同在香港中文大學聯合書院肄業，並住相同的宿舍，有共同的朋友。她主修英國文學，我的英文寫作常得她的指正。我留學時，曾有經濟拮据之時，多得她及時接濟。她溫婉嫻淑，先嚴晚年多病，她差不多衣不解帶地全時間照料，教人敬佩。四姐夫陳乃國博士，亦是習史的同道，我們有共同興趣，關係倍見親切。

　　內子惠玲是作者最要感謝的，作者兩年前退休後，她仍包容她的書呆子繼續在燈下奮筆寫作，而無怨言，繼續悉心照料愛女思齊。她也願意聆聽我的「宋代公公故事」。

　　最後，作者謹以此書，紀念去年（2016 年）與今年（2017 年）先後仙逝的先嚴何祖勝大人、二姐夫黃建明先生、及先舅父陳燮沛大人，銘感他們在世時對我的教誨。

2017 年 12 月 15 日